GOLDMANN
ARKANA

W0197155

Buch

Was geschieht mit uns, wenn wir sterben? Wo ist unsere Seele zwischen Tod und Wiedergeburt, was können wir in diesem Leben tun, um anderen bei einem guten Übergang zu helfen und um uns selbst auf das »Danach« richtig vorzubereiten? Modernes empirisches Forschen hat auf diese Fragen keine Antworten bereit, darum gehen wir den Fragen nach Sterben und Tod meist aus dem Weg und klammern den Aspekt unserer irdischen Endlichkeit aus. Doch unsere Seele wird das Vermiedene und Verdrängte auf diese Weise nicht los, im Gegenteil, wir tragen es dann als unterschwellige Bedrohung mit uns herum.

Entlastendes Wissen über das, was uns am Ende des Lebens und danach erwartet, ist in allen Weisheitslehren, Welt- und Naturreligionen vorhanden. Angela Kämper trägt dieses Wissen zusammen und zeigt, wie seine Essenz auch dem modernen Menschen tragfähige Orientierung und echte Hilfe zu einem guten Leben geben kann. Denn für die Seele ist dieses Erdendasein nur eine Durchgangsphase und das Sterben eine Rückkehr ins Licht, der Wiedereintritt in die eigentliche Existenz.

Dieser spirituelle Wegweiser hilft, die Endlichkeit des eigenen Erdenlebens und den Verlust von geliebten Menschen anzunehmen und dem Sinn unseres irdischen Schicksals auf die Spur zu kommen. Dabei erörtert er praktisch und konkret, wie man sich Hilfe aus der jenseitigen Welt holt, wie man Sterbende mit Hilfsritualen, Gebeten und Mantren begleiten oder mit Gestorbenen Kontakt aufnehmen kann. Er macht deutlich, dass Angst und Grauen nur bestehen, solange wir den Tod tabuisieren. Wenn wir hinter die Schwelle blicken, gewinnen wir Vertrauen und Zuversicht.

Autorin

Angela Kämper, geboren 1957 in Essen, arbeitete zunächst als Erzieherin und begann danach, Biologie zu studieren. Nach ihrer Promotion wurde sie freie Wissenschaftsautorin und Redakteurin. Dr. Angela Kämper lebt heute am Stadtrand von Hamburg, wo sie sich neben einheimischen Tieren und ihrer spirituellen Bedeutung mit der traditionellen chinesischen Medizin beschäftigt.

Von Angela Kämper sind bei Arkana ebenfalls erschienen:

Tierboten (21706)
Krafttiere (Set zur Deutung schamanischer Energien mit 80 Krafttier-Karten und Begleitbuch; 21788)
Unsere Haustiere (21788)
Prana-Nahrung (21845)

Angela Kämper

Der Übergang ins Licht

Ein spiritueller Wegweiser für den Kreislauf
von Leben und Sterben

FSC
Mix
Produktgruppe aus vorbildlich
bewirtschafteten Wäldern und
anderen kontrollierten Herkünften

Zert.-Nr. SGS-COC-1940
www.fsc.org
© 1996 Forest Stewardship Council

Das für dieses Buch verwendete FSC-zertifizierte Papier *Super Snowbright*
liefert Hellefoss AS, Hokksund, Norwegen.

1. Auflage

Originalausgabe Oktober 2009
© 2009 Arkana, München
in der Verlagsgruppe Random House GmbH
Umschlaggestaltung: Uno Werbeagentur
Umschlagmotiv: getty-images/John Foxx
Redaktion: Ralf Lay
WL · Herstellung: CZ
Satz: Fotosatz Reinhard Amann, Aichstetten
Druck und Bindung: GGP Media GmbH, Pößneck
Printed in Germany
ISBN 978-3-442-21861-5

www.arkana-verlag.de

Man sieht nur mit dem Herzen gut.
Das Wesentliche ist für die Augen unsichtbar.

Antoine de Saint-Exupéry

INHALT

Vorwort 13

I. EIN SPIRITUELLER WEGWEISER FÜR DAS LEBEN UND STERBEN 17

Die Geburt der Seele 17

Von der Aura zum Körper 18

Das morphogenetische Feld 22

Die Geburt: Seele und Körper 24

Was ist eine Seele? 26

Die Inkarnation von Seelenanteilen 28

Licht auf die Erde bringen 31

Der Reinkarnationszyklus 34

Die Verantwortung für unseren Körper 35

Karma: Nichts geht verloren 37

Die Wahl des Gefäßes 39

Lebenszeit – Dehnung und Zusammenziehen von Raum und Zeit 41

Vergangenheit, Gegenwart und Zukunft 42

Über das Jetzt hinaus: Vergangenheit und Zukunft . . . 45

Alles Tun und Denken hinterlässt Spuren:
Die Akasha-Chronik 47
Dehnung und Zusammenziehen von Zeit 51
Wechselwirkungen im Raum-Zeit-Kontinuum 53
Der Schleier zwischen den Welten 56

Lichtvolle geistige Helfer 61
Geistführer 62
Engel 66
Schutzengel 68
Todesengel 69

Sterben als Teil des Lebens 72
Der physische Tod 72
Angst vor dem Sterben 74
Der Tod als Spiegel des Lebens 76
Ahnungen vom eigenen Tod 78
Einen Ausgleich schaffen 81
Der Eintritt in die Sterbephase 85
Aus dem Leben herausgerissen werden 87
Abschied nehmen 91
Schmerzen vor und beim Sterben 94
Alte und neue Schmerzen 97
Schmerzen und Demut 98
Schmerztherapie: In Würde sterben 103
Meditationen und Übungen für den Sterbenden 106
Gebete für den Sterbenden 110

Das Sterben: Die Lösung der Seele vom Körper . 113
Die Energieanhebung für die Seele 114
Seelenanhaftungen 116

Die Entscheidung fürs Licht – jederzeit 119

Das Hinübergehen ins Licht. 120

Die spirituelle Begleitung eines Sterbenden . . 126

Respekt bis zuletzt 127

Die energetische Reinigung der Umgebung 129

Die Klärung über die Aura 132

Die Lichtbrücke 134

Bitten und Gebete 136

Der Moment des Todes 139

Nachträgliche spirituelle Begleitung 141

Wenn Kinder sterben 144

Nach dem Tod 149

Die letzten Schritte für den Toten 149

Die Bestattung 152

Abschied auf energetischer Ebene 154

II. STERBE- UND JENSEITSMYTHEN 159

Totenbücher 159

Das Ägyptische Totenbuch 160

Das Tibetische Totenbuch. 162

Das Islamische Totenbuch. 164

Der Vorgang des Sterbens. 167

Christentum: Tod ist Frieden in Gott 168

Islam: Sterben ist ein Hinübergehen 172

Hinduismus und Buddhismus:

Verschmelzen mit dem Licht 174

Die Trennung von Seele und Körper in der Meditation. 178
Nahtoderfahrungen: Licht am Ende des Tunnels 179

Das Jenseits 185
Die Ägypter: Diesseitige Macht bestimmt das Jenseits . 185
Kelten und Germanen:
Anderswelt und Halle der Krieger 190
Die Christen: Ewiges Leben ab dem Jüngsten Gericht . 191
Die Moslems: Drei Welten 193
Die Hindus: Enttarnung der kosmischen Täuschung . . 194
Die (tibetischen) Buddhisten:
Durch tiefe Selbsterkenntnis ins Licht eingehen 200
Die nordamerikanischen Indianer: Das Land der Ahnen 207
Die schwarzafrikanischen Ewe: Dreiteilige Unterwelt . 210
Maya und Azteken:
Totenreiche zwischen Sonne und Unterwelt. 211
Die Aborigines: Die Traumzeit 213

Das Totengericht:
Zwischen Verantwortung und Gnade 217
Das alte Ägypten: Die Prüfung jeder einzelnen Seele . . 218
Juden, Christen und Moslems: Das Jüngste Gericht . . . 219
Himmel und Hölle. 221

Wiedergeburt und Auferstehung 226
Die alten Ägypter: Geistige Wiedergeburten 226
Die Maya: Rückkehr geläuterter Seelen 229
Die Aborigines: Der Geist verschmilzt in die Einheit . . 230
Christen und Moslems:
Auferstehung am Jüngsten Tag und Zwischenzustände. 232

Hindus und Buddhisten:
Das Rad der Wiedergeburten und die Befreiung von
der karmischen Vereinzelung 235

Bestattungsrituale 238
Die Bestattung bei alten Völkern 238
Traditionelle Bestattungsrituale der Aborigines 239
Die Himmelsbestattung 241
Islamische Bestattung 243
Jüdisches Begräbnis 245
Traditionelle Bestattung im christlichen Europa 246
Die Zeit nach der Bestattung: Der Ahnenkult 248

ZUM SCHLUSS 251

Anhang 257
Glossar 257
Kontaktadressen 272
Bibliographie 275
Anmerkungen 277
Register 281

VORWORT

Den Tod und den Prozess des Sterbens haben wir in unserer Gesellschaft weitestgehend aus dem Alltag ausgeblendet. Gerade so, als wäre es nicht ein Teil des Lebens.

Wer von uns hat tatsächlich schon einmal einen Toten gesehen oder war sogar beim Sterben eines Menschen dabei? Wer begleitet heute noch selbst Familienmitglieder oder Freunde während der letzten Wochen, Monate oder Jahre einer schweren Krankheit, deren todbringendes Ende gewiss ist? Und wer hält noch Totenwache am Bett eines Verstorbenen?

Die letzten Schritte müssen viele Menschen bei uns mehr oder weniger allein auf Intensiv- und anderen Krankenstationen oder in Pflegeheimen tun – oft nur begleitet von Fremden, eigens dafür bezahltem Fachpersonal.

Früher fand das Sterben überwiegend zu Hause statt. Es war ein Selbstverständnis für alle: Alter, bestimmte schwere Krankheiten oder Unfälle führen zum Tod. Das bekamen schon die Kinder ganz selbstverständlich mit.

Heute haben uns einerseits die Massenmedien mit ihrer permanenten Präsentation nicht mehr zählbarer Toter abgestumpft. Andererseits fürchten wir uns so sehr vor unserem eigenen Tod, dass wir uns gar nicht mit ihm beschäftigen wollen. Doch es ist gerade die Unwissenheit, die Unverbundenheit, die unsere Ängste vor dem Sterben schürt.

Aber woher wollen wir wissen, was beim Sterben und nach dem Tod geschieht? Bis auf die Menschen, die von ihren Nahtoderfahrungen berichtet haben, scheint ja noch niemand aus dem Jenseits zurückgekehrt zu sein. Wie ist es da möglich, etwas über das Sterben, den Tod und gar den Zustand nach unserem Dahinscheiden sagen zu können?

Doch schon die Hindus und die tibetischen Buddhisten sagen: Es gibt keinen Menschen, der nicht von den Toten zurückgekehrt ist. Wir sind alle bereits viele Male gestorben, um durch die Geburt wieder in den Kreislauf des Lebens einzutreten. Nur weil wir uns nicht an unseren letzten Tod erinnern können, sind die meisten Menschen der Überzeugung, dass er nicht stattgefunden hat. Doch wir erinnern uns ja auch nicht an unsere Geburt – in der buddhistischen Vorstellung lediglich die andere Seite des Todes –, und dennoch zweifelt niemand daran, geboren zu sein.

Unser aktives, dem Tagesbewusstsein zur Verfügung stehendes Gedächtnis macht nur einen winzigen Teil des tatsächlichen Bewusstseins oder gar des unserer Seele zugänglichen Wissens aus. Manche tibetische Mönche oder sehr hoch schwingende sogenannte Hellsichtige, die über tiefe Meditation und Kontemplation hinter den menschlichen Schleier schauen können, haben Zugang zu diesen rein geistigen Dimensionen. Dazu gehört auch unser kollektives Unbewusstes, das Wissensreservoir aller Erfahrungen, die Menschen jemals gemacht, und Erkenntnisse, die sie dabei gewonnen haben. Aber ebenso können uns die unzähligen Wesenheiten, die in den zahlreichen, letztlich wohl unzähligen Dimensionen existieren, einen Zugang bieten zum Stadium des Übergangs ins Licht, also den Tod, und was danach geschieht (ob wir diesen Prozess nun als »Channeln«, »Hellsichtigkeit«, »Hellhörigkeit« oder als »Trancezustand« bezeichnen mögen). Dann kann sich uns auch die Identität von Geburt und Tod eröffnen, ebenso wie die Kontinuität und Verbundenheit allen Lebens.

In diesem Buch beschäftige ich mich auch mit den Sterbe- und Jenseitsmythen verschiedener Weltreligionen und Kulturen.

Ich war sehr erstaunt darüber, wie ähnlich sich im Grunde trotz aller Unterschiede die Bilder und Vorstellungen vom Tod sind, die wir Menschen uns seit Jahrtausenden gemacht haben und bis heute machen. Doch die Vielfalt der Nuancen und Variationen der je nach Kulturkreis oder Religion gesetzten Schwerpunkte für das Diesseits und das Jenseits zeigt allerdings auch, welche Handlungsfreiheit wir haben.

Auf welche Art und Weise wir die Schöpfung erkennen, achten und preisen, ist nicht bedeutsam. Entscheidend ist, dass wir dies mit offenem Herzen, wachem Geist und in Liebe zur Schöpfung und zum Schöpfer tun.

I. EIN SPIRITUELLER WEG-WEISER FÜR DAS LEBEN UND STERBEN

DIE GEBURT DER SEELE

Nachdem wir unseren ersten Atemzug gemacht haben, beginnt sich unser Bewusstsein Schritt für Schritt in der Welt zurechtzufinden. Vielleicht suchen wir irgendwann in einem viel späteren Stadium nach dem Sinn unseres Lebens, möglicherweise suchen wir dann unsere Lebensaufgabe. Wir entwickeln nach und nach ein Bewusstsein für unseren Körper wie für unseren Geist und ebenso für unsere Gefühle, die manchmal zwischen beiden eine Verbindung herzustellen scheinen. Und irgendwann entsteht bei jedem Menschen ein Bewusstsein für seinen Tod, dafür, dass sein Leben endlich ist.

Doch wir ahnen, spüren oder wissen, dass es etwas gibt, was über unser bewusstes irdisches Leben hinausgeht. Da existiert etwas, was von Geburt an der Impulsgeber unseres Lebens ist, das uns bis zu unserem Tod zugleich erfüllt und begleitet und das unser irdisches Dasein überdauert: unsere Seele.

Von der Aura zum Körper

Die Entstehung, die Ausprägung und der wesentliche Werdegang unseres irdischen Körpers richten sich nach einer energetisch-feinstofflichen Vorlage aus: Wir bringen mit unserer Aura alle notwendigen Informationen mit. Unser Körper formt sich dann entsprechend dieser subtilen Matrize, die unseren Organismus während seiner ganzen Lebenszeit umgibt. Entscheidend ist dabei unser Ätherkörper, die innerste unserer sieben Auraschichten (siehe zu den einzelnen Begriffen auch das Glossar im Anhang dieses Buches).

Die erste Auraschicht wird über das Basis- oder Wurzelchakra mit Lebensenergie oder Prana gespeist. Dieses Chakra oder feinstoffliche Energiezentrum liegt als tiefster Punkt des Rumpfs mittig zwischen den Genitalien und dem Anus. Es ist das Zentrum der tiefen Lebensenergie. Es aktiviert sowohl das Urvertrauen in das menschliche Dasein und die Verbundenheit mit der Erde als auch den Lebenswillen, die Durchsetzungskraft und die körperlichen Komponenten der Sexualität. Das Wurzelchakra ist das wesentliche Energiezentrum für das Sein in der materiellen Welt. Hier sitzt der reine Überlebenswille für unsere irdische Existenz.

Ähnlich haben nach der indischen Philosophie auch die anderen Auraschichten und Hauptchakren Entsprechungen, wie es in der Tabelle auf Seite 20 dargestellt ist.

Unser gesamter physischer Körper wird also entsprechend der feinstofflichen Vorlage des Ätherkörpers ausgeformt – und nicht umgekehrt, wie wir oftmals vom materialistisch-naturwissenschaftlichen Ansatz aus gesehen annehmen. Alle physischen Organe und Systeme haben im Ätherkörper eine gleichartige feinstoffliche Entsprechung, ein energetisches Pendant, das von sensitiven Menschen auch direkt wahrgenommen werden kann. Wenn jemand beispielsweise durch einen Unfall einen Finger verloren hat, so ist das feinstoffliche Gegenstück im Ätherkörper noch vorhanden. Ein entsprechend sensibilisierter Mensch kann die Aura des fehlenden Fingers »sehen«. Auf dieser Ebene werden auch die sogenannten Phantomschmerzen gefühlt. Diese innerste Auraschicht spiegelt somit ganz unmittelbar wider, was sich in unserem physischen Körper ausdrückt: von dem Energiefluss und der Gesundheit bis hin zu energetischen Blockierungen sowie Krankheiten und schließlich dem Tod.

Die Auraschichten (von innen nach außen)

Auraschicht	Chakra	Farbe	
1. Ätherischer Körper	Wurzelchakra (zwischen Zeugungsorgan und Anus)	Rot	
2. Emotionalkörper	Sakralchakra (an der Wurzel der Genitalien)	Orange	
3. Mentalkörper	Solarplexuschakra (in der Nabelgegend)	Gelb	
4. Kausalschicht	Herzchakra (in der Herzgegend)	Grün, Rosa	
5. Höherer Ätherischer Körper	Halschakra (am unteren Ende des Halses)	Hellblau	
6. Höherer Emotionalkörper	Drittes Auge oder Stirnchakra (auf der Stirn zwischen den Augenbrauen)	Indigoblau, Violett	
7. Höherer Mentalkörper	Kronenchakra (an der höchsten Stelle des Kopfes)	Weiß	

mit den zugeordneten Chakren und ihren Aspekten

Energetische Hauptaspekte	Körperliche Aspekte
Feinstoffliche Matrize und energetischer Spiegel zu allem, was sich im Körper ausdrückt: von Geburt, Energiefluss und Gesundheit bis zu Blockaden, Krankheiten und Tod.	Skelettsystem (vor allem Wirbelsäule, Beine), Darm, Blut, Nebennieren.
Speicher für Gefühle aus allen bisherigen Leben; hier wird das Karma auf der Gefühlsebene weitergetragen.	Sexualität und Fortpflanzung, Appetit, Verdauung.
Speicher von Gedanken und Gedankenmustern aus allen bisherigen Leben.	Vegetatives Nervensystem, Leber, Magen, Galle.
Übergangsschicht: Filter zu den nachfolgenden höheren Auraschichten.	Herz, Thymusdrüse, Haut, Hände, auch Lunge.
Herstellung der Verbindung zum göttlichen oder universellen Licht; hier liegt auch die Matrize für den Ätherkörper.	Stimme, Bronchien, Lunge, Schilddrüse.
Hier manifestiert sich das Streben zur Erfüllung des eigenen Seelenplans. Beherbergt das Vertrauen in den eigenen lichtvollen Weg.	Sinnesorgane (Nase, Auge, Ohren), Hirnanhangsdrüse.
Speicher von Informationen, die mit dem höheren Bewusstsein, dem Höheren Selbst zu tun haben. Gleichzeitig feinstoffliche Schutzschicht jedes Menschen.	Gehirn, Zirbeldrüse, Schädel.

Das morphogenetische Feld

Wenn wir uns inkarnieren, schwingen wir – also unsere Seele – uns von einer höheren Energie auf die niedrigere der Erde, auf die dichte Energie von Materie herunter. Gleichzeitig vollzieht sich eine Verdichtung unserer feinstofflichen Lebensenergie, unseres Pranas. Alle Materie, und daher auch unser physischer Körper vom Herzmuskel bis zum Fingernagel, ist so gesehen nichts anderes als energetisch »herabgedimmtes« Prana. Die Energie und die Eigenschwingung unserer feinstofflichen Seelenexistenz sind so »heruntergefahren«, dass sie sich verdichten und in die uns bekannte Form und Gestalt materialisieren können. Diese Form der materiellen Existenz ist die niedrigste Energiestufe für das Leben im Universum.

Wenn sich im Verlauf unserer Inkarnation das Prana verdichtet, ziehen wir die Informationen für die irdische Existenz aus einem energetischen Netzwerk in unsere Aura hinein. Diese matrizenartigen Energiefelder sind von dem britischen Biologen Rupert Sheldrake als »morphogenetische Felder«[1] bezeichnet und beschrieben worden.Netzartig umspannen sie die gesamte Erde. Diese »gestaltgebenden« Felder sind ein hochschwingender Speicher für alle Informationen, die für das Dasein, das Leben auf der Erde relevant waren, sind oder jemals sein werden. Auf Basis dieser feinstofflichen Vorlage erfolgt daraufhin im Zusammenspiel mit unserer bereits materialisierten genetischen Information (die Gene auf der DNA) die Ausbildung unseres physischen Körpers.

Ähnlich zur Vorstellung des morphogenetischen Feldes gehen die australischen Ureinwohner, die Aborigines, bereits seit Jahrtausenden von einem energetischen Feld aus, das sich aufbaut, bevor und während ein Tier körperliche Gestalt annimmt.

Es ist für sie der Geist des Tieres aus der »Traumzeit«. In ihren überlieferten Abbildungen dazu ist deutlich ein Netzwerk mit Energiezentren an den Kreuzungspunkten zu erkennen.

Um es also noch einmal deutlich zu sagen: Nicht unsere Hand strahlt dieses feinstofflich organisierte Energiefeld ab, sondern sie liegt nur deshalb vor uns an oder auf diesem Buch, weil sie nach Vorgabe der feinstofflichen energetischen Information entstanden ist – unserer mitgebrachten Aura und der morphogenetischen Felder der Erde.

Darüber hinaus ziehen wir aus dem morphogenetischen Feld aber auch emotionale und geistige Aspekte in unseren individuellen feinstofflichen Körper, unsere Aura hinein. Und zwar geschieht dies nicht nur während unserer individuellen Entstehungs- und Entwicklungsgeschichte, der sogenannten Ontogenese, sondern über die Dauer unseres gesamten Lebens hinweg. So können beispielsweise auch in mehreren Inkarnationen immer wieder bestimmte Ängste, Empfindlichkeiten, Aggressionen oder Schmerzen auftauchen, bis es uns schließlich gelingt, diese Energien durch Heilung zu transformieren, also letztlich aufzulösen und abzugeben. Da der Emotionalkörper über den Ätherkörper unmittelbar auf unsere körperliche Befindlichkeit einwirkt, können sich durch solche hochschwingenden Heilungsprozesse auch schwerwiegende, teils chronische Erkrankungen lösen.

Energetische Heilungen finden daher auch stets über diese erste, innerste Auraschicht statt. Schamanen beispielsweise setzen auf jener Energieebene ihre Heilzeremonien an und ziehen etwa krankmachende Energien aus dem Ätherkörper.

Die Geburt: Seele und Körper

Die Geburt unserer Seele auf der Erde findet also sehr viel früher statt als die Geburt unseres irdischen Körpers durch unsere Mutter. So sprechen sowohl die unterschiedlichsten Religionen als auch verschiedene Wissenschaften von einem bereits beseelten Embryo.

Man stelle sich jedoch nicht vor, dass die Seele etwa wie mit einem Sprung zu einem bestimmten Zeitpunkt der menschlichen Embryonalentwicklung etwa in das Vier-Zell-Stadium oder den schon zu einem größeren geordneten Zellhaufen herangewachsenen Embryo gelangt. Vielmehr ist die Beseelung ein zwar zügiger, aber fließender Vorgang. Er findet an der Grenze zweier Dimensionen statt: der materiell irdischen und der nächsthöheren Energieebene, in einer Art höherschwingendem Paralleluniversum, das sich verborgen hinter dem für unser Tagesbewusstsein zugänglichen Schleier befindet. Auf dieser höheren Energieebene gibt es bereits keine Zeit mehr, wie wir sie von unseren linearen und endlichen Zusammenhängen auf der Erde her kennen. Ereignisse finden nicht in Gegenwart, Vergangenheit und Zukunft statt, sondern – für uns schwer vorstellbar – sie *sind* einfach. Von dieser Zeitlosigkeit aus begibt sich nun die Seele, manchmal auch nur ein Anteil von ihr, durch die Verdichtung und das Herunterdimmen ihrer Energie auf das niedrige Materieniveau der Erde. Damit geht sie auch in den hier gültigen Zeitzyklus ein: auf das Werden, Sein und Vergehen – auf Vergangenheit, Gegenwart und Zukunft.

Bereits mit der Zeugung, der Befruchtung der Eizelle, fällt die Entscheidung für den »Stapellauf« einer dazu entschiedenen oder vorgesehenen Seele. Verdichtet auf irdisches Energieniveau, erscheint sie bereits als zarter Aurakranz um die befruchtete Eizelle und stabilisiert und verdichtet sich mit jeder Zellteilung mehr und mehr. Dabei stehen die sich immer weiter manifestierende Aura und die rasch zunehmenden Körperzellen des heranwachsenden Embryos in steter Wechselwirkung miteinander.

Jede Zelle enthält, wie wir dank unserer Naturwissenschaften wissen, die Erbinformationen in Form der Gene auf der DNA. Wir wissen ebenfalls – inzwischen bis in kleinste Detail –, dass das Ablesen der genetischen Information und die daraus folgende Umsetzung in Aminosäureketten (Proteinbiosynthese) die Basis für den Zellstoffwechsel bieten und somit den Grundstock für das physische Leben ausmachen.

Doch die DNA fungiert auch als Mittler zwischen der energetischen und der materiellen Ebene. Bereits im Jahr 1953 haben James D. Watson und Francis Crick ihre Struktur als gewundene Doppelhelix erklärt, als eine um sich selbst gedrehte Strickleiter. Somit ist die DNA, auf Zellebene betrachtet, ein riesiger Hohlkörper. Sie stellt daher einen großen Lichtspeicher innerhalb der Zelle dar.[2]

Doch sie speichert nicht nur das universelle Licht (Prana) in Form von Biophotonen, sondern ist auch die entscheidende Schnittstelle zwischen Energieebene und Materie, und zwar sowohl beim Werden und Wachstum eines Organismus sowie bei seiner Existenz in der Welt als auch und letztlich bei seinem Sterben. Hier erfolgt die Umsetzung der Energiematrize in Materie, in die Baustoffe unserer Zellen, in Aminosäuren, in Proteine, letztlich in unsere Knochen, Muskeln, Nerven und so fort. Als Modulatoren zwischen Aura und DNA dienen wahrscheinlich die Biophotonen oder ähnliche lichttragende Energie-Masse-Strukturen.

Es ist, als fände die Seelenenergie eine Materie oder materialkoordinierende Maschinerie vor, die nach ihrer Vorlage nun Stück für Stück, Zelle für Zelle, Gewebe für Gewebe zu einem großen Ganzen zusammensetzt: zu unserem Körper. Aus dem winzigen, aber hochkomplexen Fundus der befruchteten Eizelle erschafft sich so die Seele ihren Körper, das Gefäß für ihre irdische Existenz.

Übrigens ist dies schon ein erster Hinweis darauf, wie wir uns selbst über unsere Vorstellung, also über unsere immaterielle Geisteskraft, unsere Wirklichkeit erschaffen – und zwar stets und, wenn wir es mit klarer Intensität betreiben, sehr direkt im Verhältnis eins zu eins.

Die Seele ist nun sowohl Materie in Form der Körperzellen geworden als auch die den Organismus bildende und zugleich durchziehende und umgebende Aura geblieben. Eine auf der Erde inkarnierte Seele ist zugleich materiell als auch energetisch-feinstofflich existent. Sie ist Gefäß und Füllung. Mit dem Tod trennt sie sich so gesehen lediglich wieder von ihrem Gefäß, die Füllung aber bleibt. Allerdings ist sie nun reicher um die hier gesammelten Erfahrungen – um ein Erdenleben …

Was ist eine Seele?

Doch wie können wir uns nun unsere Seele vorstellen, das, was nicht mit unserem irdischen Tod vergeht wie der so hinfällige Leib, unser entliehenes »Vehikel« für diese Reise in der materiellen Welt? Was und wo ist die Seele nach unserem Tod und vor einer erneuten Inkarnation?

Im Grunde ist unsere Seele eine Abspaltung des universellen Lichts. Von Gott geschaffen, ist sie zugleich ein winziger Teil Gottes. Wir sind »geschöpft« aus dem göttlichen Licht.

Unsere Seelenschöpfung vollzieht sich etwa vier Energiedimensionen über unserer materiell-irdischen Ebene. Die materielle Erde stellt wie gesagt die dichteste und am niedrigsten schwingende Energieebene im Universum dar. Unsere Seele ist somit ein um vier kosmische Potenzen höher schwingender und lichtvollerer Energiezustand, als wir ihn im Diesseits erleben. Darüber hinaus liegen über unserer energetischen Seelenschöpfungsebene noch mehr als zwanzig Engeldimensionen, ehe alles vom reinsten und höchstschwingenden Licht – von Gott – umfasst und gespeist wird.

Dieser Energievergleich soll aber lediglich als Metapher dafür dienen, welch kleiner, darum aber keineswegs weniger kostbarer Ausschnitt die Erde und unser Leben in dieser dichtesten Dimension des Universums ist. Vielleicht rückt die Darstellung kosmischer Daseinsformen unser irdisches Dasein und damit auch unseren Abschied davon durch unseren Tod für uns in ein angemesseneres Licht – und das im wahrsten Sinne des Wortes. Möglicherweise kann es dazu beitragen, unserer geistigen Existenz, unserer spirituellen Ebene den großen Raum oder Stellenwert zu geben, den es in der universellen Wirklichkeit einnimmt. So gibt es etwa unzählig mehr geistige Wesenheiten im Kosmos, als Menschen und Tiere auf unserer vergleichsweise winzigen Erde sind. Der allergrößte Teil des kosmischen Spiels findet auf der nichtmateriellen Ebene statt. Viele Wesenheiten wie mächtige Engel tragen so viel Licht und Energie in sich, dass sie nur in Gestalt kleiner Facetten mit einem ausgewählten Menschen in Kontakt treten können.

Bevor sich unsere bereits »geschöpfte« Seele zur Inkarnation auf der Erde immer weiter verdichtet und ihre Energien herunterschwingt, hält sie sich in den höheren feinstofflich-energetischen Dimensionen auf. Da wir Menschen für unseren Lernprozess,

unser spirituelles Wachstum und letztlich unsere Wiedervereini-
gung mit dem Einen, unsere Rückkehr ins Licht, meist mehrere
Leben, einen ganzen Zyklus von Inkarnationen benötigen, halten sich die meisten menschlichen Seelen in der nächsthöheren
Energiedimension auf.

Wir können sie als eine Art Paralleluniversum betrachten.
Hier gibt es noch ähnliche Landschaften wie etwa auf der Erde –
vielleicht können wir sie uns am ehesten als »virtuelle Landschaften« vorstellen. Aber das Bewusstsein für das Licht ist auf
dieser Ebene bereits wesentlich höher entwickelt als hier bei uns
auf der Erde. Aus dieser nächsthöheren Dimension erhalten wir
beispielsweise auch unsere Traumbotschaften, meist von eigenen Seelenanteilen, manchmal auch von anderen noch nicht inkarnierten Seelen.

Die australischen Ureinwohner wissen um diese höhere Energieebene. Für sie ist jene Dimension besagte »Traumzeit«, mit
der sie in unmittelbarer spiritueller Verbindung stehen.

Die Inkarnation von Seelenanteilen

Auch für die Aborigines ist die individuelle Seele, das Herausge-
schältsein eines Einzelnen aus dem großen Ganzen, lediglich eine
Illusion. Spätestens mit dem Tod kehren nach ihrer Auffassung die
energetisch-feinstofflichen Anteile unserer Existenz auf der Erde
wieder in ihre eigentlichen geistigen Dimensionen zurück.

Unsere Seele ist in ihrer Gesamtheit sehr viel größer, umfassender, wissender und lichtvoller, als es unser inkarniertes Bewusstsein uns überhaupt ahnen oder gar begreifen lässt. Der uns
im Alltag zugängliche Verstand macht nur einen Bruchteil unserer Seele aus. Den überwiegenden Teil unserer geistigen Existenz haben wir gar nicht mit auf die Erde gebracht.

Unser Höheres Selbst, zu dem wir durch innere Ruhe, Meditation, Versenkung und Rituale Kontakt bekommen können, das auch in Form der »inneren Stimme« zu uns spricht, ist ebenfalls »nur« ein weiterer Aspekt unserer Seele. Es vermittelt als eine Art Überbewusstsein zwischen unserem Verstandesbewusstsein und unserer Seele.

Über das, was wir »Intuition« oder »innere Stimme« nennen, haben wir auch während unserer irdisch-materiellen Existenz Zugang zu dieser feinstofflichen Ebene. Durch mentale Versenkung, durch Meditation, vor allem aber auch eine innere Achtsamkeit in unserem Alltag können wir unmittelbar in Kontakt zu unserem höheren Seelenanteil treten. Auf diesem Weg haben wir Zugang zu Erfahrungen, Wissen und Weisheit, die über unsere irdischen Erfahrungen weit hinausgehen. Hier können wir, letztlich über unsere Herzensenergie, Informationen erhalten oder – bei entsprechender Übung und Hinwendung – auch unmittelbar abrufen.

Über den Prana-Kanal, die feinstoffliche Energie- und Lichtsäule um unsere Wirbelsäule, steht unser Körper, unser Seelengefäß, in unmittelbarem Kontakt mit unserem Höheren Selbst. Durch Meditation und Gebete öffnen, weiten und klären wir diesen Energiekanal und können direkt mit unserem höheren Seelenanteil kommunizieren. Das Höhere Selbst ist auch unsere individuelle Schaltstelle zu allen feinstofflich-energetischen Zusammenhängen und Dimensionen. Hierüber vollzieht sich etwa das Sehen mit dem inneren beziehungsweise Dritten Auge (Stirnchakra). Und letztlich besteht hier unsere direkte Verbindung zum Göttlichen. An dieser Stelle können wir jederzeit bei der unerschöpflichen göttlichen Energie, dem Prana, energetisch »andocken«, unsere Mitte stärken und auftanken.

Diese Möglichkeit der Energieauffüllung ist sehr wichtig für uns. Denn wenn wir die unerschöpfliche Quelle für unser energetisches Auftanken nutzen, für unser Aufladen mit Prana, kommen wir nicht in Versuchung, Energie zur Auffüllung unserer Speicher von anderen Lebewesen abzuziehen – sei es von Menschen oder etwa unseren Haustieren, unseren spirituellen Begleitern. Die Quelle, das Göttliche, stellt uns alle notwendige Energie für unser Leben auf der Erde im Überfluss zur Verfügung. Wir müssen uns nur darum kümmern, sie zu nehmen, uns an das Licht, an das Prana anzubinden.

Wir tun dies durch die Ausrichtung auf ein Leben in Licht und Liebe, durch Innehalten und Meditation oder durch Techniken wie die Prana-Atmung (siehe Seite 110). Wenn wir uns danach richten, wird uns stets ausreichend Kraft und Energie nachgegeben, um unsere irdischen Aufgaben zu erfüllen. Darüber hinaus ersparen wir uns neue karmische Verstrickungen. Denn wenn wir unsere Energie und Kraft vom Gegenüber – ob Mensch oder Tier – holen, genauer gesagt abziehen, setzen wir uns zu diesen Lebewesen in ein energetisches Ungleichgewicht, das beizeiten wieder nach Ausgleich drängt, und zwar unabhängig davon, ob wir dies bewusst oder unbewusst getan haben.

Mit unserem körperlichen Tod, dem Loslassen unseres irdischen Seelengefäßes, kehrt unser inkarnierter Seelenanteil auf die höhere feinstoffliche Schwingungsebene in der nächsten energetischen Dimension zurück. Hier vereint sie sich wieder mit unserem Höheren Selbst – bis sich erneut ein Seelenaspekt auf der Erde inkarniert.

Es sind also in aller Regel Teilaspekte unserer Seele, die sich in unserem jeweiligen bewussten irdischen Leben materialisieren oder ausdrücken. Stellen wir uns einmal vor, welch ein Erfahrungs- und Erkenntnisschatz durch unsere zahlreichen Inkarnationen auf der Erde unsere geistige Existenz beherbergt! Durch die Menschenleben hindurch wurden nicht nur die morphogenetischen Felder gespeist, die das energetische Gedächtnisnetz um unsere Erde bilden. Hinzu kommen die unzähligen Lebens- und Inkarnationserfahrungen der anderen Seelen, denn in ihrer höherschwingenden Dimension ist die individuelle Trennung weitestgehend aufgehoben. Das, was die klassischen Psychologen als das »kollektive Unbewusste« beschreiben, macht nur einen kleinen Teil dieses unsere Vorstellung sprengenden Erfahrungs- und Wissensschatzes aus, zu dem wir Inkarnation für Inkarnation beigetragen haben und wahrscheinlich noch weiterhin beitragen werden.

Licht auf die Erde bringen

Wir gehen von der geistigen Dimension deshalb in unsere irdisch-materielle Existenz, also mit unserer Seele in einen körperlichen Zustand, weil wir hier eine Aufgabe zu erfüllen haben: Wir sollen das Licht auf die Erde bringen und dort halten. Letztlich geht es um eine Energieanhebung in unserer Dimension. Unsere Aufgabe ist es, die Erde ins Licht zu führen, das heißt, ihre Schwingung zu erhöhen und unseren Heimatplaneten dem reinen Licht – der Quelle, dem Einen, Gott – wieder näherzubringen. Dies ist im Grunde der einzige Sinn unseres Lebens auf der Erde, des fortwährenden Kreislaufs aus Geburt, Tod und Wiedergeburt. Seit Jahrtausenden schon bemühen wir uns nun mehr oder weniger erfolgreich darum, diese Aufgabe zu erfüllen. Das Leben auf der Erde ist ein großes Erprobungs- und Versuchsfeld für die Seelen, die hier inkarnieren.

Es wurde schon gesagt, dass unser Planet auf der am niedrigsten schwingenden Enegieebene oder Dimension des Universums existiert – wie auch wir, da wir uns hier materialisiert haben. Im Unterschied etwa zu den lichtvollen Geistwesen um uns, aber auch den Tieren, erleben wir uns als abgetrennt vom universellen Licht, vom universellen Prana, als getrennt von der Quelle, vom Göttlichen. Doch wir sind ebenso Geschöpfe Gottes, geschöpft aus dem Einen.

Entscheiden wir uns für den lichtvollen Weg, geht es darum, das Licht, den göttlichen Funken in uns, zu vergrößern. Eine Aufgabe der Menschheit ist es, die Energie der Erde dadurch anzuheben, dass wir Licht und Liebe – also reinstes Prana – auf sie bringen, damit sich ihre energetische Schwingung erhöht. Es entspricht in etwa dem, was manchen von uns schon einmal als sogenannter Lichtkörperprozess begegnet ist.

Auch der gesamte Planet befindet sich wie wir in einem solchen Lichtkörperprozess. Dabei geht es um nichts anderes als um die (Wieder-)Verschmelzung mit der Quelle allen Lebens, mit dem Göttlichen. Es ist eine Heimkehr in die einzig wahre Dimension, in die geistige, die immaterielle, die feinstoffliche Ebene. Hier kommen wir, die Erde und alles Sein auf ihr her. Und in dieses Eine, dieses Urlicht, können wir wieder hineingehen. Es ist der kaum mit dem Verstand vorstellbare Zustand reiner Liebe, vollständiger Geborgenheit und absoluten Friedens.

Wie wir sowohl an unserem individuellen Lebenslauf als auch an der Menschheitsgeschichte ablesen können, will uns dieses Vermehren und Halten von Licht bislang allerdings nicht so recht gelingen. Wir erliegen seit Generationen immer wieder den irdischen Gelüsten und Verlockungen, indem wir unsere individuelle Befriedigung in den Vordergrund stellen und unsere eigentliche Aufgabe vernachlässigen oder vergessen.

Auch wenn es in unserer Zeit zunächst fremd klingen mag:

Wir sind auf der Welt, um zu dienen. Das heißt, unsere selbstbezogenen Eigeninteressen, unser Ego zu überwinden und unsere Aufgabe in der Menschen- und der gesamten irdischen Lebensgemeinschaft mit allen Wesen wie Tieren und Pflanzen zu übernehmen.

Es geht darum, die sechs Wörter »Liebe deinen Nächsten wie dich selbst« auch tatsächlich buchstabengetreu umzusetzen. Gehen wir mit uns selbst sowie allem, was wir auf der Erde vorfinden, achtsam und respektvoll um! Geben wir in unsere Gedanken, Worte und Taten Mitgefühl! Begegnen wir allem mit Licht und Liebe!

Wir sind letztlich alle eins, wir sind alle Wesen aus dem Einen, »geschöpfte Geschöpfe«. Auf diese Weise lebt auch die Erde als Planet, als Lebewesen – wir brauchen nur ihr Brodeln im Inneren oder die Dynamik der tektonischen Platten zu betrachten … Alles ist aus dem Gleichen geschöpft. Stark vereinfacht gesagt, ist es nur unterschiedlich energiereiches, verschieden schwingendes und unterschiedlich stark verdichtetes universelles Licht, Energie oder Prana. Alles, was uns ausmacht, und alles, was uns umgibt, sind Aspekte des Göttlichen. Somit gilt es in unserem Erdenleben, die Schöpfung zu würdigen, ihr gilt es in Dankbarkeit zu dienen.

Licht, Liebe und Mitgefühl auf die Erde zu bringen ist ein sehr aktiver Vorgang. Das Vermehren von Licht ist nicht einfach mit dem Versuch getan, sich passiv zu verhalten, sich etwa still in einen Winkel dieser Welt zurückzuziehen und nichts aktiv Böses und Dunkles zu tun. Nur wenigen, offensichtlich auserwählten Menschen – etwa bestimmten Mönchen – scheint es tatsächlich als Lebensaufgabe vorbehalten zu sein, ihr Dasein durch meditative Vermehrung und Stabilisierung von Licht auf der Erde zu verbringen. Für die meisten Menschen ist die meditative Versenkung allerdings allein ein Mittel, um in die eigene innere Mitte zu gelangen, diese zu stabilisieren und letztlich zu stärken. Aus dieser kraftvollen Mitte heraus können wir die irdischen Aufgaben für unser Leben finden und tatkräftig erfüllen.

Der Reinkarnationszyklus

Wir mögen manchmal der Illusion erliegen, wir hätten unendlich viel Zeit für unsere Aufgabe, Gutes und Lichtvolles auf der Erde und für die Schöpfung zu tun. Wir mögen glauben, dass wir unendlich viele Reinkarnationszyklen zur Verfügung hätten und uns dementsprechend noch nicht in diesem Leben, also nicht jetzt, anstrengen müssten, um unsere Aufgaben zu erfüllen.

Doch dies ist nur eine der vielen Verlockungen, mit denen wir uns mit unserer ganzen zur Verfügung stehenden Kraft vom lichtvollen Weg und vom Einsatz für die Schöpfung abzubringen versuchen. Denn alles geht einmal vorbei. Unsere Seele kommt nicht unendlich oft, nicht immer und immer wieder auf die Erde.

Wenn der Reinkarnationszyklus einer Seele abgeschlossen ist, geschieht Folgendes: Die Seelen, die in gebender Liebe gelebt, die mehr Licht in all ihren irdischen Inkarnationen angesammelt haben, lösen sich im Licht auf. Die Seelen, die mehr im Schatten gelebt, die mehr Dunkles angehäuft haben, lösen sich im Dunkel auf. Dies geschieht nicht erst mit dem »Ende der Welt«, sondern auch immer wieder zwischendurch – so, wie Gott es will.

Mit unseren Reinkarnationen sind auch unsere irdischen Versuchsmöglichkeiten und Chancen, Licht auf die Erde zu bringen und das Licht in uns und auf der Erde zu halten, einmal vorbei. Viel Zeit scheint die Erde – und damit wir alle – nicht mehr zu haben. Höchstwahrscheinlich befinden wir uns aber sogar in einer Art Endzeit, in der sich Licht und Dunkel bald endgültig voneinander trennen. Wir sollten daher, aber auch schon grundsätzlich jeden Augenblick unseres Lebens so leben, als wäre es der letzte. Dann würdigen wir das göttliche Geschenk unseres Daseins. Zeit unseres Lebens, bis zu unserem letzten Atemzug, können wir uns in jedem Augenblick für das Licht, für die Liebe und für das Mitgefühl entscheiden und es durch entsprechendes Fühlen, Denken, Reden und Handeln auf unserem Planeten manifestieren.

Die Verantwortung für unseren Körper

Mit dem Geschenk des Lebens haben wir zugleich die Verantwortung übernommen für die Pflege und die bestmögliche Gesunderhaltung unseres Seelengefäßes. Denn unser Körper schafft die Voraussetzung für die Erledigung unserer Lebensaufgabe hier auf der Erde.

Natürlich wirkt es sich auf unsere physische Verfassung aus, ob wir stets im körperlichen und emotionalen Stress sind, überwiegend Fastfood zu uns nehmen und mit Gott und der Welt hadern – oder ob wir uns ausgewogen und gesund ernähren und zufrieden und mit offenem Herzen durchs Leben gehen. Dennoch kennen wir alle wahrscheinlich auch Menschen, die rauchen oder ihr Leben lang ein starkes Übergewicht mit sich herumschleppen, die aber dennoch viel Kraft zur Verfügung haben, relativ alt werden und teilweise sogar Entscheidendes in ihrem Leben, manchmal auch für die Entwicklungsprozesse auf der Erde bewirken.

Es gibt im Wesentlichen drei Hauptbereiche, in denen wir unsere irdischen Lernprogramme erfüllen können: auf Beziehungs-, im weitesten Sinne auf beruflicher und eben auf gesundheitlicher Ebene. Zwar wirkt sich ein nachlässiger Umgang mit dem eigenen Körper selbstverständlich auch auf das physische und geistige Wohlbefinden aus. Wenn es aber für einen Menschen beispielsweise im Vordergrund steht, seine Erfahrungen im sozialen Bereich zu machen, hier zu lernen und vielleicht auch karmische Prüfungen zu bestehen, wird die Unachtsamkeit im Umgang mit dem eigenen Körper nicht die oberste Priorität haben. Würden andere bei dieser Lebensweise krank werden, fühlt sich ein solch »sozialer Typus« möglicherweise nur körperlich etwas schwächer, als wenn er ein gesundes Leben führte.

Dies verdeutlicht, wie weitreichend unsere diesseitige Existenz von der energetischen Matrize bestimmt wird. Nicht nur, dass wir nach dieser Vorlage unseren Körper entwickeln. Auch der physische Teil unseres Lebens wird entscheidender von unserer feinstofflich-energetischen Matrix bestimmt, als wir dies gemeinhin annehmen. So ist etwa die Heilung von einer Erkrankung nur dann nachhaltig, wenn auch auf der feinstofflichen Ebene des Ätherkörpers (der innersten Auraschicht) die entsprechenden Heilungsprozesse erfolgt sind. Belässt man es dabei, nur die äußeren Anzeichen einer tiefer liegenden Krankheit zu behandeln, werden sich die energetischen Unstimmigkeiten auf andere Weise in unserem Seelengefäß Ausdruck verschaffen, in der Regel über ernstere Krankheitssymptome.

Ganzheitliche Heilkonzepte wie etwa die Homöopathie oder die Traditionelle Chinesische Medizin (TCM) arbeiten mit solchen körperlichen Symptomverschiebungen, wenn die ursächliche Energiestörung nicht behoben wird. Ein relativ bekanntes Beispiel ist die »umgekehrte« Verschiebung von Beschwerden bei der Behandlung von Asthma auf die Haut, bei der es dann zur Ekzembildung kommt, also einer weniger bedrohlichen Erkrankung. Und energetische Heiler arbeiten direkt mit der Aura, im Wesentlichen mit der innersten Schicht, um hier über Reinigung und Energieausgleich auf den physischen Körper einzuwirken.

Dementsprechend nimmt auch der Tod, bis auf wenige Ausnahmen, seinen Ursprung in unserer Aura, in dem energetischen Aspekt unserer Existenz.

Karma: Nichts geht verloren

Es gilt das kosmische Gesetz, dass alles, was wir tun, aber auch bereits alles, was wir denken und uns vorstellen, durch jegliche Art der Fokussierung Energie erhält und sich so auf irgendeine Weise manifestiert. Sei es materiell oder energetisch-feinstofflich. Bereits ein Gedanke, ein Bild in unserem Kopf, jede auch nur vorgestellte Handlung sowie erst recht jede ausgeführte Tat bewirken etwas im Kosmos. Nichts geht verloren im Universum.

Und so manches davon bleibt an uns haften oder kommt zu uns zurück, zumindest irgendwann einmal, nicht unbedingt im jetzigen Leben. Vielleicht kehrt das Echo dessen, was wir einmal in die Welt gesetzt haben, erst mehrere Inkarnationen später wieder.

Hier kommt nun das ins Spiel, was weithin unter dem hinduistisch-buddhistischen Begriff »Karma« bekannt ist. Karma als Aufgaben, die wir zu erledigen haben, um alte Energien, alte Manifestationen abzuarbeiten. Letztlich geht es darum, alten, selbsterzeugten »Unrat« in lichtvolle Energie zu transformieren, also diese festgesetzten Energien zu befreien – wiederum, um das Licht zu vermehren.

Die zu diesem Zweck zu erfüllenden Aufgaben können extrem unterschiedlich sein. Es kann sehr offensichtlich so aussehen wie eine Wiedergutmachung, etwa indem wir einem anderen Menschen hilfreich zur Seite stehen, ihn zum Beispiel bei seiner Krankheit und beim Sterben begleiten. Vielleicht geht es darum, den Aspekt des Dienens in der Welt zu verstärken, sei es als Butler, Dienstmädchen, Altenpfleger, Mönch oder beruflicher oder ehrenamtlicher Hospizmitarbeiter, oder sei es im Rahmen einer Freundschaft oder der Familie. Vielleicht ist es auch unser Karma, einen unguten, dunklen Ansatz in unserem Charakter, in unserer eigenen Seele, ins Licht zu bringen – Karma gewissermaßen als Läuterungsprozess, eine Wandlung vom Saulus zum Paulus.

Dabei haben die Art der Prüfung und der Zeitpunkt ihrer Auflösung nicht das Geringste mit unserer irdischen Vorstellung von Gerechtigkeit zu tun. Die Entscheidung, ob ein Karma nun gelöst und transformiert worden ist, liegt in höherer Hand.

Doch benutzen wir unser Karma nicht als Ausrede für das Nichtstun. Wir haben Beeinträchtigungen und Belastungen mitgenommen, und manchen Menschen mag alles leichter von der Hand gehen, vielleicht weil sie in vorherigen Leben schon einiges abgearbeitet oder sogar bereits Licht vermehrt und gehalten haben. Vergessen wir aber nicht: Wir haben die Verantwortung für unser Dasein und dafür, was wir mit unseren Möglichkeiten anfangen. Das Vergleichen von Schicksalen ist müßig, und Bewertungen stehen uns nicht an – sie finden auf einer wesentlich höheren Ebene als der unseren statt.

Die Wahl des Gefäßes

Unsere Seele scheint maßgeblich an der Wahl des Gefäßes für ihre irdische Existenz beteiligt zu sein. Das heißt zum Beispiel, dass wir uns die Familie, in die wir hineingeboren wurden, auf Seelenebene selbst ausgesucht haben. Darüber hinaus haben wir Absprachen mit anderen Seelen getroffen. Viele von ihnen kennen wir schon aus mehr oder weniger zahlreichen früheren Inkarnationen. Manche sprechen in diesem Zusammenhang auch von »Karmagruppen«, also Seelen, die zuweilen über Jahrhunderte hinweg immer wieder irdische Erfahrungen miteinander gemacht haben.

Mit der Wahl unseres Geburtsumfelds entscheiden wir uns häufig für das »Abarbeiten«, für das Auflösen, also für die Transformation von Karma. Es kann beispielsweise sein, dass wir in einem früheren Leben jemandem großes Unrecht angetan haben und dass dessen Seele oder Seelenanteile uns nun in Gestalt unseres Kindes wiederbegegnen. Dann haben wir die Gelegenheit, dieses Karma durch liebevolle Begleitung und Beschützen des Kindes abzutragen und aufzulösen.

Die Begleitumstände solcher Lebensbegegnungen sind uns meistens nicht bewusst. Sie müssen es auch nicht sein. Meist ziehen uns solche Menschen oder Situationen auf wundersame Weise an. Immer wieder tun sich auf unserem Lebensweg »Zeitfenster« auf, die uns die Gelegenheit für solche, eben teilweise auch karmische Aufgaben eröffnen.

Spätestens mit dem materiellen Eintritt in die irdische Dimension, mit unserer Geburt, schiebt sich all dies jedoch aus unserem Bewusstsein. Wir vergessen, wo wir hergekommen sind. Jedenfalls die meisten Menschen. Auf diese Weise sind wir – übrigens im Unterschied zu den Tieren – abgetrennt von unserer geistigen Herkunft und Verbindung, von der Quelle, vom Schöpfer, von Gott. Von nun an begeben wir uns mit allen uns zur Verfügung stehenden irdischen Möglichkeiten auf die Suche zurück nach der Einheit mit dem Licht, mit Gott. Es ist wie eine Prüfung, wie ein Experiment. Unsere Heimat, die Erde, können wir uns tatsächlich als ein großes Lernfeld vorstellen.

Wie gesagt: Es ist die Grundaufgabe allen Lebens auf der Erde, Licht – reine Liebe, selbstlose Liebe, also göttliche Energie – auf diesen wunderschönen blauen Planeten zu bringen.

LEBENSZEIT – DEHNUNG UND ZUSAMMENZIEHEN VON RAUM UND ZEIT

Wir befinden uns während unseres irdischen Daseins in einem Kontinuum aus Energie und Materie. Welche Rolle spielt hierin unsere Lebenszeit? Ist es vorherbestimmt, wie lange wir bleiben? Was ist überhaupt Zeit?

Zeit ist relativ. Ohne unsere Uhren, die vermeintlich objektiven Chronometer, würden zehn Menschen über eine gleiche Zeitspanne sehr unterschiedliche Angaben machen: Manchmal vergeht die Zeit gähnend langsam, und Stunden kommen uns wie Tage und Wochen wie Jahre vor. Dann wieder fliegt sie anscheinend nur so dahin, und wir wissen gar nicht, wo die Stunden, Tage und Jahre geblieben sind. Und manch einer wundert sich angesichts des bevorstehenden Abschieds von seiner irdischen Existenz, dass es »das schon gewesen sein soll«.

Der Verstand weiß, dass unser Dasein auf der Erde endlich ist. Doch der Umgang mit unserer Lebenszeit scheint von jenem Wissen unberührt zu sein. Ist die Kindheit in dieser Hinsicht meist unbeschwert, erscheint uns das Leben als junge Menschen meistens endlos, als hätten wir alle Zeit der Welt. Haben wir bereits einige Jahrzehnte gelebt – befinden wir uns etwa in der Mitte unserer zu erwartenden Lebenszeit von etwa siebzig bis achtzig Jahren –, fragen wir uns rückschauend, was wir bis hierhin mit unserem Leben angefangen haben. Manch einen ereilt hier eine Krise. Meist geht diese Besinnung aber ohne weiterreichende Konsequenzen vorüber – am ehesten versuchen wir noch, uns in dieser Zeit auf irgendeine Weise etwas Jugendlichkeit »zurückzuholen«. Wenn dann das Ende des Lebens immer greifbarer wird, ereilt uns unter Umständen die Panik, nicht mehr alles zu schaffen, was wir uns vorgenommen hatten. Vielleicht begeben wir uns auch ins »Jammertal«.

In der Weise, wie wir mit unserer Lebenszeit umgehen, bereiten wir uns auch auf das Loslassen unserer Zeit auf der Erde vor, also auf unseren eigenen Tod. Manche Menschen erkennen die eigene Lebensfrist erst im Angesicht des Todes als das kostbare Geschenk, das sie ist.

Was ist also Zeit?

Vergangenheit, Gegenwart und Zukunft

Unsere Existenz auf der Erde richtet sich nahezu vollständig nach der Zeitachse Vergangenheit–Gegenwart–Zukunft aus. Im Moment unserer Geburt wird unsere persönliche »Sanduhr« umgedreht, und die Zeit läuft ab: Sandkorn für Sandkorn.

Doch schon während unseres frühen Wachstums und wenn wir unsere ersten Schritte auf diesem Planeten versuchen, begleitet uns der Tod. So haben etwa rote Blutkörperchen, die Erythrozyten, eine durchschnittliche Lebensdauer von 120 Tagen. Dann werden sie aufgrund ihrer »Alterserscheinungen« wie nachlassender Elastizität und Verformbarkeit von spezialisierten Zellen des Immunsystems, Fresszellen oder Makrophagen, vor allem in unserer Leber abgebaut. Gleichzeitig werden jeden Tag etwa 200 Milliarden rote Blutkörperchen neu gebildet. Etwa 1 Prozent der Gesamtheit aller Erythrozyten in unserem Blut werden also täglich durch neue ausgetauscht.

Wir unterliegen bereits als Säugling, als Kind oder als Jugendlicher und erst recht als Erwachsene und als alternde Menschen einem ständigen Werden und Vergehen – mit jeder Pore unseres Körpers, jedem Organ, jeder Zelle, jedem Molekül. Auf dieser rein körperlichen Ebene verschiebt sich mit dem Ablauf unserer

Lebenszeit lediglich der Schwerpunkt: Steht zunächst das Werden im Vordergrund, gewinnt schon bald das Vergehen die Oberhand.

Mich hat immer mit einem Schmunzeln im Inneren fasziniert, dass wir mit einem gewaltigen Überschuss an Nervenzellen geboren werden, um sie mit zunehmender Reife, Erfahrung und Wissen abzubauen. Auf diese Weise werden gezielt Verknüpfungen in unserem Gehirn hergestellt: Lernen als Loslassen gewissermaßen. Mal ganz abgesehen davon, dass wir nur einen relativ geringen Teil unserer Gehirnzellen, also unserer geistigen Kapazität, überhaupt wirklich nutzen – aber das ist ein anderes Thema …

Die physiologischen Abläufe in unserem Körper, die bestimmten Gesetzmäßigkeiten folgen, bilden die Grundlage für unser Dasein und Denken in Vergangenheit, Gegenwart und Zukunft. Im Laufe der Menschheitsgeschichte haben wir vor allem auf materieller Ebene Erfahrungen angesammelt. Im kontinuierlichen irdischen Werden und Vergehen, dem Kommen und Gehen, macht das Denken gemäß der Zeitachse nämlich Sinn.

Unsere individuelle, vor allem aber unsere kollektive Erfahrung verschafft uns die Gewissheit, dass etwas Bestimmtes aller Wahrscheinlichkeit nach geschehen wird, wenn gewisse Voraussetzungen dafür erfüllt sind. Zeugen Mann und Frau ein Kind, wird es nach seiner Geburt irgendwann das Laufen lernen. Es wird sprechen und denken, sein Leben leben – und eines Tages sterben.

Diese bewusste Erfahrung, die uns so sicher erscheint, dass wir auch von »Wissen« sprechen, lässt in unserem Bewusstsein die menschliche, körperliche, materielle Zeitachse entstehen. Wir wissen nicht nur, dass wir einmal Kinder waren, und können uns womöglich an zahlreiche Details erinnern. Wir wissen auch um die Gewissheit des Todes.

Doch während wir dieses Buch in Händen halten, können wir zwar auf unsere individuelle Lebensachse zurückblicken, auf etwas, was gewesen ist. Wir erinnern uns an Begebenheiten, die wir der Vergangenheit zuordnen. Aber auch für unsere körperliche Existenz ist zum Beispiel unsere Kindheit vorbei, vergangen. Wir sind jetzt erwachsen. Und wir können unsere Wahrnehmung nun auf das Buch in unseren Händen richten. Die »Anweisung« des Gehirns, jetzt die Seite umzublättern, die Ausführung unserer Finger, Hände und Arme dabei und das Empfinden dieser kleinen Aktion, das ist unserer Jetzt, unsere Gegenwart. In dem Moment, da wir vielleicht unseren Zeigefinger an den Lippen befeuchten und die einzelne nächste Buchseite ertasten, sie von den übrigen Seiten lösen und schließlich umblättern, empfinden wir, dass unser Leben *jetzt* stattfindet. Der Körper agiert. Und wir spüren dies, fühlen, was wir tun. Wir sind dabei, selbst wenn wir denken, zumindest nicht ausschließlich in unserem Kopf. Es gibt fast immer ein Empfinden für unser gesamtes Gefäß, wenn wir mit unserem Bewusstsein in der Gegenwart sind.

Eine Ausnahme bildet dabei eine der Gegebenheiten unserer Tage, die beispielhaft verdeutlichen soll, was gemeint ist mit dem »Jetztgefühl«, der wahren Gegenwart im Sinne von »gegenwärtig sein«.

Begeben wir uns für dieses kleine Gedankenexperiment, das eigentlich nur eine Bewusstmachung eines Alltagsaspekts vieler Menschen ist, einmal an den Computer. Wir suchen etwas im Internet, surfen, bleiben hängen, von irgendwo auf dieser Welt erklingt über unsere Lautsprecher irgendeine Stimme oder Musik. Da erscheint ein Video interessant, und wir klicken uns nach und nach durch diesen virtuellen Raum, das künstlich bereitgestellte Gefüge aus digitalisierten Informationen. Eigentlich ist es inzwischen schon eine eigene virtuelle Welt geworden.

Gehen wir nun nach unserem Aufenthalt in dieser künstlichen Welt ganz bewusst wieder heraus und schalten diese Art der Verbindung mit der Welt ab. Spüren Sie jetzt Ihren Körper, Ihren Bauch, Ihre Beine, Ihren Kopf? Meistens müssen wir unser Bewusstsein wieder regelrecht auf das »Anhängsel« unseres klickenden Mausfingers und unserer sehenden Netzhaut fokussieren, unsere mentale Konzentration wieder ganz gezielt in die einzelnen Abschnitte unseres Körpers schicken. Wo war das Gefäß unserer Geistes, unserer Seele, in der Zeit, die doch auch Gegenwart war?

Wenn wir nun aus unserem Hier und Jetzt in diese unmittelbare Vergangenheit des Internetsurfens zurückblicken, werden die meisten von uns wohl bestätigen, dass sie in der digitalen Welt ihr Bewusstsein für ihren Körper verloren haben. Eigentlich existierte für uns nur unser Geist, unsere Gehirntätigkeit, die die Informationen und Bilder vom Monitor aufgesogen hat. Handelte es sich folglich um eine rein geistige Gegenwart?

Ich denke, wir sind uns einig, dass dieses Eintauchen in die digitale Welt kein wirklich geistig-spiritueller Prozess ist, sondern schlicht ein Abschalten unseres Körperbewusstseins …

Über das Jetzt hinaus: Vergangenheit und Zukunft

Anders ist es, wenn wir uns gedanklich in die Vergangenheit oder in die Zukunft begeben.

In die Vergangenheit zu gehen erscheint uns auf den ersten Blick eine leichte Aufgabe zu sein. Wir erinnern uns einfach an das, was einmal war, gehen auf der Zeitachse in unserem Gedächtnis bis zu dem bestimmten Ereignis zurück. Doch über dieses individuelle Erinnern hinaus, das sich im Rahmen unserer Existenz in diesem Körper oder Seelengefäß bewegt, steht uns ein weit umfangreicherer Erinnerungsschatz zur Verfügung.

Zunächst gibt es das, was Tiefenpsychologen als das »kollektive Unbewusste« bezeichnen, der gesamte Erfahrungsspeicher der Menschheit seit Anbeginn ihrer Materialisierung oder Schöpfung aus der göttlichen Energie. Letztlich hinterlässt alles Leben, alles menschliche, alles tierische, alles pflanzliche und selbstverständlich auch alles geistig-feinstoffliche, einen energetischen Abdruck im Universum. Alles Seiende hinterlässt Spuren. Das Ganze ist sozusagen ein universales, ein kosmisches Gedächtnis.

Wir werden als Menschen zwar kaum alle energetischen Ebenen dieses »göttlichen Gedächtnisses« erfassen, geschweige denn erreichen können. Aber diejenigen unter uns, die sich etwa an frühere Reinkarnationen erinnert haben, sind beispielsweise in noch verhältnismäßig niedrig schwingende Ebenen dieser geistigen Gedächtnisdimensionen vorgedrungen. Solche »erdnahen« Erfahrungen umziehen als feinstoffliches Energienetz unseren Heimatplaneten, wo sie unter anderem die bereits genannten morphogenetischen Felder speisen beziehungsweise auch aus ihnen genährt werden. Was den meisten Menschen durch tiefe Meditation, Lichtarbeit und kontemplative Hinwendung zum Göttlichen zugänglich wird, ist natürlich nur ein winziger Bruchteil des insgesamt Existierenden. In der Regel ist uns auch nur das erreichbar, was wir verkraften und irgendwie begreifen können.

Das Erspüren, das »Sehen« etwa von Engeln, Naturgeistern oder anderen geistigen Wesen ist deshalb ein Geschenk aus der geistigen Welt und kann nicht mit tiefer Versenkung, besonders innigen Gebeten oder spirituellen Übungen willentlich herbeigeführt oder als Belohnung für gutes Verhalten erwartet werden. Manche Menschen meditieren innig und kontinuierlich und machen niemals solche außermateriellen, übersinnlichen Erfahrungen. Andere hingegen haben noch nie mit offenem Herzen ein Gebet gesprochen und erhalten dennoch solche Präsente. Die göttlichen Wege bleiben für uns unergründbar. Letztlich geht es für jeden Einzelnen auch weniger um das »Weltverstehen« als um die Erfüllung unserer Aufgabe(n) in diesem Leben.

Manche Menschen können sogar einen »Blick in die Zukunft« werfen. Meist handelt es sich dabei um die Kontaktaufnahme mit Wesenheiten aus der geistigen Welt, etwa Geistführern, begleitenden Krafttieren oder Engeln. Aus ihrer Dimension jenseits von Zeit und Raum können die geistigen Wesen uns Hinweise und Hilfen geben für unseren eher linearen, irdischen Weg ins Licht.

Alles Tun und Denken hinterlässt Spuren: Die Akasha-Chronik

Wie schon angedeutet wurde, hinterlässt alles, was wir denken, fühlen, uns wünschen, alles, was wir uns vorstellen, und alles, was wir in die Tat umsetzen, Spuren im Universum, die weit über unser irdisches Verständnis von Vergangenheit, Gegenwart und Zukunft hinausgehen.

In der sogenannten Akasha-Chronik sind alle Ereignisse, alle Handlungen und alle Gedanken als energetische Vorstufen von Materialisierungen vermerkt – »niedergeschrieben« wie in einer Art feinstofflichen Bibliothek (siehe auch das Glossar im Anhang dieses Buches). Manche stellen sich dieses »Weltgedächtnis« tatsächlich wie eine Art Bibliothek vor, in der es für jeden Menschen ein Buch gibt, in dem alles aus dem jetzigen und den weiteren Leben eines Menschen erfasst wird. Für andere ist es eine Art gigantischer Computer, in dem jede existierende Seele eine »Datei« hat, in der alle Leben niedergeschrieben sind. Wahrscheinlich setzt sich die Akasha-Chronik eher aus feinstofflich-energetischen Engrammen zusammen, Erinnerungsbildern, die keines eigenen Raums bedürfen – wobei die »Form« aber letztlich für uns Menschen vollkommen nebensächlich ist.

Die Akasha-Chronik umfasst die Gesamtheit aller energetischen Abdrücke jeder irdischen Existenz. Alle Leben, alle Reinkarnationen einer Menschenseele sind in ihrem gesamten Ablauf hier »verewigt«. In ihrer Dimension jenseits von Raum und Zeit sind in ihr alle bisherigen Inkarnationen eines Menschen, das gegenwärtige Leben und darüber hinaus auch alle noch nicht im irdisch materiellen umgesetzten, noch nicht gelebten, zukünftigen Leben bis ins Detail aufgeschrieben. Aus unserer irdischen Dimension heraus betrachtet, finden hier also Vergangenheit, Gegenwart und Zukunft zusammen.

Da es sich um unmittelbare energetische Abdrücke handelt, sind die »Niederschriften« subjektiv, also stets aus der inneren Sicht der jeweiligen Seele beziehungsweise des Menschen entstanden. Wenn wir einen energetischen Zugang zur Akasha-Chronik erhalten, steigen wir sozusagen in das Innere, in die Sichtweise und das Empfinden der »gelesenen« Seele ein – das ist ein sehr individueller Erinnerungsgang.

So wird beispielsweise auch die Entstehungs- und Entwicklungsgeschichte der Erde in der Akasha-Chronik aus Sicht unseres Mutterplaneten, von innen heraus, empfangen oder gelesen. Die Informationen laufen gewissermaßen über die Empfindungsebene der Erde als Gesamtwesen ab.

Genauso ist es bei den Menschen. Für jeden von uns sind hier an diesem »Nicht-Ort« beispielsweise die Lebensaufgaben für unsere einzelnen Inkarnationen oder die Zeiträume für bestimmte Gelegenheiten und Chancen hinterlegt, die wir ergreifen können. Jedes Ereignis, jede Tat, jeder Gedanke, jeder unserer Wünsche wird gesehen und hinterlässt hier seine unauslöschbaren Spuren. Selbstverständlich sind in der Akasha-Chronik auch unsere Geburt und unser Tod hinterlegt.

Der Zugang zur Akasha-Chronik erfolgt über das reine Licht, über die höchstschwingende reine Herzensenergie. Nur wer über eine starke und reine Herzensenergie verfügt und seine Gedanken tatsächlich unvoreingenommen und ausschließlich auf die Informationen aus der Akasha-Chronik fokussieren kann, hat überhaupt die Möglichkeit, Einblick zu erlangen. Wer nicht über diese göttliche Verbindung – über seinen reinen Glauben und das klare Licht – sowie die meditative Klarheit, Reinheit und Stärke verfügt, begegnet auf der Energieebene der Akasha-Chronik lediglich seinen eigenen »Dämonen«, und zwar in unverfälschter, unbeschönigter und reinster Form.

Diese Zugangsmöglichkeiten schützen das »Weltgedächtnis« zugleich. Denn neben ausgewählten geistigen Wesenheiten sind die hochschwingenden Gedankenmaterialisierungen die wesentlichen Hüter der Akasha-Chronik. Auf jenem energetischen Niveau setzen sich alle Gedanken, Bilder und Empfindungen für deren Erzeuger sofort in seine subjektive Wirklichkeit um. Auf dieser zeitlosen Energieebene ist die Trennung zwischen Materie und Energie aufgehoben, so auch zwischen Willen und Handlung, zwischen Phantasie und Ereignis. Wer an dieser Stelle des Universums Ängste in sich trägt, wird geradewegs seinen Angstdämonen begegnen. Selbstüberschätzung und Hochmut erzeugen entsprechend herablassende Wirklichkeiten. Die eigenen

Gefühle, Wünsche und Erwartungen erfüllen mit aller ihnen zur Verfügung stehenden Macht und Kraft das »Lesen« im Weltgedächtnis. Im schlimmen Fall kann es für den »Lesenden« zu einer Art schrecklichem Horrortrip ausarten.

Wenn der Geist des Suchenden nicht wirklich offen und leer ist, wird ihm bei seinem vermeintlichen Lesen in der Akasha-Chronik lediglich sein eigenes Innenleben widergespiegelt werden. Er erfährt hier allein die Erfüllung seiner eigenen bewussten oder unbewussten Erwartungen.

Wünscht er sich beispielsweise eine bestimmte Wende in seinem Leben, wird er sie auf dieser Energieebene durch die unmittelbare Gedankenmaterialisierung vorgespielt bekommen. Er wird seine eigenen Wünsche und Gedanken dann für die Informationen aus der Akasha-Chronik halten. Selbstverständlich unterliegt der Suchende hierbei einer Selbsttäuschung, meint er doch, in der Akasha-Chronik gelesen zu haben. Solche Täuschungen – etwa durch Selbstüberschätzung – beeinflussen, wenn sie nicht korrigiert werden, den Menschen wahrscheinlich in eine falsche Richtung und führen ihn weiter vom Licht fort. Daher sind Lesungen in der Akasha-Chronik mit besonderer Vorsicht zu genießen. Nur wenigen Menschen ist tatsächlich ein lichtvoller Zugang vorbehalten. Wir sollten besonders sorgsam mit Wünschen an die Akasha-Chronik und tatsächlichen oder vermeintlichen Informationen aus ihr umgehen.

Besonders fatal können sich falsche, vermeintliche Akasha-Informationen über den eigenen Tod auswirken, wenn sie etwas von den Ängsten oder Selbstüberhöhungen des »Lesenden« mit sich tragen. Denn es wird unmittelbar geschaffen, was der »Lesende« glaubt. Und zwar eins zu eins, sehr viel direkter als auf der Erde mit ihren materieabhängigen Zeit- und Raum-Dimensionen. Nur wenn er sein ganzes Vertrauen in das Göttliche legt, seinen Glauben nach dem reinen Licht ausrichtet, sein Geist also nur von Licht erfüllt und sonst erwartungsleer ist, wird er tatsächlich im Weltgedächtnis lesen können.

Wie auch immer Sie zu dem bisher Gesagten stehen mögen, wichtig ist es jedenfalls, zu wissen, dass alles, was wir denken, fühlen und tun, Spuren hinterlässt. Alles wird gesehen, alles wird registriert, unser gesamtes Leben, all unser Sein. Auch auf diesem Weg besteht eine direkte Verbindung zur Quelle, zum Licht, zum Göttlichen. Wir stehen stets in der Verantwortung für unser Leben, weil wir Teil des großen, des göttlichen Gefüges sind.

Dehnung und Zusammenziehen von Zeit

Doch zurück zu unserem Leben auf der Erde. Dass auch die irdisch ablaufende Zeit sehr unterschiedlich empfunden wird, haben wir bereits angedeutet. Dies lässt sich schon in unserem gewöhnlichen Alltag erfahren. Wir alle kennen die zögerlich vergehenden Minuten und Stunden, wenn wir beispielsweise auf etwas warten. Oder wie träge sich die Zeit dahindehnt, wenn wir in unserer geistigen Vorstellung schon irgendwo ganz anders sind, wo unser Körper mitsamt seiner materiellen Umgebung noch lange nicht ist. Oder wir erwarten unsere(n) Liebste(n) am Bahnhof. Und wenn wir in diesem Aspekt des Sehnens verharren, ziehen die Uhrzeiger mit fast quälender Zähigkeit ihre Bahn über das Zifferblatt. Unsere Phantasien eilen hingegen schon weit voraus und haben die Begegnung bereits inszeniert.

Auch das Gegenteil ist uns allen bekannt, dass uns die Zeit zwischen den Fingern zu zerrinnen scheint. Dieses subjektive Gefühl ist meist mit einer großen, manchmal auch mit einer übergroßen inneren Fülle gekoppelt. Die Zeit zieht etwa dann ihr Tempo an, wenn wir intensiv oder sogar mit Leidenschaft mit etwas beschäftigt sind. Aber auch wenn wir im Stress sind, wenn wir das Gefühl haben, sehr viel mehr erledigen zu müssen, als wir in unserer Vorstellung, vielleicht auch real, in der gegebenen Zeit schaffen können, beschleunigt sich die Zeit unserem Empfinden nach.

Manche mögen auch schon das Phänomen erlebt haben, dass sich das Zeitempfinden nicht nur subjektiv verändert hat, sondern dass die Uhr tatsächlich für eine oder mehrere Stunden stehen geblieben ist. In solchen Momenten bekommen wir möglicherweise von der geistigen Welt eine kleine Zeitspanne geschenkt, vielleicht, um noch etwas Wichtiges zu erledigen. Und erstaunlicherweise passt diese geschenkte Zeit tatsächlich in den ansonsten »gewöhnlichen« Tag hinein – was unser Verstand kaum begreifen kann: Wir kommen nicht zu spät zu unseren Terminen und schaffen alles, was wir uns vorgenommen haben.

Vielleicht sind wir morgens stets im Stress und finden nur selten Zeit für unsere wohltuende, öffnende und erdende Meditation, die uns in unsere Mitte bringt. Dann kann uns eine über das Anhalten der Uhr geschenkte Stunde darauf aufmerksam machen, wie kostbar diese Morgenstunde ist, wie leicht wir sie mit der uns wohltuenden Meditation füllen können, wenn wir nur regelmäßig etwas früher aufstehen und uns für diesen spirituellen Eintritt in den Tag etwas Freiraum nehmen. Der Hinweis kann auch in die Richtung gehen, dass wir sorgsam mit der eigenen Zeit umgehen und nicht Stunden am Tag mit Sinnlosigkeiten oder Oberflächlichkeiten vertun sollten.

Diese kleinen Ausflüge in unseren Umgang mit der Zeit sollen uns helfen, die Relativität von Zeit auf verschiedenen Ebenen zu begreifen.

Vergangenheit und Zukunft sind bereits geistige Dimensionen. Sie machen den fließenden Übergang von Materie in Energie und umgekehrt sehr anschaulich. Diese Sichtweise oder Erkenntnis hat seit Albert Einstein auch Einzug in die Naturwissenschaften gehalten. Letztlich ist unsere Vorstellung von Raum und Zeit nur auf die Beschränktheit durch unsere materielle Existenz zurückzuführen.

Wechselwirkungen im Raum-Zeit-Kontinuum

Wir verlassen sowohl bei einem Rückblick als auch bei einer Vorschau unseren Körper, der schließlich vollkommen im Jetzt gefangen ist. Zumindest ein Seelenanteil löst sich dazu von unserer körperlich-materiellen Ebene, die in der linearen Zeit existiert, um die Verbindung mit der sehr viel feinstofflicheren, höher schwingenden Ebene aufzunehmen.

Manche Menschen verlassen auf diese Weise auch im Schlaf ihr irdisches Gefäß, um sich in andere geistige Dimensionen zu begeben. Doch längst nicht jeder Traum ist ein Mitbringsel aus höher schwingenden Regionen näher am Licht. Meist handelt es sich um Aufarbeitungen des täglichen Erlebens, manchmal unter Einbeziehung des »kollektiven Unbewussten« über eine Art Anzapfen des morphogenetischen Feldes.

Umgekehrt kann allerdings mit großer Leichtigkeit die geistige Dimension in die materielle Ebene hineinreichen. Dazu muss sie sich lediglich energetisch herunterdimmen und verdichten. So können sich etwa Hinweise aus der geistigen Welt für uns oder auch für unsere Tiere in unserer Wohnung oder vor unseren Augen manifestieren.

Und wenn es für sinnvoll erachtet wird, materialisieren sich

auch geistige Wesenheiten so, dass wir sie mit den uns zur Verfügung stehenden körperlichen Sinnen wahrnehmen können. Dazu
muss das Wesen – etwa ein Engel – seine Eigenschwingung »herunterfahren«, damit seine Energie mit unserer materiellen Dichte
kompatibel wird. Die Erde und alles Lebende und Existierende
auf ihr sind wie gesagt die dichteste Form universeller, göttlicher
Energie. Und um hier in irgendeine Form von Erscheinung zu treten, verdichtet sich das Wesen. Dann spüren oder ahnen wir eine
geistige Anwesenheit in unserer Nähe. Dies ist dann nicht ein
Blick hinter den Schleier, wie er noch beschrieben wird, sondern
es tritt ein geistiges Wesen hinter diesem Schleier hervor und zeigt
sich auf unserer menschlich-materiellen Existenzebene.

Die tatsächliche Energie dieser geistigen Wesenheiten – etwa
eines Erzengels – könnten die meisten Menschen in ihrer Gesamtheit, in ihrer Kraft, Größe und Höhe ihrer Schwingung gar
nicht ertragen. Allein ihre Größe sprengt bereits unsere irdische
Vorstellungskraft. Deshalb sind es fast immer Aspekte von Erzengeln, die mit den Menschen in Kontakt gehen. Selbst unsere
Schutzengel, die uns stets begleiten und – wie wir selbst am besten wissen – meist recht viel zu tun haben, verfügen über eine
Energie, die immer noch sehr viel höher schwingt als wir. Auch
sie zeigen sich meist als Aspekte ihrer Gesamtheit oder schwingen sich stark auf unsere materielle Erscheinungsebene herunter, um uns etwa in der Energiedichte einer menschlichen Gestalt zu begegnen.

Manche Menschen, die ihren Licht- oder Prana-Kanal offen
und klar halten, können geistige Wesen oder meist Aspekte von
ihnen sehen, hören oder riechen. Wer selbst sehr hoch schwingt,
kann sogar manchmal mit den materialisierten Wesen direkt
kommunizieren. Das mag zuweilen »einfach so« geschehen –

eben wenn es sein soll, wenn der Kontakt halt jetzt vorgesehen ist. Manche Wesen verdichten sich aber auch zu unserem Schutz so weit, dass sie eine dichte Energie und Erscheinung haben, weshalb wir sie nicht von anderen Menschen oder Tieren unterscheiden können. Nur sehr hoch schwingende oder sensitive beziehungsweise hellsichtige Menschen können an der hinter der Erscheinung stehenden hohen Energie ausmachen, dass es sich beispielsweise bei dem helfenden alten Mann oder dem kleinen Mädchen um einen unterstützenden Engel handelt.

Ein geistiges Wesen kann aber auch anderes verdichten, zum Beispiel wenn es etwas als Hinweis für uns Menschen in Erscheinung bringen möchte.

Im Grunde können wir dies auch. Ob wir wollen oder nicht – mit unseren Gedanken, Wünschen, Worten und Handlungen setzen wir stets die dazugehörigen Energien in die Welt. Und der Übergang von Energie in Materie und umgekehrt ist fließend. Wenn wir mit Konzentration etwas visualisieren, tragen wir wesentlich zu seiner Materialisierung bei – sowohl im Guten wie auch im Schlechten. Sind wir vor unserem geistigen Auge nur mit Angst und Horrorszenarien beschäftigt und rechnen wir stets mit dem Schlimmsten, was passieren kann, so geben wir Energie in die Materialisierung dieser Vorstellungen. Sie werden aller Wahrscheinlichkeit nach mit geradewegs dieser befürchteten Grundstimmung auf uns zukommen, in unserem Leben geschehen. Senden wir Zuversicht und Vertrauen, harmonische und schöne Vorstellungen in den Kosmos, geben wir unsere Energie in deren Erscheinung. Genau das ist damit gemeint, wenn gesagt wird, dass wir uns unsere Welt, unsere Wirklichkeit selbst erschaffen. Hier liegt auch die Wirkkraft von Affirmationen jeglicher Art.

Der Schleier zwischen den Welten

Eine meiner Leserinnen hat mir folgende wunderbare Geschichte zugeschickt:

Es war ein Tag im August – sonnig und heiter. Ich arbeitete im Garten. Neben mir auf der Wiese grasten die Kühe. Über den Zaun hinweg sah ich eine Kuh, flach ausgestreckt, sie bewegte sich nicht. Als ich nach einiger Zeit wieder hinsah, hatte sich ihre Lage nicht verändert. Ich wurde unruhig und beobachtete das Ganze genauer. Sie war tot.

Im Laufe des Nachmittags versuchte ich verschiedentlich, den Bauern telefonisch zu erreichen, um ihn zu informieren, doch erst gegen Abend sprach ich mit ihm. Bis zum Dunkelwerden wurde die Kuh nicht abgeholt, und ich kümmerte mich um meine eigenen Angelegenheiten. Ich vergaß die Geschehnisse von nebenan.

Nachts wurde ich wach. Ich vernahm einen nie gehörten Ton – tief, an- und abschwellend. Ich stieg aus dem Bett, ging dem Geräusch nach und sah aus dem Flurfenster auf die Wiese. Es war Vollmond. Die Wiese war durchwoben von einem sanften Bodennebel. Silberfarbenes Licht verschleierte Pflanzen und Bäume, doch war eine gespenstische Klarheit über allem, die jede einzelne Kontur erkennen ließ.

In meinem Blickfeld sah ich einen dunklen Kranz aus Körpern. In der Mitte lag die tote Kuh. Rundherum formten die Leiber der übrigen Kühe einen Kreis – urgewaltig, Körper an Körper, leicht nach innen gebogen, um die Rundung zu schaffen. Der Kopf einer Kuh lag in der Krümmung des Rückens der vorderen, das Haupt leicht erhoben, das Maul geöffnet, um den Ton zu geben, der wie ein einziger qualvoller Schrei war, ein Klang, der allen Schmerz, alles Leid dieser Welt enthielt, lauter, leiser, wie ein Fließen. Der Kreis dieser Tiere gestaltete sich zwei- oder dreifach, er war eng ineinan-

der verflochten, als wären sie eins, genauso wie der Ton eine Einheit darstellte.

Es war nicht mehr, nur ein Im-Kreis-Gehen ohne Ende, eine Klage in eine nie geahnte Grenzenlosigkeit. Ich stand und sah, ich weiß nicht, wie lange; Zeit gab es nicht mehr. Irgendwann zog ich mich vorsichtig zurück. Ich hatte das Gefühl, etwas gesehen zu haben, was eigentlich für Menschenaugen verborgen sein sollte, ein Ritual der Tierwelt.

Am nächsten Morgen sah ich auf die Wiese. Die tote Kuh war nicht mehr da, nur noch ein ausgetretener schwarzer Ring, zerstampft von unzähligen Hufen.

Frau R. hatte ein Geschenk aus der geistigen Welt erhalten: Sie durfte einen Blick durch den Schleier in eine andere Dimension tun. Und vielen Dank an Frau R., dass sie mich an ihrem Einblick hat teilhaben lassen und dass ich Ihnen diese Geschichte weitererzählen darf.

Wie ein Vorhang wurde der Schleier für eine kurze Zeit für sie beiseitegezogen, sodass sie dahintersehen konnte. Dieser Schleier befindet sich zwischen unserer vom Raum-Zeit-Kontinuum geprägten Welt, wie wir sie kennen und jeden Tag erleben, und der energetisch nächsthöher schwingenden Welt. In dieser sogenannten Parallelwelt sind beispielsweise Landschaften und örtliche Gegebenheiten noch sehr ähnlich den unseren.[3] Allerdings gibt es hier einen großen Unterschied zu unserer Dimension: Sie ist nicht nur energetisch feiner und höher schwingend, hier gibt es darüber hinaus auch ein klares Bewusstsein für das Licht, etwas, was bei uns zu einem großen Teil verschüttet ist. Von diesen existenziellen Ebenen oder Dimensionen gibt es einschließlich unserer irdischen – der niedrigsten und energetisch dichtesten – zahlreiche weitere Dimensionen: bis hinauf zur höchsten und reinsten Ebene, dem reinen, raum- und zeitlosen Licht, dem Göttlichen.

In der uns nächsten Dimension, dieser Art Paralleluniversum[4] hinter dem Schleier, gibt es dementsprechend auch die Weide mit den Kühen, auf der Frau R. das Totenritual der Tiere beobachten konnte. Mit großem Selbstverständnis haben hier die Tiere ihrer verstorbenen Artgenossin den Übergang ins Licht erleichtert. Sie haben in Form einer »Gruppenmeditation« – wie wir es auf der Erde nennen würden – einen Kreis um den Körper der Verstorbenen gebildet und auf diese Weise eine Lichtsäule um sie aufgebaut. Es ist sehr naheliegend: Diese Lichtsäule dient wie ein Energiekanal als große Erleichterung für die Seele der Toten, vom Diesseits in die nächste Dimension hinüberzugehen oder, je nach Entwicklung und Aufgabe, direkt den Übergang ins Licht zu vollziehen. Gerade für Tiere, die hier auf der Erde ihre Aufgabe erfüllt haben, ist der direkte Übergang ins Licht gar nicht so ungewöhnlich.

Die Säule bildet eine Art Tunnel aus Licht – der ähnlich etwa auch bei vielen Nahtoderfahrungen auftaucht. Darüber hinaus haben die Tiere, die Frau R. auf der mondbeschienenen Wiese beobachten konnte, durch ihre Töne – eine Art gesungenes Mantra – die Schwingung der Lichtsäule und damit des gesamten Vorgangs des Seelenübergangs erhöht. Dies erleichterte der Seele ihrer Artgenossin zusätzlich das Loslassen des an Raum und Zeit gebundenen Irdischen und den Übergang ins Licht.

Töne sind ein sehr wirkungsvolles Medium, um energetisch hohe Schwingungen zu erzeugen und auf einer höheren Energieebene miteinander zu kommunizieren.

Probieren Sie es doch einmal selbst aus, wenn Sie ein wenig neugierig sind, und starten Sie einen kleinen Selbstversuch: Begeben Sie sich in einen Raum, in dem Sie ungestört sind. Machen Sie sich Ihr Lieblingsmantra oder -gebet bewusst – oder nehmen

Sie einfach das traditionell starke tibetische Mantra »Om mani padme hum«[5]. Nun denken Sie zunächst das Mantra still in Ihrem Kopf, immer wieder, wie ein stummes Gebet. Und spüren Sie, was dies mit Ihnen und Ihrem unmittelbaren Umfeld macht, welche Form von Energie sich durch das stumme Mantra aufbaut. Nach einer kurzen Pause mit drei tiefen Atemzügen murmeln Sie das Mantra leise vor sich hin. Dann legen Sie wieder eine Atempause ein. Und Sie sprechen das Mantra immer wieder mit lauter und klarer Stimme aus. Nach erneuter Atempause summen oder singen Sie es in einer beliebigen, Ihnen gerade einfallenden Tonfolge oder einer Art Singsang.

Tönen Sie dabei nur so laut und intensiv, dass Sie noch entspannt bleiben können. Strengen Sie sich nicht an, sondern lassen Sie die Töne einfach aus sich herausfließen, so, wie sie kommen. Beobachten Sie vor allem mit Ihrem Dritten Auge, also Ihren inneren Sinnen, was bei diesen unterschiedlichen Gebets- oder Bittformen geschieht. Vielleicht schlingert vor Ihrem inneren Auge die Luft in Ihrem Umfeld, es wird heller in Ihrer Umgebung, oder Sie spüren eine Art Vibrieren oder Wärme.

Gerade dieser ungewöhnliche Blick von Frau R. durch den Schleier hindurch erklärt, warum wir nicht sehr viel häufiger und daher mit einem größeren Selbstverständnis solche lichtvollen Rituale beobachten können. Denn selbstverständlich werden sie sehr zahlreich etwa von anderen Tieren, aber auch von höher schwingenden Menschen durchgeführt. Tieren ist der Zugang zu dieser energetisch nächsthöheren und lichtvolleren Daseinsform in aller Regel nicht versperrt. Sie können sich ungehindert durch Vorstellungen von Zeit und Raum und mit großem Selbstverständnis zwischen diesen Dimensionen bewegen. Hunde und Katzen tun dies beispielsweise, wenn wir annehmen, dass sie den

Großteil des Tages verschlafen. Ihre Seele wandelt dann meist auf lichtvollen Pfaden.

Der Schleier verhindert für gewöhnlich, dass wir Menschen davon etwas mitbekommen. Er schließt uns von dieser bereits sehr viel lichtvolleren Dimension aus. Denn selbstverständlich finden auf dem Weg zum Licht sehr viel mehr den Übergang unterstützende Hilfestellungen und Rituale statt, als wir auf unserer dichten irdischen Ebene gewöhnlich mitbekommen. Hätte ein anderer Mensch neben Frau R. am Fenster gestanden, für den dieses Geschenk der geistigen Welten nicht bestimmt war, hätte er wohl nur schlicht eine leblose Kuh auf einer Weide, umgeben von ihren Artgenossen, gesehen und bestenfalls ein vereinzeltes Muhen gehört. Als Geschenk an Frau R. hat die geistige Welt ihr für einen längeren Moment den trennenden Schleier einen Spalt weit aufgezogen. Deshalb konnte sie dahintersehen.

Auch wenn wir uns in sehr tiefe Meditationen begeben, wenn wir bestimmte Traumbotschaften – damit ist nicht die Bewältigung unseres Alltags im Schlaf gemeint – oder auch im Wachzustand Informationen aus der geistigen Welt erhalten, wenn sich Sufis in Trancezustände begeben, dann ist für diese zeitlosen Augenblicke der trennende Schleier zu jener höheren energetischen Ebene beiseitegeschoben.

Und gerade so ist es im Augenblick des Todes. Nach dem letzten Atemzug hebt sich der trennende Schleier zur energetisch-feinstofflichen Welt – für manche Menschen sogleich, für andere später.

LICHTVOLLE GEISTIGE HELFER

Vom ersten Schritt des Eintritts in unseren materiell-irdischen Zustand über alle Stadien und Ereignisse unseres körperlichen Daseins hinweg bis zum Abschiednehmen und letzten Loslassen von der Erde werden wir durch lichtvolle Helfer, Mittler und Botschafter der höheren geistigen Dimensionen begleitet, geführt und geschützt.

Manch einer mag sich vielleicht wundern, wie eine solche geistige Unterstützung für jeden einzelnen von uns derzeit rund 6,7 Milliarden Menschen bewerkstelligt werden kann. Es ist eine sehr große, für uns kaum vorstellbar große Schar von Geistwesen, die uns zur Seite stehen. Diese unzähligen Wesenheiten unterscheiden sich vor allem durch ihre Energie beziehungsweise Schwingungsebene und durch ihre Herkunft. Demzufolge fallen auch ihre Aufgaben, die sie für die Erde und für uns übernommen haben, einschließlich ihrer Möglichkeiten sehr unterschiedlich aus.

Am bekanntesten sind sicherlich die Schutzengel. Schutzengel sind selbst jenen Menschen, die wenig oder keinen Zugang zur Spiritualität haben, schon einmal in ihrem Leben zumindest ahnungsweise begegnet. Etwa wenn sie wie von unsichtbarer Hand aus einer bedrohlichen Situation sozusagen »herausgeschoben« oder »herausgenommen« wurden. Darüber hinaus begleiten uns noch Geistführer, Krafttiere und verschiedene andere Engel und Schutzgeister auf unserem Lebensweg – bis in den Tod hinein.

Wir sollten uns diesen Loslösungsprozess von Geist und Körper beim Sterben nicht als ein sukzessives Handeln unserer geistigen Helfer und Begleiter vorstellen. Sie arbeiten vielmehr gleichzeitig, »Hand in Hand«, sind beständig in unserem Umfeld – vor allem, wenn sie wie im entscheidenden Moment beim Loslassen des Erdenlebens gebraucht werden. Schon wer ein wenig feinfühlig oder nur offen dafür ist, wird am Sterbebett eines Menschen eine Vielzahl von Energien spüren oder ahnen können. Ich habe stets das Empfinden, dass der ganze Raum, in dem ein Sterbender liegt, angefüllt ist mit geistigen Wesenheiten, die in stiller »Zusammenarbeit« alles tun, um die frei werdende Seele wieder zurück ins Licht zu holen.

Geistführer

Unsere Geistführer begleiten uns auf der Seelenebene. Über unser Höheres Selbst können sie sehr direkt mit unserem Bewusstsein in Verbindung treten – und zwar dann, wenn wir eine klare spirituelle Öffnung haben. Darüber hinaus bleibt unseren Geistführern aber auch die Möglichkeit, uns über das, was wir als Intuition oder »innere Stimme« bezeichnen, mit ihren Anregungen, Hinweisen und Informationen zu unterstützen.

Sie sind reine Geistwesen. Meist handelt es sich um Seelen oder Seelenanteile Verstorbener, manchmal aber auch um Wesen aus ganz anderen Welten oder Dimensionen. Daher haben unsere Geistführer Zugang zu einem immens großen Erfahrungsschatz. Neben ihren eigenen Erfahrungen können manche von ihnen beispielsweise auch auf die Akasha-Chronik zurückgreifen. Außerdem haben sie als Begleiter der erdverhafteten Menschen einen hilfreichen Abstand und Überblick.

Einige Menschen, die spezielle Aufgaben auf der Erde zu erfüllen haben oder die spirituell sehr weit entwickelt sind, werden zusätzlich auch von höher schwingenden Wesenheiten begleitet. Manche haben etwa Kontakt zu Engel- beziehungsweise Erzengel-Aspekten oder aufgestiegenen Meistern wie Kwan Yin oder White Eagle. Meist stehen uns nicht die gesamten, oftmals gewaltigen Energien und Schwingungen der geistigen Wesenheiten zur Seite. Die Kontakte vollziehen sich in der Regel über energetische Aspekte von ihnen.

Wenn wir unserer inneren Stimme folgen, heißt das auf jeden Fall, dass wir uns in erster Linie von unseren Geistführern beraten und führen lassen – oft in Kombination mit unserem eigenen höheren Seelenanteil, unserem Höheren Selbst. Meist stehen uns mehrere Geistführer zur Seite. So können sie uns auf einer breiteren Ebene beraten und helfen. Sie bieten uns verschiedene Färbungen ihrer Informationen an – ähnlich wie bei zwei Menschen, die vielleicht das Gleiche sagen, aber mit ähnlichen Worten ganz unterschiedliche Aspekte ausdrücken, was zu einem tieferen Verständnis führt.

Während die meisten Engel um Hilfe gebeten werden müssen, um tatsächlich helfen oder eingreifen zu können, kümmern sich unsere Geistführer in aller Regel sehr viel aktiver um uns und unsere Belange. So können wir jederzeit Zugang zu unserer »inneren Stimme« bekommen. Es liegt ausschließlich an uns, ob wir sie hören wollen. Als »Sprachorgan« unserer Geistführer ist unsere innere Stimme stets gegenwärtig, wir müssen lediglich ohne verstandesmäßigen Vorbehalt in uns hineinhorchen.

Unsere Geistführer beraten uns in erster Linie bei unseren alltäglichen Belangen. Sie weisen uns beispielsweise mit großer Geduld, manchmal auch mit gebotenem Nachdruck, auf ein sich öffnendes Zeitfenster hin, in dem eine bestimmte Angelegenheit besonders leicht und günstig erledigt werden kann; und manchmal ist dies überhaupt nur in diesem Rahmen möglich. Salopp formuliert, könnten wir sie auch als »Alltagshelfer mit Überblick« bezeichnen.

Beim Sterben stehen uns unsere Geistführer besonders nahe. So helfen sie uns etwa unmittelbar dabei, zunächst zu verstehen, welche Angelegenheiten vor unserem Abschied noch erledigt, ins Reine gebracht werden sollten, und dies dann auch anzugehen. Was uns nun manchmal mit erstaunlicher Klarheit ins Bewusstein kommt, regelrecht (hin)einfällt, ist häufig der hilfreiche Rat unserer Geistführer.

Da sie meist selbst über praktisch-irdische Erfahrung verfügen und darüber hinaus einen direkten Zugang sowohl zum kollektiven Unbewussten als auch zur Akasha-Chronik haben, steht ihnen ein enormes Reservoir an Hilfsmöglichkeiten zur Verfügung. Es liegt nur an uns, es zu nutzen. Wenn wir uns an das Licht anbinden, können wir uns vertrauensvoll von unseren Geistführern leiten lassen. Was nichts anderes heißt, als unserer klaren inneren Stimme zu folgen.

Beim Sterben übernehmen sie mit unserer abnehmenden verstandesmäßigen und bewussten Präsenz die Führung. Sie sind mit ihrer eigenen, vergleichsweise niedrigen energetisch-feinstofflichen Schwingungsebene sehr dicht an unserem körperlich-geistigen Loslassprozess beteiligt. So sind es auch letztlich unsere Geistführer, die unsere Seele an den Todesengel übergeben und die letzte Verbindung zwischen unserem materiellen Körper und unserer geistigen Existenz zertrennen.

Wenn wir es zulassen, also ein gewisses Einverständnis auch mit diesen Schritten unseres Lebenswegs entwickeln, können sie uns mit größerer Leichtigkeit durch jenen letzten irdischen Prozess geleiten. Dann gewinnt unsere innere Stimme, wenn auch nicht unbedingt an Lautstärke, so doch an Klarheit. Aus unserem tiefen inneren Wissenssee tauchen dann mit für manchen Menschen ungewohnter Klarheit und Deutlichkeit Bilder und Eingebungen auf.

Wir erhalten beispielsweise den Hinweis, dass wir noch eine alte Freundin anrufen sollten, damit wir ihr und uns selbst die Gelegenheit geben können, uns in Frieden voneinander zu verabschieden. Oder es wird uns plötzlich klar, doch lieber die Tante mit der Organisation und den Formalitäten der Bestattung zu beauftragen, weil der Onkel es – trotz oder eben gerade wegen seines so guten Willens und seiner Zuneigung – nach unserem Tod gar nicht bewältigen kann. Wir können nun meist auch sehr klar erkennen, wer mit seiner vermeintlichen Anteilnahme an unserem bevorstehenden Ableben dennoch in seinem eigenen Dunstkreis verbleibt, weil er sich entweder nicht wirklich öffnen will oder es aus irgendwelchen inneren Gründen nicht kann.

Und wenn wir weitestgehend mit uns im Reinen sind, müssen wir es niemandem verübeln, dass er uns etwa am Sterbebett besucht, um auch in dieser Situation noch etwas von uns zu bekommen oder bei uns seinen »Seelenmüll« abzuladen. Wenn wir uns hineingeben können, liegt in der Nähe des Loslassens alles Irdischen stets auch etwas Entlastendes, etwas Erleichterndes. Dann können wir zu einer umfassenden Milde gelangen, die manchen Freund oder manches Familienmitglied, vielleicht auch uns selbst, sogar sehr verblüffen mag.

Falls wir etwa ein Leben lang gekämpft haben, meist um eine auf irgendeine Weise beachtete Rolle oder Position auf dieser Erde, wird es manchen von uns selbst verwundern, wie einfach und klar das Leben sein kann, wenn wir uns führen lassen – und sei es in unseren letzten Zügen.

Da uns unsere Geistführer einen einfachen, aber unmittelbaren Zugang zur spirituell-geistigen Dimension verschaffen können, bekommt das Leben mit all seinen Entscheidungen ebenso wie das Sterben eine wunderbare Leichtigkeit, wenn wir uns ihnen und ihrer Führung anvertrauen. Ohne Licht und Schatten zu nivellieren, gerät so alles unter eine Art Weichzeichner – vor allem, weil Bewertungen nun endgültig überflüssig werden und weitestgehend unterbleiben können. Gelingt uns der Übergang ins Licht mit dieser Gelassenheit und Milde, können wir das Sterben sogar in einer Art Fest respektvoll feiern.

Aber auch wenn wir ihre Existenz leugnen, sind unsere Geistführer – wie die übrigen geistigen Helfer – da. Denn selbst dem »Ungläubigsten« wird von seinen Helfern in den letzten Wochen, Tagen und Stunden noch die Chance aufgezeigt, sich an das Licht anzuschließen oder die Existenz des allumfassenden Lichts wenigstens erahnt zu haben. Zugreifen, entscheiden und ihre Chance nutzen muss allerdings jede Seele selbst. Die Entscheidung für oder gegen das Licht ist eine unserer Aufgaben oder Prüfungen als Menschen hier auf der Erde. Sie liegt stets in unserer Hand beziehungsweise in unserem Herzen.

Engel

Engel sind wie wir Menschen von Gott geschaffene Wesen, nur existieren sie auf einer erheblich höheren und teilweise von uns nicht mehr wahrnehmbaren Energie-, Licht- und Schwingungsebene. Wenn wir einmal von etwa dreißig energetischen Dimensionen oder Existenzebenen im Kosmos ausgehen, beginnen die der Engel erst mit der siebten Dimension.

Wir Menschen selbst und alles Irdische sowie alles Materielle in dem uns bekannten irdischen Sinn befinden sich auf der untersten dieser dreißig Dimensionen. Alles Materielle, so wie wir es sehen, anfassen und begreifen können, einschließlich unseres Körpers, hat wie gesagt den niedrigsten Energiegehalt und die niedrigste Schwingung alles Seienden im Kosmos. Wir leben und sterben in der dichtesten Dimension oder Welt.

Wenn wir uns nun vor Augen halten, dass die Engelebenen erst sechs Welten oder Dimensionen über der unseren beginnen, dass ihre höchsten Ebenen an das reine Licht, an Gott anschließen, können wir vielleicht ein wenig von der energetischen Größe und dem Lichtkörper, dem Lichtgehalt und der Macht und Kraft von Engeln ahnen: Einige von ihnen sind so groß, dass sich ihr Energiefeld über unzählige Universen erstreckt.

Was manche Sensitive, aber auch »ganz normale« Menschen meist als geistiges Geschenk, als lichte Erscheinung oder gar flügeltragende Gestalt mit ihrem inneren oder Dritten Auge erblicken, ist eine der möglichen Erscheinungsformen einer Engelenergie. Engel können ihre Schwingung »herunterdimmen« und ihr Energiefeld sehr stark verdichten. Meist nehmen sie daraufhin auf der für uns nächsthöheren feinstofflichen Ebene Gestalt an. Es kann aber auch vorkommen, dass sie uns ganz unmittelbar und materiell-anfassbar in unserer Dimension begegnen.

Sie erscheinen uns gern in den bekannten Bildern des eins achtzig bis zwei Meter großen Engels mit etwa menschlicher Statur und großen Flügeln, die ihre Schultern noch überragen. Sie wählen diese »klassische« und weltweit in vielen Religionen so dargestellte Gestalt, um die Menschen, die sie auf diese Weise wahrnehmen, nicht weiter zu verunsichern oder gar zu verängstigen. Dabei ist es stets ein Geschenk der geistigen Welt, wenn sich uns solche »Bilder« zeigen. Niemand kann sie erzwingen, verstandesmäßig herzitieren, sich wünschen oder mit besonders tiefer Meditation und innigen Gebeten herbeiführen.

Im Grunde sind Engel Energiefelder mit Bewusstsein. Da sie 24, sich energetisch immer höher schwingende Dimensionen erfüllen, können wir vielleicht ahnen, wie viele verschiedenartige Engel mit unterschiedlicher Energie, Kraft und unterschiedlichem Licht es wohl geben mag. Sprechen die meisten Religionen doch von sehr umfangreichen Engelhierarchien.

Es gibt sehr, sehr alte Engel, es gibt sehr große sowie energie- und machtvolle Engel, und es gibt solche mit etwas niedrigerer Schwingung, denen der Kontakt mit uns Menschen möglich ist, also mit unserer sehr dichten irdischen Dimension. Die meisten Engel haben ein solch starkes Energiefeld, eine derart hohe Schwingung, dass wir energetisch dichten Menschen nicht einmal eine Annährung aushalten würden. Deshalb kommen von den meisten Engeln – etwa den Erzengeln – nur Aspekte, also Anteile ihrer unfassbar hohen Schwingung und Energie zu uns, um irgendeine Form von Kontakt aufzunehmen. Wer etwa Botschaften vom Erzengel Gabriel channelt, hat es mit einem energetischen Teil dieses mächtigen Geistwesens zu tun.

Es wird wohl alles in allem Milliarden von Engeln geben – und doch keinen einzigen, denn sie sind alle auch »nur« ein Lichtstrahl Gottes, ein Aspekt des Einen.

Schutzengel

Die Existenz von Schutzengeln, diesen »Alltagsengeln«, wird von den wenigsten Menschen im Grunde ihres Herzens in Frage gestellt; denn zumindest *wünschen* sich die meisten immerhin ihre Existenz. Und die meisten haben wenigstens schon einmal den Hauch einer Ahnung von ihrer Gegenwart gehabt: etwa wenn wir in einer brenzligen Situation von einer sanften und schützend-wohlmeinenden Kraft aus der Gefahr herausgeführt oder sogar regelrecht herausgeschoben worden sind. Verspüren wir, meist mit einem tiefen Seufzer der Erleichterung, das große Glück, noch einmal davongekommen zu sein, führen wir den günstigen Schicksalsverlauf gern auf das Wirken unseres »Schutzengels« zurück. Und zwar selbst dann, wenn wir nicht an einen Gott glauben oder keinen Zugang zur Spiritualität haben.

Schutzengel sind die energetisch am niedrigsten schwingenden Engel – was uns inzwischen nicht mehr verwundern wird, denn ihre Hauptaufgaben setzen eine große Annäherung an die dichte materiell-irdische Energie voraus. Sie begleiten uns das ganze Leben lang – Tag und Nacht, ob wir im Flugzeug sitzen oder am Computer, ob wir in einer Disco abhotten oder in der Stille meditieren, ob wir geboren werden oder ob wir sterben. Die meisten Menschen werden sogar von mehreren Schutzengeln begleitet. Und manche leben ja tatsächlich so, als würden sie sich auf einen vor sich, einen hinter sich und zwei an jeder Seite verlassen …

Doch Schutzengel machen noch weitaus mehr, als pausenlos unser Leben zu retten. Sie sind neben den Geistführern vor allem auch unsere unmittelbar beratende geistige Instanz. So haben Schutzengel bei den meisten Menschen Anteil an den Informationen, die über unsere innere Stimme, unsere Intuition in unser Bewusstsein gelangen.

Todesengel

Entgegen so mancher Vorstellung, die wahrscheinlich auf die finsteren mittelalterlichen Bilder zurückzuführen ist oder ganz bestimmten Ängsten entstammt, ist der Todesengel keineswegs etwas Düster-Bedrohliches. Ganz im Gegenteil repräsentiert er eine sehr lichte und strahlende Energie.

Wenn er als reine Energie zu uns kommt, spüren wir mehr ein Aufleuchten, eine Wärme, eine große »Gegenwart« im Raum, als dass wir etwas sehen. Der Todesengel kann sich aber auch im feinstofflichen Bereich eine Form oder Gestalt geben, damit seine Energie für die Menschen, die es wollen, sollen oder können, auch sichtbar wird. So erscheint er manch einem etwa als heller oder weißer, etwa zwei Meter großer Engel mit gewaltigen weißen Flügeln. Seine feinstoffliche Gestalt kann aber auch völlig anders aussehen – etwa wie eine abstrakte, leuchtende Energiekugel. Die bildhafte Gestalt, die geistige Wesen vor unserem inneren Auge annehmen, hat sehr viel mit unseren eigenen Erwartungen, Erfahrungen und unserem spirituellen Entwicklungsstand zu tun. Der Todesengel für meinen Hund Sancho hat sich mir beispielsweise vor Jahren als großer, weiß leuchtender Hund gezeigt.

Vom Todesengel geht stets ein zugleich sehr klares, helles und warmes Licht und Leuchten aus. Sein Erscheinen bringt Ruhe, Wärme und Frieden in den Raum. Dabei ist es gleichgültig, ob er in feinstofflicher Gestalt oder als reine Energie erscheint. Beides sind nur unterschiedliche Ausdrucksformen seiner Gegenwart.

Der Todesengel, der zu sterbenden Lebewesen kommt – übrigens zu Tieren ebenso wie zu den Menschen –, ist ein Aspekt eines sehr großen, alle irdischen Dimensionen sprengenden Todesengels. Dieser ist identisch mit Izra'il, einem der vier islamischen Erzengel. Die reine und mächtige Energie dieses Erzengels schwingt so hoch, dass wir seine Gegenwart auch nicht annähernd aushalten würden. Die Dimension seiner Existenz liegt um ein Vielfaches über unserer materiell-irdischen Ebene, sie ist schon sehr nahe beim reinen göttlichen Licht.

Die Todesengel, die unsere Seele abholen und sie durch den Schleier in die nächste Dimension führen, in das »Reich« der rein geistigen Existenz, sind also stets nur ein Aspekt oder Bote Izra'ils.

Sie tragen lediglich einen vergleichsweise winzig kleinen Teil dieser gewaltigen Energie in sich und haben sich darüber hinaus für den irdischen Kontakt sehr stark verdichtet. Dennoch – wer einmal ihre Gegenwart im Raum eines sterbenden Wesens gespürt hat, weiß, dass selbst diese Sendboten noch eine sehr hohe energetische Schwingung mitbringen. Wir können daher erahnen, dass die Energie, Kraft und Macht eines Erzengels unser Vorstellungsvermögen vollends übersteigen muss. (Siehe auch Glossar.)

STERBEN ALS TEIL DES LEBENS

Mit der Geburt bereiten wir uns auf das Ende unseres irdischen Daseins vor. Während unser Körper auch schon während des Wachstums steten Abbauprozessen unterworfen ist, stehen unserer geistig-feinstofflichen Komponente, unserer inkarnierten Seele, aber das ganze Leben lang Möglichkeiten zur Verfügung, um zu lernen, zu wachsen und sich zu erweitern. Immer wieder eröffnen sich für uns Gelegenheiten, die Aufgabe unseres jetzigen Erdendaseins zu verstehen und zu erfüllen. Die letzte dieser Gelegenheiten ist der bevorstehende Tod. Das nahende Lebensende ist sowohl der Spiegel unseres gelebten Lebens als auch eine letzte Möglichkeit, etwas auf der Erde zu bewirken, zu verändern, ins Licht zu führen. Dann kehren wir zurück in unsere geistige Existenz.

Der physische Tod

In den letzten anderthalb Jahrhunderten sind wir zumindest in den sogenannten Industrienationen nicht nur statistisch gesehen älter geworden, sondern dabei auch gesünder geblieben als unsere Vorfahren. Doch obschon die Medizin, vor allem aber auch bestimmte physische Aspekte unserer Lebensqualität wie ausreichende Ernährung oder humanere Arbeitsbedingungen zu einer enormen Verlängerung unseres durchschnittlichen Lebensalters auf siebzig bis achtzig Jahre geführt haben, ist unsere Lebenserwartung endlich. Und die Existenz in unserem Körper, dem irdischen Gefäß für unsere Seele, wird es wohl immer bleiben.

Die Naturwissenschaften haben im Rahmen der Forschung in der Zellbiologie und der Genetik in den letzten Jahrzehnten den »programmierten Zelltod« entdeckt. Der Fachbegriff lautet »Apoptose«. Dabei handelt es sich um eine Art Selbsttötung der Zelle, die nach einem in den Genen (Erbinformation auf der DNA) festgeschriebenen Zeit- und Vorgehensplan abläuft. Im Gegensatz zu einem krankhaften Zelluntergang (Nekrose) etwa bei Verletzungen oder Verbrennungen wird die Apoptose von der betreffenden Zelle selbst aktiv durchgeführt. Stück für Stück baut sie sich mit Hilfe gezielt einwirkender Enzymkaskaden entsprechend ihrem genetisch vorgegebenen Plan ab.

Dieser programmierte Zelltod spielt bereits in der körperlichen Entwicklung eines Menschen eine wesentliche Rolle. Die Apoptose ist beispielsweise unerlässlich, wenn sich etwa während der Embryonalentwicklung gezielt Gewebe zurückbilden, die nicht mehr gebraucht werden, um neuen Platz zu machen. Aber auch im erwachsenen Organismus ist der gezielte Zelltod unerlässlich. So sterben etwa zur Verjüngung bestimmter Gewebe wie unserem Riechepithel permanent Zellen ab. Und auch unsere Gehirntätigkeit, insbesondere die Plastizität unseres Denkorgans, also seine dynamische Anpassung an neue Anforderungen, wird durch programmiertes Absterben von Zellen verfeinert, teilweise sogar erst ermöglicht. Der Zelltod ist ein sich selbst regulierender und sehr geordnet ablaufender biologischer Vorgang im Organismus. Er wird koordiniert gesteuert: zum einen durch die zelleigenen Gene, zum anderen durch aktuelle Umweltsignale, die etwa von Nachbarzellen ausgehen.

Mit der Entdeckung des genetisch programmierten Zelltods hat wohl auch der Tod des gesamten materiellen Körpers ein wenig von seinem »Ruch« des reinen Verfalls verloren: Es handelt sich um einen sinnvollen Prozess, der dazu führt, dass etwas Neues, Höheres entsteht.

Die Entscheidung für den Tod eines Menschen, für das Abgeben unseres irdischen Gefäßes, fällt jedoch in aller Regel nicht auf der physischen oder Zellebene. Dieser materielle Teil unseres irdischen Daseins ist auch in seiner letzten Existenzphase im Grunde »nur« das »ausführende Organ« der feinstofflich-energetischen Vorlagen, die wir in dieses Leben mitgebracht haben. Mit dem Tod tritt unsere Seele wieder in die geistige Dimension ein, aus der sie einmal gekommen ist.

So, wie wir gelebt haben, so werden wir auch bei unserem Tod von der geistigen Welt abgeholt. Alles wird gesehen, und wir wissen, dass nichts im Universum verloren geht: Ich erschaffe durch meine innere Einstellung und durch ihre Umsetzung im Leben meine Wirklichkeit – und dazu gehört auch mein Sterben, mein Tod.

Habe ich in Mitgefühl gelebt und mich dem Licht zugewandt, werden mich freundliche und liebende leuchtende Wesen beim Übergang meiner Seele begleiten. Die Rückkehr meiner Seele wird ein Lichtfest. Engel werden mich begleiten, und der Todesengel entfaltet seine Macht in Licht und Liebe vor mir.

Angst vor dem Sterben

Angst trennt uns von unseren geistig-spirituellen Verbindungen ab. Sie lässt unsere wahre innere Stimme verstummen, unseren unmittelbaren Kontakt mit unserem Höheren Selbst.

Es kann zwar sein, dass wir auch im Zustand der Angst noch eine Art innere Stimme zu hören meinen. Doch wenn wir tatsächlich auf deren Klang und Färbung achten, spüren wir, dass sie dumpf, unklar und im Grunde unsicher ist und sich meist in Wiederholungen von Befürchtungen und dem Ausmalen schrecklicher Szenarien erschöpft.

Gerade wenn wir uns mit dem Sterben beschäftigen – sei es mit dem eigenen Tod oder dem eines anderen, uns möglicherweise nahestehenden Menschen oder Tiers –, werden wir auf den unterschiedlichsten Ebenen mit den unverarbeiteten Ängsten unseres Lebens konfrontiert. Bei dem, was nun vermeintlich aktuell zum Thema »Tod und Sterben« in unserem Inneren auftaucht, handelt es sich oftmals um die bisher in unserem Leben nicht losgelassenen, die nicht transformierten Ängste. Diese unerledigten Ausformungen unseres mangelnden Vertrauens in unseren Weg werden anlässlich des nahenden Todes in uns hervorgespült. Sie verstellen uns allerdings die Sicht auf das, was nun tatsächlich ansteht. Je mehr wir in unserem Leben der Auseinandersetzung mit unserer inneren Einstellung zu Gott und der Welt, mit unserem Sein und mit den großen Zusammenhängen ausgewichen sind, desto mehr häuft sich gegen Ende des Lebens davon an. Wie mit einem großen Schneeschieber haben wir dann unsere Zweifel, unser Misstrauen und unsere Ängste lediglich vor uns hergeschoben.

Ängste sind letztlich nichts anderes als ein Abwenden vom Licht, vom Göttlichen. Angst entsteht stets dann, wenn ich meinen lichtvollen Weg verlasse, wenn ich aus dem Vertrauen in die wohlmeinende universelle Führung herausgehe, wenn ich die geistige – göttliche – Führung meines Lebens ablehne und stattdessen den vermeintlich eigenen Willen zum obersten Prinzip meines Daseins erhebe. Lasse ich meinen geistig-spirituellen Halt los und trenne ich mich vom Licht ab, schaffe ich Raum in mir für das Dunkel. Ich lasse mich dann durch die Abtrennung im Stich und stehe nun sowohl in guten Zeiten wie auch im Regen allein – und ich selbst habe dies initiiert, denn niemand sonst hat solchen Zweifeln den Platz in mir eingeräumt.

Und bald schon bedrängen mich meine furchtsamen Bilder, sei es die Angst, ob das Geld reicht, ob ich den Job bekomme oder meinen Posten morgen aufgeben muss, ob mich mein Partner auch wirklich liebt, ob der Vater die Operation übersteht ... bis hin zur Angst vor einem qualvollen Tod.

Der Tod als Spiegel des Lebens

Im Sterbeprozess selbst, auf dem Weg des Übergangs, blicken wir also wie in eine Art Spiegel auf die wahre Essenz unseres Lebens.

Jeder Mensch hat zu seinen Lebzeiten die Welt und ihre Phänomene auf eine ganz bestimmte, sehr individuelle Art und Weise wahrgenommen. Wenn wir uns die Zusammenhänge zwischen Energie, Geist und Vorstellung sowie Materie und Wirklichkeit vor Augen führen, heißt das nichts anderes, als dass wir auf die Welt zurückblicken, die wir uns vorgestellt haben. Denn wir schaffen uns mit unseren Erwartungen, Wünschen und Ängsten, mit unserer gesamten inneren Einstellung das, was uns im Leben begegnet. Dabei ist es völlig gleich, ob wir diese Haltung bewusst leben oder ob sie unbewusst in unseren inneren Kellern schlummert.

So, wie wir gelebt haben, so taucht unsere Ansicht von der Welt, unsere Vorstellung von den kleinen und großen kosmischen Zusammenhängen mit allen Bildern und Gefühlen, die wir uns dazu herholen, im Zeitpunkt des Todes als unverfälschter, ehrlichster und wahrhaftigster Spiegel wieder auf. So wie wir gehandelt haben, so wie wir unser eigenes Leben und die übrigen Lebensformen auf der Erde behandelt haben, so werden auch wir selbst nun aus diesem Leben herausgeleitet.

Wie schon während unseres gesamten irdischen Daseins gilt auch im Augenblick des Todes *das Gesetz der Anziehung*: Angst zieht Angst an, Freude die Freude, das Hadern die Grimassen des Zweifels, tiefes Vertrauen in das göttliche Gefüge den Frieden klaren Lichts.

Wir ziehen auch im Zeitpunkt des Todes das an, was wir uns vorstellen. So wie wir mit unseren Entscheidungen unser Leben beeinflusst haben, indem wir das, was wir wirklich in der Tiefe unseres Herzens erwartet haben, auch angezogen, konstruiert und letztlich erfahren haben, beeinflussen diese Entscheidungen unseren Abgang aus der Welt. Haben wir unser Leben mit wechselnden Grimassen aus Habgier, Neid und Hochmut verbracht, werden sie uns im Sterben auch als Grimassen des Todes abholen. Sind wir nur in unserer eigenen Welt verblieben, nur in unseren selbstgefertigten, engen Vorstellungen, verabschiedet sich auch nur diese enge Welt von uns.

Wenn wir uns stets darum bemüht haben, für andere da zu sein und dort zu helfen, wo wir gebraucht werden, erfahren wir beim Übergang ins Licht die von uns erwünschte und benötigte Unterstützung. Sind wir im Einverständnis unseren Lebensweg gegangen – gleich, ob er uns mühsam oder leicht erschien –, können wir auch im Einverständnis diese letzten Schritte tun, bis hin zum Loslassen unseres Körpers. Haben wir selbstlos geliebt, gehen wir mit innerer Leichtigkeit hinüber ins Licht, das unser wahres Zuhause ist – und wir wissen dies.

Es mag für den Betrachter von außen nicht immer nachzuvollziehen sein, warum nun gerade ein Mensch sich in seinem Sterben so fürchterlich herumquälen muss, während ein anderer so leicht gehen kann. Möglicherweise fanden wir den einen sehr nett und den anderen eher unsympathisch und neigen dazu, das alles ungerecht zu finden. Wir denken oder sagen etwa: »So einen Tod hat der ja nun wirklich nicht verdient!«

Doch mit solchen Bewertungen erheben wir uns über die Schöpfung. Denn wir behaupten damit, zu wissen, wer was verdient hat. Wir richten damit über einen anderen Menschen und seinen Lebensweg. Und uns steht es nun einmal nicht zu, andere zu bewerten oder zu beurteilen. Niemand ist sich dessen gewiss, welches Karma jemand mit sich herumträgt. Und wer etwa weiß schon, wie es tatsächlich im Innersten, in der Seele eines anderen ausschaut? Dies zu erkunden, nimmt bei uns selbst bereits ein ganzes Leben in Anspruch. Wir haben folglich reichlich genug vor der eigenen Tür zu kehren.

Lassen wir die Bewertungen anderer los und gehen wir daran, unser eigenes Leben und damit auch unser eigenes Sterben zu verstehen. Beschäftigen wir uns offen und ehrlich mit den Zusammenhängen des Lebens und des Sterbens und setzen wir uns mit dem eigenen Weg auseinander. Öffnen wir uns, um zu bewusstem Verstehen und zu eigenen Entscheidungen zu kommen. Beginnen wir, zu verstehen, welche Auswirkungen unsere Entscheidungen im Laufe unseres ganzen Lebens bis hin zu unserem letzten Atemzug haben. Entscheiden wir uns für das Licht, für die Liebe, für Gott oder das Göttliche, und unterstützen wir den Übergang der Erde ins Licht. Helfen wir, so gut wir es können und so weit der andere, sterbende Mensch es selbst zulässt, das Leben loszulassen und ins Licht zu gehen.

Ahnungen vom eigenen Tod

Je weiter die Lichtsäule, der Prana-Kanal, eines Menschen geöffnet ist, desto stärker also seine Verbindung zur geistigen Welt und somit letztlich zu unserem Schöpfer ist, desto mehr feinstofflich-energetische Verbindung hat er zum Ablauf seines Lebens. Wenn wir uns darauf einlassen, können wir uns auch mit Informationen über die Art und Weise unseres Sterbens, gegebenenfalls den Zeitpunkt unseres Todes verbinden. Öffnen wir unser Herz für das Licht und gehen wir in die vertrauensvolle Aufmerksamkeit.

Mit Hilfe unseres Höheren Selbst, unserer Geistführer und eventuell auch über den energetischen Kontakt zu unseren Krafttieren oder Schutzengeln können wir direkten Zugang zur geistigen Welt erlangen. Über das, was wir manchmal unsere »innere Stimme« nennen, zuweilen auch in tiefer Versenkung, in Meditationen, in nächtlichen Träumen oder wachen Visionen erhalten wir dann die für uns jetzt relevanten Informationen und Botschaften aus der geistigen Dimension. Solche Informationen können sich etwa auf ein gerade für uns geöffnetes »Zeitfenster« beziehen. Mit der Information sollen wir dann auf eine Angelegenheit aufmerksam gemacht werden, die jetzt besonders gut zu erledigen wäre.

Wenn wir offen dafür sind, das heißt, wenn wir es wirklich wissen wollen – und letztlich auch, wenn wir es jetzt wissen sollen, es also für uns so oder so wichtig ist –, erfahren wir über diese energetische Kommunikationsebene auch die Zeitspanne unseres verbleibenden irdischen Daseins. In manchen Fällen wird uns sogar genau der Zeitpunkt unseres Todes genannt. Und wenn es sein soll, wird uns über diesen spirituellen Weg auch die Art und Weise unseres Sterbens mitgeteilt. Meistens sind jene Mitteilungen über unser Sterben genauso zart und leise wie unsere täglichen Hilfen und Führungen aus der geistigen Welt. Denn auf dieser Ebene ist der Tod kein dramatischer Akt der Vernichtung, wie er uns manchmal aus materiell-irdischer Sicht erscheint. Er markiert lediglich einen energetischen Übergang, das Wechseln in eine andere, in eine lichtvollere und energetisch höher schwingende Dimension.

Wenn wir also nicht in Angst vor dem Loslassen unserer irdischen Existenz gefangen sind, sondern uns vertrauensvoll als verantwortlicher Teil des Ganzen sehen und dementsprechend leben, wissen wir meist sehr genau, wann wir sterben. Wollen wir es wirklich wissen, erfahren wir, wie nahe der Tod an unsere Gegenwart herangerückt ist. Vielleicht auch nur halbbewusst, in zarten Bildern oder Visionen, in Träumen oder als leises Flüstern unserer inneren Stimme – dann bezeichnen wir es eher als eine Ahnung.

Sind wir innerlich reif dafür, erhalten wir meist durch Vermittlung unserer Geistführer die entsprechenden Informationen aus der Akasha-Chronik. Je nachdem, wie unmittelbar unser spiritueller Kontakt zu unseren Geistführern ist, werden sie uns etwa in einer Meditation direkt die Bilder und Szenarien zu unserem Sterben und Tod zeigen. Manchmal werden die Botschaften auch über unsere innere Stimme mehr oder weniger leise an unser Bewusstsein weitergereicht. Es kann sein, dass wir wie in einer Art Film den ganzen Ablauf unseres Sterbens vorgeführt bekommen. Manchmal sehen wir auch nur einzelne, für uns bedeutsame Ausschnitte.

Diese Informationen über unseren eigenen Tod sind eine lichtvolle Hilfe unserer geistigen Begleiter, Berater und Beschützer. Sie ermöglichen es uns, uns selbst und – soweit sie es verkraften können – auch unsere menschlichen Lebensbegleiter wie Partner, Freunde, Familienmitglieder und Bekannte auf unseren Abgang von der Erde vorzubereiten. Wenn wir die Informationen annehmen können, versetzen sie uns in die Lage, vor unserem Tod zu erledigen, was in diesem Leben noch von uns erledigt werden kann und sollte. Auch dies ist ein Geschenk aus der geistigen Welt.

Einen Ausgleich schaffen

Viele Menschen haben den Wunsch, am Ende ihres Wegs auf der Erde »reinen Tisch zu machen«. Wie bei allen Gelegenheiten im Leben können wir auch die Chance des angekündigten oder nahenden Todes nutzen und ergreifen.

Gelegenheit und Zeit für das friedliche Abschließen unseres irdischen Lebens werden uns sicher zur Verfügung stehen. Denn das ist der wesentliche Hintergrund für die Informationen, die wir über unseren Tod erhalten haben: dass wir das, was noch für einen lichtvollen Abschluss gedacht, gesagt, entschieden und getan werden muss, auch tun. Vielleicht sollten versöhnende und klärende Worte mit den Kindern gesprochen werden. Oder es steht noch aus, jemanden um Verzeihung zu bitten, weil wir ihm eine Verletzung zugefügt haben. Es kann sein, dass wir uns bei einem Menschen oder einem Tier bedanken sollten. Manchmal wollen auch noch materielle Angelegenheiten erledigt werden, damit sie beispielsweise nach Eintreten des Todes bei den Hinterbliebenen keinen unnötigen, aber vorhersehbaren Streit hervorrufen.

So wie es im Leben wichtig ist, im Ausgleich zu sein, so erleichtert es auch das Loslassen des irdischen Daseins und irdgendwann einmal die friedliche Wiederkehr, unsere Reinkarnation. Im Ausgleich zu sein bedeutet, dass sich die Waage hält, was ich von irdischen Wesen (Menschen wie Tieren) bekommen und genommen und was ich ihnen zur Verfügung gestellt und gegeben habe. Und zwar geht es um einen Ausgleich auf allen Ebenen: materiell, geistig und energetisch-feinstofflich.

So kann beispielsweise eine Hilfeleistung durch direkte Bezahlung, unter Freunden und Bekannten aber auch durch eine Massage oder das Kochen des Lieblingsessens »abgegolten« werden. Eine klare Bezahlung kann in manchen Fällen oder in unklaren Beziehungen den Ausgleich etwas vereinfachen.

Doch auch Freundschaftsdienste sollten ausgeglichen werden, selbst wenn der Helfende es gut meint und schenken will. Nur wenige Menschen haben sich so weit von ihrem Ego befreit, dass sie tatsächlich selbstlos etwas geben können, sei es Geld, praktische beziehungsweise geistige Hilfe oder auch Zuwendung und Liebe. Den meisten vom Bewusstsein her noch so gut gemeinten Geschenken haften daher noch eigene Wünsche und die Energien diffuser Ausgleichserwartungen oder sogar konkreter Kompensationsforderungen an. Wenn ich nun solche Geschenke annehme, ohne einen – letztlich energetischen – Ausgleich zu schaffen, bekomme ich auch ebendiese feinstofflichen Anhaftungen mitgeliefert. Daraufhin fädeln sich nicht nur schräge Energien in die Beziehung zu dem Menschen oder Tier mit ein. Sondern die Unternehmungen, die mit Hilfe unausgeglichener Geschenke auf den Weg gebracht worden sind, stehen darüber hinaus in aller Regel auf mehr oder weniger tönernen Füßen.

Es sind sehr feine Schwingungen, die hierbei den Ausschlag geben. So wundern wir uns manchmal, warum sich unsere Laune schlagartig verschlechtert, wenn eine ganz bestimmte Person die Szene betritt. Oder wenn uns wie aus heiterem Himmel völlig unerwartet ein Hund – vielleicht sogar der eigene – anknurrt oder gar beißt. Oder wir werden völlig davon überrascht, wenn trotz intensiver Planung und äußerlich optimalen Bedingungen ein Geschäft so gar nicht in Gang kommen will. Oft ist die Lösung hinter solchen Ungereimtheiten, dass wir uns mit einer beteiligten Person nicht im energetischen Ausgleich befinden. Sich nur mit ein paar Worten oder einer Geste bedankt zu haben war hier offensichtlich nicht ausreichend.

Nicht selten bin ich erst dann im Ausgleich, wenn ich ebenfalls etwas investiert habe, sei es Zeit, Aufmerksamkeit oder auch Geld – manchmal reicht dazu nur eine Kleinigkeit. Wenn wir daraufhin einmal unsere diffusen Beziehungsprobleme, Fehlinvestitionen oder Misserfolge untersuchen, werden wir uns wundern, wie selten wir hierbei tatsächlich in dem beschriebenen Ausgleich mit allen Beteiligten sind.

Mein eigener Hund hat einmal nach mir geschnappt. Dabei wollte ich ihn doch nur streicheln und liebkosen – also vermeintlich etwas geben. Allerdings war ich selbst äußerst bedürftig, habe aber nicht für meine energetische Auffüllung und Ausgeglichenheit gesorgt. Stattdessen wollte ich, wenn auch nicht bewusst, Energie von meinem tierischen Begleiter abziehen. Er hat sich berechtigterweise sehr von mir bedrängt gefühlt und sich mit den ihm zur Verfügung stehenden Mitteln dagegen gewehrt. Bis zu seinem sehr deutlichen Signal hatte ich nämlich meistens mit meinen Streichelattacken Energie von ihm abgezogen, statt selbst für mein geistig-spirituelles Wohlergehen zu sorgen.

Die größte Anhaftung in diesem Zusammenhang ist das reine »Habenwollen«. Nicht selten maskiert sich dieses Motiv, das wir ja in aller Regel gar nicht gern offen vor uns hertragen, hinter vermeintlicher Fürsorge, Zuwendung oder Geschenken. Wenn wir ehrlich in uns hineinspüren, bekommen wir genau mit, was der Antrieb unserer Gedanken und unseres Handelns ist:

— ob ich meinem Nachbarn mit reinem Herzen einen Gefallen tue oder ob ich dabei hoffe, von ihm dafür die Obstbäume geschnitten zu bekommen;

— ob ich das Tier streichle, weil ich das schöne weiche Fell auf meiner Haut spüren will, oder weil das Tier tatsächlich »bepuschelt« oder massiert werden möchte;

— und auch, ob ich dem sterbenden Kind die Geschichte vorlese, weil es sie hören möchte und ihm meine Stimme, meine Gegenwart guttut, oder ob ich dort zwar mit Anteilnahme, aber mit der Motivation sitze, mich selbst mit meinem Engagement sozial aufzuwerten, *mich* bedeutsam und »wichtig zu machen« – oder weil ich auf diese Weise selbst getröstet werden möchte.

Wirklich selbstlose Motive sind sehr selten geworden. Spüren Sie einmal ehrlich, vorbehaltlos und genau hin – Sie werden sich über manche Ihrer wirklichen Beweggründe wundern. So ist es jedenfalls auch mir selbst ergangen. Und manchmal lässt sich beim Hineinspüren sogar ganz direkt die Fließrichtung der Energie ausmachen.

Auf einen Nenner gebracht, heißt all das, dass ich in meinem Leben nicht mehr bekommen haben sollte, als ich gegeben habe. Eine weitere Stufe zu einem lichtvoll-leuchtenden Leben wäre es allerdings, wenn ich mehr gegeben und verteilt als empfangen und bekommen hätte, dass ich mehr Geschenke verteilt als entgegengenommen hätte. Habe ich dies aus reinem Herzen getan, habe ich Licht in die Welt gebracht.

Wenn wir in unserer aktiven Lebenszeit nicht für einen solchen energetischen Ausgleich haben sorgen können, werden wir dies wahrscheinlich nicht im Angesicht unseres Todes oder gar auf dem Sterbebett »so mal eben« nachholen können. Nicht nur unsere Leistungen und all das, was wir mit Achtsamkeit und Liebe erledigt haben, auch was wir ein Leben lang versäumt haben, wird Spuren auf unserem Weg hinterlassen.

Doch uns bleibt bis zu unserem letzten Atemzug Gelegenheit, einen Ausgleich zu schaffen. Ob wir ein versöhnendes Wort sprechen, die betreffende Person zum Essen einladen, ihr einen Gefallen tun, ihr einen langgehegten Wunsch erfüllen, ihr finanzell unter die Arme greifen oder ob wir sie in unserem Testament bedenken: Was auch immer uns als angemessen scheint, mit der Energie unseres Herzens übereinstimmt und wir in unserer Lage noch bewerkstelligen können, dient dem energetischen Ausgleich. Und wenn wir alters- oder krankheitsbedingt nicht mehr beweglich genug für solche Aktivitäten sind, können wir vielleicht die Menschen, mit denen wir uns einen Ausgleich wünschen, anrufen, sie einladen oder uns von Herzen bei ihnen bedanken und ihnen die besten Wünsche für ihr weiteres Leben und Wohlergehen mit auf den Weg geben.

Als letzte Möglichkeit bleibt uns auch noch auf dem Sterbebett, darum zu bitten, zu beten, dass ein energetischer Ausgleich mit den betreffenden Menschen oder Tieren erfolgen möge. Wir können darum unsere begleitenden Schutzengel und die Erzengel Gabriel und Michael bitten und natürlich Gott. Vielleicht wird unser Bitten erhört. Es ist dann ein Akt der Gnade, aber Gnade ist natürlich nie zu kalkulieren …

Der Eintritt in die Sterbephase

Viele Menschen verändern sich schon zwei oder drei Jahre vor ihrem Tod. Vielleicht möchten sie wie aus heiterem Himmel unbedingt und mit dringlichem Nachdruck Verschiedenes erledigen und werden – jeder auf seine ganz individuelle Weise – umtriebig. Die einen buchen aufwendige Reisen. Die anderen suchen nach irgendetwas in ihrer Vergangenheit und nehmen Kontakt mit längst eingeschlafenen Beziehungen wieder auf. Manche trauen sich plötzlich, eine mutige Entscheidung zu treffen, und gehen an eine kleinere oder größere Neugestaltung ihres Alltags oder Lebens heran. Andere wiederum ziehen sich von all ihren bisherigen Aktivitäten zurück und verbringen für ihre Verhältnisse ungewohnt viel Zeit allein.

Diese aufkommende innere oder äußere Geschäftigkeit sowie ein ungewöhnlicher Rückzug sind oftmals gar nicht an ein Bewusstsein für den eigenen Tod gekoppelt. Meist merken die Betroffenen selbst oder ihre Angehörigen und Freunde es erst sehr viel später in der Rückschau, dass sich ab einem bestimmten Zeitpunkt wie von jetzt auf gleich etwas im Leben grundlegend verändert hat.

In diesem letzten Abschnitt meines Lebens spitzen sich meine charakterlichen Eigenschaften zu, je nachdem, ob ich ein stets sehr leichtgängiger und fröhlicher Mensch war, ob ich egozentrisch und rücksichtslos gegenüber anderen gelebt, ob ich selbstlos gegeben und geliebt habe, ob Lachen oder Weinen meinen Alltag füllten, ob Intrigen und Machtspiele mein Leben bestimmten, ob ich dort ohne Bedingungen Hilfe gegeben habe, wo sie gebraucht wurde, oder ob mir das Wohlergehen anderer immer gleichgültig gewesen ist, weil ich stets um mich selbst gekreist bin.

Im Sterbeprozess wird stets auf allen irdischen und energetischen Ebenen eine Bilanz des gesamten Lebens gezogen. Auch wenn wir es uns nicht bewusst machen: Wir stehen immer in der Verantwortung für alles, was wir tun, ebenso wie für alles, was wir nicht tun.

Wie wir unser Leben gestaltet und gefüllt haben, zeichnet sich noch in den letzten Ausdrucksmöglichkeiten unseres irdischen Seins ab: Gab es in unserem Dasein viel gelebte Liebe und Mitgefühl, so werden unsere Gesichtszüge auch im Tod weich und friedlich. Andere Menschen erstarren sowohl geistig als auch emotional zu ihrem Tod hin und tragen dann als letzten Gesichtszug tatsächlich eine wächserne Totenmaske. Manchen steht ihre lebenslang kultivierte Bitterkeit noch ins tote Gesicht geschrieben. Wieder andere hinterlassen einen Ausdruck der Fassungslosigkeit und des Erstaunens, manche hingegen ein Schmunzeln.

Aus dem Leben herausgerissen werden

Um Missverständnissen vorzubeugen, möchte ich vorausschicken, dass es mir bei den folgenden Ausführungen keineswegs um die Duldung oder gar Verharmlosung von Gewalt geht, sondern darum, Zusammenhänge auch in Situationen zu erkennen, deren Grausamkeit uns schier fassungslos macht.

Bei einem scheinbar von außen, eventuell sogar gewaltsam herbeigeführten Tod wie etwa durch einen Verkehrsunfall oder einen Mord gibt es aus spiritueller Sicht im Wesentlichen zwei Möglichkeiten des Verlaufs – auch wenn dies für uns kaum nachvollziehbar ist –: Entweder stirbt der Mensch gemäß einer Absprache aller Beteiligten, die auf Seelenebene getroffen worden ist, oder der Tod tritt aufgrund von Willkür ein, also als Auswirkung des »freien Willens« eines Menschen.

Weitaus häufiger ist die Absprache auf seelischer Ebene der Grund für derartige Einschnitte. Sowohl das Ereignis selbst als auch die beteiligten Personen und alle begleitenden Umstände sind in der Akasha-Chronik aufgeführt. So kann ein Tod, der uns aus unmittelbarer irdischer Sicht sehr gewaltsam anmutet und uns auch zu früh oder gar ungerecht vorkommt, einem energetischen Ausgleich zwischen den Beteiligten dienen. Die tieferen Hintergründe von Lebensabläufen zu beleuchten oder gar zu bewerten steht uns Menschen nicht an. Wirkliche Gerechtigkeit ist allein göttliche Kraft, Macht und Gnade.

Da auf Seelenebene ein solcher Schicksalsweg vorgezeichnet ist, können wir uns bei diesen Todesfällen zumindest in unserer feinstofflichen Sphäre mit dem gebotenen Respekt auf den Übergang ins Licht vorbereiten. Dies kann ausschließlich auf einem höheren Energieniveau als unserem Bewusstsein geschehen, sodass unser Verstand dabei außen vor bleibt. Hier kommt wieder unser Vertrauen in unseren lichtvollen Weg, in unsere geistige Führung, in die göttliche Fügung zum Tragen. Wenn wir in einer vertrauensvollen Anbindung zum Kosmos stehen, wenn wir uns im Vertrauen auf unserem spirituellen Weg befinden, wird die Loslösung von unserem irdischen Gefäß, von unserem Körper, auch im Falle eines gewaltsamen Todes den kosmischen Gesetzen gemäß und letztlich leicht vonstattengehen. Unsere unsterbliche Seele weiß, dass sie diesen Weg gehen muss.

Komplizierter und schwieriger kann es werden, wenn der äußeren Todeseinwirkung keine solche Absprache auf Seelenebene vorausgegangen ist. Dann kann es geschehen, dass tatsächlich Seele und Körper nicht nur unvorbereitet, sondern auch aus feinstofflich-energetischer Sicht gewaltsam voneinander getrennt, regelrecht auseinandergerissen werden. Die Folge ist dann nicht nur auf der irdisch-materiellen Ebene, sondern auch auf der übergeordneten geistigen ein Schock. Die Seele wird tatsächlich herausgerissen aus ihrem Gefäß und kann sogar in der höheren Sphäre Schaden nehmen.

So kommt es etwa zu einer Art Identitätsverlust, der die Seele orientierungslos zurücklässt – nicht mehr im Körper, der irdischen Dimension, aber auch noch nicht auf dem nächsthöheren Energieniveau. Sie verbleibt dann meist richtungslos in dem energetischen Feld zwischen den beiden Dimensionen.

In diesem Zwischenreich irren zahlreiche Seelen umher. Und viele von ihnen sind als Folge von willkürlicher Gewalteinwirkung dort gelandet. Sie irren durch dieses Zwischenreich von Diesseits und Jenseits, etwa so, als würden sie den Schleier nicht finden, den sie zum Erreichen der nächsthöheren, jenseitigen Dimension passieren müssen.

Was wir Lebenden zum Beispiel als Geister wahrnehmen können, die durch Häuser spuken, sind unter anderem solche verirrten Seelen. Dieses »Hängenbleiben« in Zwischenreichen kann nach unserer irdischen Zeitrechnung sehr lange, teils Jahrhunderte dauern. Wir kennen das aus Berichten, die etwa von geisterhaften Erscheinungen in manch alten Spukschlössern erzählen.

Diese verirrten Seelen können sich aber auch wesentlich unspektakulärer in gewöhnlichen Häusern, Wohnungen, Kellerräumen, Tierställen oder anderen Gebäuden wie auch seltener im Freien aufhalten. Immer wieder berichten Menschen von ungewöhnlichen Vorkommnissen in ihren vier Wänden. Medial Begabte können dann meist ein Geistwesen ausmachen, das noch aus irgendeinem Grund im Gemäuer hockt.

Ich selbst hatte einmal einen solchen Geist in meinem Arbeitszimmer: In meiner damals neuen Wohnung fühlte ich mich rundherum sehr wohl und gut aufgehoben. Doch immer wenn ich mich in meinem Arbeitszimmer an den Schreibtisch setzte, überkam mich große Müdigkeit, vor allem jedoch eine diffuse Traurigkeit, die meinen Energiefluss und meine Gedanken lähmten. Ich schob das zunächst auf den mir nicht ganz unbekannten Widerstand, bestimmte anstehende Auftragsarbeiten zu erledigen. Doch was ich auch unternahm, das Befinden an meinem Arbeitsplatz veränderte sich nicht im Geringsten.

Allmählich spürte ich, dass mich diese abgrundtiefe Traurigkeit wie von außen befiel, sobald ich mein Arbeitszimmer betrat. Es wurde immer deutlicher, dass sich in dem Raum etwas wie eine Trauerglocke über mich stülpte.

Die Lösung brachten mir dann zwei energetisch sehr feinfühlige Freundinnen. Unabhängig voneinander beschrieben sie mir, sie würden eine weibliche »Gestalt« in einer Zimmerecke »sehen«. Sie war etwa so wie ein Dienstmädchen aus dem 19. Jahrhundert gekleidet. Von diesem Wesen ginge eine tiefe Traurigkeit aus, ein Jammern, dass sie nicht mehr in diesem Hause leben dürfe. Weiteres konnten beide nicht erfassen.

Selbst als ich daraufhin intensiv alle Ecken mit Weihrauch und etwas Kampfer beräuchert hatte, was sonst ein sehr wirksames Mittel zur energetischen Reinigung ist, verschaffte dies dem Raum keinerlei Klarheit. Als ich fragte, was ich denn gegen diese Beeinträchtigung tun könne, bekam meine hellsichtige Freundin daraufhin folgende Antwort aus der geistigen Welt:

Schick die Frau mit aller Kraft und Ernsthaftigkeit weg. Tu dies mit Hilfe eines Rituals. Da ihr Wesen ungewöhnlich stark an diesen Raum, in diesem Haus verhaftet ist, solltest du ihr einen alternativen Ort anbieten, wo sie niemanden stört, aber trotzdem in Ruhe bleiben kann. Bring zunächst durch Meditation Ruhe in deine Mitte, geh dann mit energischer Klarheit in dein Arbeitszimmer und schick den Geist fort. Sprich es laut und klar und deutlich aus. Und sag, dass du einen anderen Ort für sie hast. Und sprich es laut aus, dass dies jetzt dein Zimmer, deine Wohnung ist. Nimm einen Gegen-

stand – als materielle Orientierung – und trag ihn dann symbolisch
von deinem Arbeitszimmer an den Ort, wo der Geist seine Ruhe fin-
den kann. Vergrab diesen Gegenstand dort, und zwar mit dem eben-
falls laut ausgesprochenen Hinweis für die »Geistfrau«, dass sie nun
hier sein kann, dies nun ihr neues Zuhause ist.

Genauso habe ich das Ritual dann durchgeführt. Und von Stund
an konnte ich endlich frei und unbehindert an meinem Schreibtisch arbeiten. Keine Trauerglocke tauchte mehr um meinen
Kopf auf. Und obwohl ich selbst die »Geistfrau« nie gesehen
habe, hatte ich erstmals das deutliche Gefühl, in diesem Raum
nun allein zu sein. Vorher hätte ich allerdings niemals so benen-
nen können, dass da etwas gewesen ist. Fortan konnte ich frei an
meinem Schreibtisch arbeiten – und Dumpfheit in meinem
Kopf oder »energetisch komatöse« Müdigkeit waren von nun an
wieder Auswirkung meines eigenen Widerstands, unklarer Entscheidungen oder auch tatsächlicher Erschöpfung.

Solche verirrten Seelen bedürfen der energetischen Hilfe, um
wieder auf ihren eigenen Weg zu finden. Oft geht es darum, ihnen zu helfen, die letzten Zipfel ihrer irdischen Existenz loszulassen. Manchmal reichen einfache energetische Arbeiten oder Rituale aus, um diesen letzten Schritt zu ermöglichen.

Abschied nehmen

Je bewusster ich durch mein Leben gegangen bin, desto bewusster und klarer kann ich auch aus meinem irdischen Dasein
scheiden. Es wird mir dann wohl sogar ein tiefes inneres Bedürf-
nis, ein Herzenswunsch sein, mich von den liebgewonnenen Begleitern auf meinem Weg, von meiner Familie, meinen Freunden,
möglicherweise auch von meinen Tieren zu verabschieden.

Gönne ich mir die Zeit und vielleicht auch die Kraftanstrengung, um auf meine ganz individuelle Weise den Menschen, die für mich wichtig waren, mit denen ich Herzenskontakte hatte oder die mir nun einfach einfallen, Lebewohl zu sagen! Ich kann mich bei ihnen bedanken, dass sie sich zur Verfügung gestellt haben, damit ich mit ihnen auf die unterschiedlichsten Arten und Weisen lernen und wachsen konnte. Einfach bedanken dafür, dass sie mein Leben bereichert haben.

Selbst wenn wir völlig unerwartet und scheinbar urplötzlich etwa durch einen Unfall aus unserem Leben gerissen werden – wenn wir offen und achtsam sind, bereiten uns Ahnungen in verschiedensten Variationen auch auf einen solchen Tod vor. Oft berichten Angehörige oder Freunde, die genau hinhören, dass sich der Verstorbene kurze Zeit zuvor beispielsweise am Telefon so seltsam ausgedrückt hat, fast als wolle er sich verabschieden. Und dies, obwohl er doch gar nicht hatte wissen können, dass ihm drei Tage später ein überholender Wagen oder ein Blutgerinnsel in seinem Kopf zum Verhängnis werden sollte.

Dieses Abschiednehmen muss nicht bewusst ablaufen. Manchmal ist es wie ein Wissen und »Bescheidsagen« auf höherer geistiger Ebene, fast als würden sich die Seelen »da oben« miteinander absprechen. Denn sie wissen um die Akasha-Chronik, sie wissen, was geschehen wird – sie haben es ja auf höherer Ebene so abgesprochen. Und schließlich wechseln wir nur unsere Seinsform.

Kann ich Menschen – oder auch Tiere – nicht mehr persönlich sehen, um mich von ihnen zu verabschieden, habe ich die Möglichkeit, auf geistiger Ebene mit ihnen in Kontakt zu treten. Das geht am besten aus meiner Herzensenergie heraus.

Dazu begebe ich mich mit meinem Atem in mein Herzchakra

und öffne durch Hineinatmen dieses Energiezentrum für Liebe und Mitgefühl. Ich atme das Licht, das Prana, durch mein Kronenchakra ein und über mein Herzchakra vorn und hinten wieder aus.

Zur energetischen Unterstützung kann ich diese Herzöffnung mit dem Mantra »Ich lege mein Licht in Gottes Hände« begleiten. Wenn ich spüre, dass sich mein Herz geöffnet hat, kann ich um geistige Hilfe bitten, einer bestimmten Seele oder Person etwas mitzuteilen. Dann kann ich – laut gesprochen oder im Geiste – vorbringen, was zu sagen mir noch wichtig ist. Ich kann gewiss sein, die Seele des Adressaten hat es vernommen.

Zum Schluss bedanke ich mich bei den geistigen Helfern für diese Möglichkeit.

Umgekehrt kann es auch sein, dass sich die Seele des Gestorbenen noch nach dem Tod verabschiedet, wenn dies vorher nicht möglich war oder für den Toten noch nicht alles erledigt zu sein scheint. Meist taucht dann die Seele eines vor kurzem Verstorbenen bei einem hinterbliebenen Verwandten, Freund oder manchmal auch Bekannten auf. Dies kann im Gewand eines nächtlichen Traums oder sogar in Form einer wachen Vision oder einer ungewöhnlichen Energie mitten am helllichten Tag geschehen.

Eine Bekannte berichtete mir, dass sie einige Tage nach dem Tod ihrer Mutter von einer diffusen Energie geradezu bedrängt wurde. Es handelte sich, wie sich bald herausstellte, um die Seele ihrer verstorbenen Mutter. Sie war weder mit ihrem Tod »einverstanden« noch damit, dass sich ihre Tochter in ihren Augen zu wenig um sie gekümmert hatte. Die Seele der Mutter war sehr hartnäckig. Sie wollte sich in ihrer energetischen Form erst einmal bei ihrer Tochter niederlassen. Mit Hilfe von Gebeten und der Unterstützung ihrer um Hilfe gebetenen geistigen Be-

gleiter (Geistführer, Schutzengel, Erzengel und Gott) konnte die
Tochter jedoch bald Frieden mit der Mutter schließen. Sie konnte ihr damit auch helfen, ihre irdischen Anhaftungen loszulassen
und ganz in die geistige Dimension einzugehen.

Weitere Erfahrungen von Kontakten mit Toten werden im
Kapitel »Nach dem Tod« beschrieben.

Übrigens ist es auch unseren Haustieren meist sehr wichtig, sich
von den Menschen zu verabschieden, die sie oft über Jahre begleitet haben. Sie können es auf der irdischen Ebene und gegebenenfalls auch auf der energetisch-feinstofflichen tun. Die Wahl
geht sicher weniger von den Tieren selbst aus – für sie gibt es
den Schleier zur geistigen Dimension nicht, die Abtrennung vom
Licht –, als dass sie mit unserer spirituellen Entwicklung zusam-
menhängt.

Mein schwerkranker Hund Sancho beispielsweise hat mit seinem Sterben so lange gewartet, bis sein ganzes »Rudel« um ihn
versammelt war.[6] Auch mein erster Hund Djoscha hat uns eine
Woche Zeit gegeben, sich von ihm zu verabschieden. Und es kamen viele während seiner letzten Tage noch vorbei, um diesem
liebevoll-weisen Burschen, der so zahlreichen Menschen etwas
gegeben hatte, noch einmal die Ehre zu erweisen.

Schmerzen vor und beim Sterben

Schmerzen haben die Aufgabe, uns darauf aufmerksam zu
machen, dass etwas mit unserem Körper nicht in Ordnung ist,
damit wir entsprechende Maßnahmen zur Heilung ergreifen
können. Am leichtesten ist die hilfreiche Funktion von Schmerz
am Beispiel des Verbrennens zu verstehen. Wenn wir mit der
Hand einem Feuer oder einer heißen Herdplatte zu nahe kom-

men, spüren wir sofort den Schmerz durch die starke Hitze und ziehen unsere Hand zurück. Das Ziel dieser unangenehmen Körperwahrnehmung ist erreicht.

Doch wenn wir schwer erkrankt sind, etwa an Krebs, was sollen wir dann mit den starken Schmerzen anfangen? Warum können wir, wenn es so weit ist, nicht einfach alle friedlich und leise ohne Schmerzen und Qual aus dem Leben gehen?

Schmerzen sind für die meisten Menschen das, was sie eigentlich am Sterben fürchten. Und so verdrängen wir den Tod besonders wegen der großen Angst vor einem sich hinziehenden Dahinsiechen oder vor unerträglicher Pein fast vollständig aus unserem Alltag, in dem alles so kontrollierbar erscheint. Viele Menschen möchten lieber bewusstlos aus dem Leben scheiden, sogar am liebsten möglichst unangekündigt und schnell aus ihrem Dasein herausgerissen werden, als einen möglicherweise schmerzvollen Übergang in vollem Gewahrsein erleiden zu müssen.

Körperliche Schmerzen entstehen durch krankheits-, verletzungs- oder altersbedingte Beeinträchtigungen, Zerstörungen und Abbauprozesse des uns auf Zeit gegebenen Seelengefäßes. Zellen und Gewebe werden in Mitleidenschaft gezogen.

Wir sagten, der biologische Sinn von Schmerzempfindungen sei, darauf aufmerksam zu machen, dass wir uns um unseren Körper kümmern müssen. Doch welchen Sinn sollen sie etwa im Zusammenhang mit einer Krebserkrankung haben? Ohne den massiven Einsatz von Medikamenten sind viele Schmerzen schwerer, mehr oder weniger schnell zum Tode führender Erkrankungen gar nicht auszuhalten. Und wir können der Ursache nicht – oder nicht mehr – ausweichen. Sie sitzt in uns, etwa in den entsetzlich schmerzenden Knochen, die von Krebsmetastasen angegriffen sind und sich unter großen Qualen zersetzen.

Da können wir nicht einfach einen anderen Ort aufsuchen und damit alles hinter uns lassen. Welchen Sinn soll es also haben, wenn wir vor Schmerzen nicht mehr wissen, wohin mit uns, und wenn uns bewusst ist, dass dieser Zustand noch längere Zeit dauern, vielleicht sogar noch schlimmer werden wird?

Die ursächliche Quelle des Schmerzes liegt auf energetisch-feinstofflicher Ebene. Unser Körper ist einmal durch fein ineinanderspielende Kombinationen unserer individuellen genetischen Information, die wir von unseren Eltern geerbt haben, und der Vorlage unserer feinstofflichen Matrize entstanden, der Aura (siehe das Kapitel »Die Geburt der Seele« zu Beginn dieses Buches). Mit der Beseelung der befruchteten Eizelle im Mutterleib haben sich die geistigen Informationen mit der materiellen Ebene unseres sich ausformenden Körpers verbunden. Auch die Informationen aus dem morphogenetischen Feld wurden in unseren Entwicklungsprozess mit einbezogen. Die Verstrickung von Geist und Materie ist also sehr eng: Zuerst ist der Geist da, dann bildet sich nach seiner energetisch-feinstofflichen Vorlage mit Hilfe der ererbten genetischen Komponenten der Körper aus.

Und auch wenn wir dafür kein Bewusstsein haben und wir nur unseren physischen Körper spüren, es bleibt unser Leben lang so bis in den Tod hinein: Unsere Seelenebene, unser Karma, unsere geistige und spirituelle Haltung und unsere praktizierte Lebensweise sowie die Umgebung, die wir dazu wählen, bestimmen die Ausprägungen unseres Körpers und die Prozesse, die in diesem uns vorübergehend gegebenen Gefäß für unsere geistige Existenz ablaufen. Auch wenn es natürlich Wechselwirkungen in beide Richtungen gibt, die entscheidende Wirkrichtung ist stets die von der Energie auf die Materie.

Dieses Wirkungsgefüge gilt nicht nur für unsere Inkarnation oder Geburt und im Verlauf unseres irdischen Lebens, sondern natürlich auch für den Prozess unseres Loslassens all dessen: für unser Sterben. Alles, was uns körperlich und geistig widerfährt, reflektiert auch unsere Einstellung und Art zu leben.

Sicherlich haben somit Schmerzen im Verlauf unseres Krankheits- und Sterbeprozesses auch mit unserer inneren Haltung und unserer spirituellen Entwicklung zu tun – allerdings nicht nur mit unserer aktuellen Lebenssituation, sondern auch damit, was wir im Laufe unseres gesamten Lebens, manchmal auch verschiedener, hinter uns liegender Inkarnationen angesammelt haben.

Alte und neue Schmerzen

Wohl alle zur Zeit lebenden Menschen haben schon mehrere oder sehr viele Inkarnationen auf der Erde verbracht. Ohne die Verantwortung für unser jetziges Dasein auf unser Karma schieben zu wollen: Die meisten schleppen einiges an Ballast aus vorangegangenen Leben mit sich herum …

Schauen wir uns nur die Menschheitsgeschichte an. Da hat sich allein in den letzten zweitausend Jahren bis hin zum heutigen Tag doch sehr viel Unerfreuliches und Dunkles auf der Erde ereignet: vom Sklavenhandel und unzähligen Kriegen über Feudalherrschaften und Ausbeutung von Arbeitern bis zum Holocaust und unzähligen Morden allein aus Gier. Und auch wir waren dort immer mal wieder mehr oder weniger mittendrin und an Ungutem beteiligt. Dabei kennen die meisten von uns beide Positionen: Wir waren fast alle sowohl Opfer als auch Täter. Und die wenigsten haben ihre karmische Bürde inzwischen vollständig abgetragen. Die letztliche Befreiung vom Karma bleibt ohnehin ein Gnadenakt Gottes.

Wenn wir uns auf dem Weg ins Licht, auf dem Weg hin zu Gott und zu reiner Liebe befinden, werden wir das teils schmerzhafte

Ablegen von Karma kennen. Sofern es für unseren Entwicklungs- oder Lichtkörperprozess wichtig ist, kommen alte unerledigte Geschichten auch über körperliche Phänome in uns wieder zum Vorschein. Wir erhalten dadurch die Möglichkeit, alte seelische Wunden zu heilen oder auch alte Schuld abzutragen. Damit öffnet sich für uns ein Fenster, diese Relikte aus alten Tagen, die wir »unerledigt« auf der Seelenebene mit uns herumtragen, zu transformieren. Wenn wir sie in Einverständnis, Güte und Liebe umwandeln, lösen wir diesen alten seelischen Ballast auf.

Eine Frau aus meinem Bekanntenkreis hatte zum Beispiel Schmerzen und juckende Hautausschläge, die fast von einem Tag auf den anderen an ihren Fußgelenken aufgetreten waren. Die Ärzte konnten keine Ursache für die immer heftiger werdenden Beschwerden finden. Ein sensitiver Mensch, der auf diese Situation schaute, sah, dass die Symptome von einst getragenen Fußfesseln herrühren. Er sagte, die Frau habe diese breiten eisernen Fesseln während einer ihrer Inkarnationen zur Zeit des Mittelalters tragen müssen, als sie wegen eines Vergehens im Kerker saß. Mit Gebeten, Ritualen und geistiger Hilfe konnte sie schließlich die karmischen Energien auflösen und war bald wieder beschwerdefrei, wie sie berichtete.

Schmerzen und Demut

Viel häufiger haben wir es allerdings mit völlig unerklärlichen Beschwerden zu tun, die wie aus dem Nichts auftauchen und manchmal auch wieder in ebendiesem Nichts verschwinden. Dann ist es für uns wohl nicht hilfreich oder vorgesehen, die Hintergründe zu verstehen. Es geht hier wahrscheinlich vor allem darum, in Demut anzunehmen, was uns widerfährt.

So können sich körperliche Symptome, teilweise auch extrem

beschwerliche oder äußerst schmerzhafte physische Prozesse entsprechend unserer feinstofflichen Matrize manifestieren. Unter anderem drückt sich hier das energetische Weltgedächtnis aus. Wir bringen diese »alten Informationen« über unsere Seelenanteile mit in dieses aktuelle irdische Leben und ziehen es aus dem morphogenetischen in unser eigenes Energiefeld. Nichts im Universum geht verloren: Hier erfahren wir wieder einmal die Konsequenz dieser Wahrheit.

Über unsere Aura gelangen die energetischen Informationen in unser physisches Dasein. Unser Körper drückt im Grunde aus, was auf der geistigen, unserer wahren Existenzebene schlummert und bereinigt werden will.

Je nach unserer karmischen Vorgeschichte und dem Zustand ihrer Bearbeitung und Auflösung spülen sich diese Altlasten – manchmal auch komprimiert – zum Ende unseres Lebens zum Teil schmerzhaft hoch. Auch wenn es unserem Tagesbewusstsein schwer zugänglich ist: Darin liegt eine große Chance für uns, unsere karmischen »Mitbringsel« aufzulösen. Während des Sterbens stehen uns nämlich ungewöhnlich viele und mächtige geistige Helfer zur Seite, um die Chance zu erhöhen, dass wir uns dem Licht zuwenden. Viele Gelegenheiten ergeben sich, Altes und Dunkles abzugeben und uns für das Licht und die Liebe zu entscheiden. Daher haben wir in dieser Zeit auch kraft- und lichtvolle Unterstützung an unserer Seite, um uns in einfacher Demut und durch Bitten und Beten von den alten Anhaftungen befreien zu lassen. Wie stets ist es an uns zu entscheiden.

Selbstverständlich äußert sich in unserem Körper und unserer emotionalen Verfassung vor allem auch, was wir in unserem jetzigen, unserem aktuellen Leben angesammelt oder möglicherweise trotz gebotener Gelegenheit nicht erledigt haben. Es schlägt sich nieder, wenn wir unseren Körper schlecht behandeln und dieses Geschenk Gottes missachten und vernachlässigen: indem wir uns beispielsweise schlecht ernähren, unserem Körper zu wenig Licht in Form von Prana-Nahrung zuführen oder ihn sogar mit Giften wie Alkohol und Nikotin malträtieren. Auch indem wir ihm etwa durch eine exzessive Lebensweise oder als Workaholic über die Maßen Energie und damit Lebenskraft entziehen, gehen wir nicht gut und achtsam mit unserem Seelengefäß um. Andere Menschen wiederum unterfordern ihren Körper und ihren Geist vielleicht, indem sie sich körperlich und geistig überhaupt nicht bewegen und in Passivität und Gleichgültigkeit versinken. Auch wenn wir uns nicht um energetische Klarheit kümmern, um die Stärkung unserer Mitte, um die Klarheit unserer Aura und unseres Geistes, wenn wir unseren spirituellen Weg vernachlässigen, wirkt sich dies auf unser körperliches und geistiges Wohlergehen aus.

Ebenso fließen unsere innere Haltung und unsere Art, der Welt und allen Wesen zu begegnen, in diese Bilanz mit ein. Sind wir mit offenem Herzen durchs Leben gegangen und haben dankbar die Aufgaben übernommen, die uns unser Weg angeboten hat, haben wir auf sehr weltliche Weise dazu beigetragen, Licht auf die Erde zu bringen. War unser Leben hingegen ein einziges Hadern mit dem Schicksal, haben wir uns selbst vom Licht »abgeschnitten«.

Auch auf dieser unmittelbaren Ebene spiegelt sich die Lebensart in der Art zu sterben wider: Je mehr Licht wir auf die Erde gebracht haben, desto einverständlicher und leichter werden wir unserem Tod entgegensehen können. Wenn wir unsere Aura gut gestärkt haben, werden uns unsere Ängste – sofern wir sie überhaupt noch haben – kaum überwältigen können.

Mit dem Einverständnis werden das Loslassen und der damit auf materieller Ebene verbundene körperliche Abbau milder und sanfter, meist auch die Schmerzen und anderen krankheitsbedingten Beschwerden. Und wenn wir nicht so viel dagegen angehen müssen, weil wir einverstanden sind und nicht auf einer der vielen möglichen Ebenen gegen unseren Fortgang aus dieser Welt ankämpfen, haften wir nicht so sehr an unserer Körperlichkeit. Dann können wir unser Seelengefährt am Ende unseres irdischen Daseins auch leichter wieder hergeben. Umgekehrt bringen Anhaftungen an unsere Körperlichkeit, an das Materiell-Irdische, zusätzliche Beschwerden und auch körperliche Schmerzen mit sich.

Wir können uns dazu vielleicht folgendes Bild vorstellen: Die Seele hat die Gestalt eines Fesselballons. Über viele, viele Seile ist dieser Ballon mit dem ballasttragenden Korb verbunden. Der Korb, vor allem aber der Ballast darin, halten den Fesselballon am Boden. Er kann erst aufsteigen, wenn alle Seile gekappt sind – sich also Seele und Körper trennen. Jeder Schnitt durch ein Seil bringt körperliche Schmerzen – auf der Verbindungsebene von Geist und Körper. Je mehr Anhaftungen beide zusammenhalten, desto schmerzvoller verläuft der Loslösungsprozess.

Der lichtvolle spirituelle Umgang mit Schmerzen beruht vor allem auf Demut. Je mehr wir gegen unsere Krankheit, gegen unser sich immer mehr ankündigendes Ableben angehen, desto mehr nähren wir unser Ego, das am liebsten alles kontrollieren und bestimmen möchte. Indem wir über die Art und Weise unseres vielleicht schmerzvollen Sterbens klagen, entfernen wir uns vom Licht, von unserer Verbindung zu Gott. In der Folge verschlimmern sich oftmals unsere Empfindungen in Zusammenhang mit dem Sterbeprozess und manchmal auch unsere körperlichen Schmerzen. Die lindernde, ausgleichende und stärkende Kraft des Lichts, des Pranas, kann durch unsere Abwendung nicht mehr zu uns durchdringen.

Mit dem Ankämpfen gegen eine Krankheit oder gegen den Tod meine ich nicht den gesunden Überlebenswillen, der mit allen ihm zur Verfügung stehenden Mitteln ins Leben, ins Licht drängt, möglicherweise weil noch so viel zu erledigen ist. Wir haben natürlich die Verantwortung, uns für unsere Gesundheit und die maximale Lebenszeit zur Erledigung unserer Aufgaben einzusetzen. Was ich meine, ist vielmehr das Hadern, die Nichtakzeptanz meines Schicksals, meines Wegs, der Kontrollzwang anstelle des Willens, zu verstehen und zu vertrauen. Diese aus dem Ego und dem Dunkeln gespeisten Kräfte erschweren oder verhindern ein friedliches Loslassen des irdischen Daseins. Meist schaukeln sich durch sie die unangenehmen Umstände des Sterbeprozesses noch weiter hoch: Übelkeit, Schmerzen und emotionale Schieflagen nehmen zu. Manche sterbenden Menschen sind in solchen Phasen für Angehörige oder Freunde meist nur schwer zu ertragen. Möglicherweise vereinsamen sie daher in ihrem letzten Lebensabschnitt. Darüber hinaus öffnen sie sich durch ihre gekappte Verbindung zu Gott verstärkt für ihre eigenen Ängste und inneren Dämonen.

Gehen wir in Demut vor der Schöpfung nicht nur durch unser Leben, sondern auch unserem Abschied vom Weltlichen entgegen. Wir können unsere innere Einstellung jederzeit ändern. Die Entscheidung liegt ganz bei uns. Augenblicklich können wir mit unserem Hadern aufhören und uns unserem Lebens- und Sterbensweg, der Schöpfung hingeben.

Die Milde, die sich auf der Stelle in uns ausbreitet, wird als Geschenk des Schöpfers um ein Vielfaches potenziert. Geben wir mit offenem Herzen unser Licht in Gottes Hände, lassen wir auch innerlich alles los und überantworten uns vertrauensvoll der göttlichen Führung und Fügung. Bitten wir um alle erdenkliche Hilfe, im Vertrauen zu bleiben. Bitten wir von ganzem Herzen um Erleichterung dort, wo es uns am schwersten fällt, im Licht zu bleiben oder loszulassen. Bitten wir um die Hilfe, die wir uns wünschen. Denn meist kann uns von geistiger Warte aus erst dann geholfen werden, wenn wir um ein Eingreifen bitten.

Schmerztherapie: In Würde sterben

Für viele todkranke Menschen kann es unerlässlich sein, auf rein körperlicher Ebene Hilfe in Form von schmerzlindernden Maßnahmen zu bekommen. Mögen zu Anfang alternative Methoden wie Homöopathie, Akupunktur, Energiearbeit oder Ähnliches sowie spirituelle Hilfen ausreichend sein, sind die Beschwerden und Schmerzen oftmals nur mit konventionellen Medikamenten auf ein erträgliches Maß zu reduzieren.

Wir sollten uns als Begleiter eines todkranken Menschen mit allen uns zur Verfügung stehenden Mitteln für eine wirksame Schmerztherapie einsetzen, damit der Sterbende so beschwerdefrei und leicht wie möglich gehen kann.

Das medizinische Fachgebiet, das sich vor allem mit einem würdevollen und möglichst wenig von Schmerzen beeinträchtigten Sterben beschäftigt, ist die Palliativmedizin. Ihr Hauptschwerpunkt liegt darin, in den letzten Wochen, Monaten oder Jahren eines lebensbegrenzt Erkrankten mit dem Thema »Tod« nicht auch das verbleibende Leben auszuklammern, sondern im Gegenteil ausdrücklich die Lebensqualität des Betroffenen zu betonen. Ziel ist das höchstmögliche Wohlergehen des Patienten auf allen Ebenen des Seins: körperlich, geistig und seelisch.

Der Palliativmedizin geht es weder darum, den Tod hinauszu-zögern, noch, ihn zu beschleunigen. Sie hat nichts mit aktiver Sterbehilfe zu tun, also der Herbeiführung des Todes mit künst-lichen Mitteln. Tatsächlich steht das höchstmögliche Wohlerge-hen des Patienten in seinem letzten Lebensabschnitt absolut im Vordergrund.

Zunächst geht es auf der rein körperlichen Ebene um die Ent-lastung von Schmerzen und anderen Beschwerden, die dem Pa-tienten zu schaffen machen – so gut, wie es die Erkrankung und die medizinischen Möglichkeiten zulassen. Zum anderen ver-bindet sie damit die Aspekte psychologischer und spiritueller Be-treuung und Fürsorge.

Der Patient soll befähigt werden, so lange wie möglich ein ak-tives und weitgehend eigenständiges Leben zu führen. Dazu bie-tet die Palliativmedizin ein unterstützendes System an – und zwar sowohl für den betroffenen Patienten als auch für seine Familie, seine Lebenspartner und Freunde. Zudem sollen belas-tende Situationen sowie irgendwann auch die Trauer um den bevorstehenden beziehungsweise zu vollziehenden Abschied be-gleitet werden.

Viele todkranke Menschen wie Tumorpatienten im fortgeschrit-tenen Stadium leiden unter starken Schmerzen, meist gepaart mit großer Müdigkeit, Erschöpfung und körperlicher Schwäche so-wie geistiger Konzentrationsschwäche. Hinzu kommen oftmals die jeweils krankheitsspezifischen Symptome wie beispielsweise Erbrechen und Durchfall, Anfälle von Atemnot oder spastische Krämpfe in bestimmten Muskelpartien, die das ganze Dasein des Patienten bestimmen.

Die sogenannte Symptomkontrolle durch die Palliativmedi-zin zielt nun darauf ab, den Fokus des Patienten so gut wie irgend

möglich von seinem Leiden zu nehmen. Er soll seine verbleibende Zeit als lebenswert empfinden. Seine Gedanken und, soweit
möglich, auch seine Handlungen sollen sich von einem Kreisen
allein um die Krankheit entfernen können. Beispielsweise ist es
für viele Menschen in einem solch begrenzten letzten Lebensabschnitt wichtig, ihr Leben zu ordnen: Sie möchten noch etwas
erledigen, mit bestimmten Menschen Ausstehendes klären oder
sich von dem einen oder anderen verabschieden. Vielleicht geht
es auch nur darum, in geistiger Klarheit und Ruhe das eigene Leben noch einmal vor dem inneren Auge vorbeiziehen zu lassen.
Sowohl die Bedürfnisse als auch die tatsächlichen Möglichkeiten
sind individuell sehr unterschiedlich.

Die Palliativmedizin versucht, den lebensbegrenzt Erkrankten
den – vor allem inneren – Freiraum für ihre letzten Entscheidungen zu verschaffen und die Umsetzungen am Ende des Lebens zu
unterstützen. Im letzten Schritt geht es um ein möglichst schmerz-
freies und würdevolles Sterben.

Heute können die Schmerzen schwer erkrankter und sterbender
Menschen in etwa 95 Prozent der Fälle mit Hilfe der modernen
Therapie behandelt, und zwar fast immer beseitigt, zumindest
aber befriedigend gelindert werden. Dauerschmerzen muss man
auch dauerhaft behandeln.

Das nach wie vor wichtigste Medikament in der komplexen
Hierarchie der stufenweise zu verabreichenden Schmerzmittel ist
das Morphin. In Deutschland wird es noch immer viel zu sparsam
eingesetzt. Manchmal müssen sich der Kranke und/oder seine
Angehörigen sehr ein- und durchsetzen, um angemessene Hilfe
zu bekommen. Nicht selten müssen sie selbst Kontakt zu einem
Arzt oder einer Einrichtung herstellen, die über eine besondere
schmerztherapeutische Erfahrung und Qualifikation verfügen.

Ansprechpartner finden Betroffene bei der Hospizbewegung (siehe die Kontaktadressen am Ende des Buches).

Wir befinden uns mit zunehmender Steigerung der Gabe von Schmerzmedikamenten auf einer Gratwanderung: der Abwägung von physischer Schmerzlinderung mit der Nebenwirkung der geistigen oder Bewusstseinsbetäubung. Für die anstehenden spirituellen Entwicklungsschritte ist es hilfreich, wenn der Sterbende in seinem Bewusstsein auch unter dem Einfluss von Schmerzmitteln so klar wie möglich ist. In aller Regel lassen sich die Kombinationen aus Schmerz- und Betäubungsmitteln aber so auf die aktuelle und sich oft stetig verändernde Situation des Patienten einjustieren, dass er zumindest einigermaßen schmerzfrei ist, sein Geist jedoch davon nicht beeinträchtigt wird. Gegebenenfalls müssen sich begleitende Freunde und Verwandte mit Nachdruck dafür einsetzen.

Je klarer der Geist des Sterbenden ist, desto klarer kann er natürlich auch die kleinen und großen Entscheidungen für seine inneren und äußeren Belange treffen. Aber auch das Zulassen von geistiger Klarheit im Sterben ist einzig und allein die Entscheidung des Sterbenden selbst. Es ist niemandem damit geholfen, wenn ich mich als Begleiter dafür mit größter Vehemenz einsetze, der Sterbende selbst sich aber lieber bewusstlos aus seinem Leben verabschieden will.

Meditationen und Übungen für den Sterbenden

Wenn sich der Zeitpunkt nähert, zu dem wir unser vergängliches irdisches Gefäß verlassen, ist es sehr hilfreich, uns so intensiv, wie wir es vermögen, und so häufig, wie wir es können, mit dem Licht, mit dem Göttlichen zu verbinden. Damit erleichtern wir uns diesen im Grunde nicht nur so selbstverständlichen, sondern einfachen und im Grunde auch freudigen Weg. Die Anbindung hilft uns, aus unserer Angst herauszugehen. Denn wenn wir unseren Lichtkanal geöffnet haben, ist der Übergang unserer Seele, die Ablösung vom Körper, tatsächlich nur noch ein weiterer Schritt ins Licht.

Einfache, aber sehr wirkungsvolle Übungen oder Meditationen können uns bei unseren Sterbeschritten unterstützen. Wenn wir dazu in der Lage sind, sollten wir sie üben und zur Stärkung unseres Lichtkörpers nutzen, solange es uns körperlich leichtfällt. Dann vermögen wir uns mit der Abnahme unserer körperlichen Kräfte müheloser auf dieser Energieebene zu unterstützen, zu stärken und uns auf die Ablösung von Geist und Materie vorzubereiten.

Eine sehr wirkungsvolle Anbindung an das göttliche Licht, an die göttliche Kraft und das Vertrauen in das Eine, nun auch die Rückkehr in das Eine, das Allumfassende geschieht über das Kronenchakra, das Energiezentrum an der höchsten Stelle unseres Kopfes. Es verbindet unsere energetisch-feinstoffliche Ebene mit unserer materiell-physischen. Das Kronenchakra ist eine sehr wichtige Eintrittspforte für die universelle Energie, für das Prana, in unser Gefäß, unseren Körper.

Die Übung zur Öffnung des Kronenchakras kann im Sitzen, im Liegen, an jedem Ort und zu jeder Zeit ausgeführt werden, auch wenn wir schon körperlich sehr schwach sind. Wir können diese meditative Übung in dem Tempo durchführen, zu dem wir in der Lage sind.

Es ist im Grunde nichts weiter als mentales Atmen. Wenn wir künstlich beatmet werden, können wir uns die Übung einfach vor unserem inneren Auge vorstellen. Es ist letztlich unsere Einstellung, unsere Geisteshaltung, die das Kronenchakra und den Lichtkanal öffnet. Bei allen Übungen und Meditationen können wir unsere Geistführung, unsere Schutzengel oder unsere sonstigen lichtvollen Helfer bitten, uns beizustehen. Sie sind an unserer Seite und werden uns unterstützen.

Meditation: Die Öffnung des Kronenchakras

Wir gehen mit unserer Aufmerksamkeit an die höchste Stelle unseres Scheitels. Wenn wir in Ruhe mit unserem Bewusstsein dort angekommen sind, stellen wir uns mit unserem nächsten Einatmen vor, dass wir die Luft durch diese höchste Stelle unseres Scheitels in unsere Lungen einziehen. Dann atmen wir ganz normal die Luft durch unsere Nase oder unseren Mund aus. Und wieder ziehen wir mit dem nächsten Atemzug die Luft durch unser Kronenchakra in unsere Lungen und atmen durch Nase oder Mund aus.

Etwa zehnmal wiederholen wir diese kleine meditative Atemübung. Wir können sie aber auch so lange fortführen, wie sie uns angenehm, vielleicht sogar wohltuend ist.

Im zweiten Schritt stellen wir uns vor, dass wir durch unseren obersten Scheitelpunkt weißes Licht einatmen. Es ist ein ganz sanftes Visualisieren: Weißes Licht strömt durch unser Kronenchakra in unsere Lungen und fließt mit dem Atem durch Nase oder Mund aus.

Vielleicht empfinden wir bei dieser Atemübung ein wärmendes Gefühl, das in unseren Kopf einzieht, oder glauben, dass es um uns etwas heller wird. Freuen wir uns über die Zeichen der Anbindung an Gott. Das Licht, das wir uns vorstellen, kann auch eine Farbtönung bekommen. Nehmen wir es als geistiges Geschenk: Wir empfangen wahrscheinlich gerade eine Energie, die uns guttut. Wir können die Öffnung auf irgendeine Art und Weise spüren, sie kann aber auch in aller Stille geschehen, ohne dass wir etwas Ungewöhnliches wahrnehmen.

Wenn mit dem Kronenchakra der Übergang von der energetisch-feinstofflichen zur materiell-körperlichen Ebene offen und durchlässig ist, kann das göttliche Prana in unseren Licht- oder Prana-Kanal eindringen. Dieser zentrale Energiekanal läuft wie gesagt auf feinstofflicher Ebene etwa dort entlang, wo unsere Wirbelsäule ist. Über unseren Prana-Kanal werden sowohl unser physischer Körper als auch unsere Aura mit Energie und Licht gespeist. Hier geschieht über das Kronenchakra als Pforte die energetische Anbindung an das eine Licht, an das Göttliche. Hierüber können wir die unerschöpfliche Energie des Schöpfers tanken – vielleicht auch um Kraft zu finden für unseren letzten Schritt auf der Erde: für unser Loslassen.

Die weiterreichende Meditation »Die Prana-Atmung« reinigt und stärkt unseren Prana-Kanal und füllt unser Licht- und Energiereservoir auf. Sie stabilisiert unsere feinstofflich-energetische Achse und unsere Aura. Je kraftvoller und stabiler unsere Aura ist, desto leichter machen wir uns den Übergang in die andere Dimension. Denn mit der Stärkung unseres feinstofflichen Körpers erhöhen wir unseren Lichtgehalt, unsere Energie und unsere Schwingung. Dann müssen wir – und unsere geistigen Helfer – nicht mehr so viel Energie aufwenden, um uns für den Übergang unserer Seele ins Licht auf eine höhere Schwingungsebene zu bringen.

Meditation: Die Prana-Atmung

Wir atmen durch unser Kronenchakra weißes Licht ein und stellen uns vor, das dieses Licht unsere Wirbelsäule entlangwandert und mit dem Ausatmen am Basischakra zwischen unseren Beinen austritt, um in die Erde einzugehen. Und wieder atmen wir das Licht über unseren Scheitel ein, lassen es durch den Prana-Kanal um die Wirbelsäule herunterfließen, um es mit dem Ausatmen aus unserem Basischakra ausströmen zu lassen.

Wir wiederholen diese Übung etwa zehnmal, können sie aber wiederum so lange durchführen, wie sie uns guttut.

Auch bei dieser Meditation entscheiden wir, wie oft und wie lange wir sie praktizieren. Wir können sie in jeder Position und jeder von uns praktikablen Geschwindigkeit durchführen und gegebenenfalls auch ausschließlich über unsere Vorstellungskraft visualisieren.

Gebete für den Sterbenden

Ich kann mich selbst auf mein Sterben und meinen Tod vorbereiten. Indem ich die Anbindung an das Licht suche, trage ich dazu bei, mein Loslassen alles Irdischen zu erleichtern – dazu gehören vor allem mein Körper und bis zu einem gewissen Teil auch die durch den Sterbeprozess möglicherweise hervorgerufenen Schmerzen, ebenso wie meine liebgewonnenen und vertrauten Menschen und Tiere, die ich zurücklassen muss. Mit der Anbindung an das Göttliche, dem Vertrauen in die Schöpfung und auf den Schöpfer kann ich meine Angst vor dem Tod auflösen.

Die Verbindung zum Licht, zur Quelle, zum Einen, zu Gott kann ich auf sehr viele Arten und Weisen herstellen. Vielleicht habe ich meinen Weg auch schon gefunden. Hier sind nun einfache Gebete als Anregung aufgeführt für Menschen, die gern in Kontakt zum Licht gehen möchten, aber noch nicht recht wissen, wie sie dies tun können.

Und auch unsere ganz einfach anmutenden Worte, sofern sie aus dem Herzen kommen, können die Kraft eines Gebets entfalten. Scheuen wir uns nicht, die Worte zu sprechen, die uns aus dem Herzen in den Sinn kommen.

Wenn mich beim Nahen meines Todes meine Ängste einholen, kann mir Psalm 23 beim Loslassen der eigenen Ängste und bei meinem Anvertrauen an das Licht, an Gott helfen (»Der gute Hirte«, ein Psalm Davids):

Der Herr ist mein Hirte, mir wird nichts mangeln
Er weidet mich auf einer grünen Aue und führet mich zum
  frischen Wasser
Er erquicket meine Seele
Er führet mich auf rechter Straße um seines Namens willen
Und ob ich schon wanderte im finstern Tal, fürchte ich
  kein Unglück;
denn du bist bei mir, dein Stecken und Stab trösten mich
Du bereitest vor mir einen Tisch im Angesicht meiner Feinde
Du salbest mein Haupt mit Öl und schenkest mir voll ein
Gutes und Barmherzigkeit werden mir folgen mein Leben lang,
und ich werde bleiben im Hause des Herrn immerdar.

Aus dem Koran hilft die erste Sure, die Fatiha (»Die Eröffnende«), mich Gott anzuvertrauen:

Im Namen Gottes, des Gnädigen, des Barmherzigen
Alle Lobpreisungen gehören Gott, dem Herrn der Welten,
dem Allerbarmer, dem Barmherzigen,
dem Herrn am Tage des Gerichts
Dir allein dienen wir, und dich allein flehen wir um Hilfe an
Führe du uns den rechten Weg,
den Weg derer, die deine Gnade erhalten,
nicht derer, die in der Finsternis sind.

Ich kann aber auch jeden andere Psalm oder jede andere Sure aus dem Koran, zu dem ich einen inneren Bezug habe, für meine Anbindung an Gott verwenden. Ebenso gut kann ich mit meinen eigenen Worten Gott konkret um Hilfe und Beistand und um Gnade bitten.

Und um mich mit tiefer Herzensqualität an das Licht anzubinden, an das Göttliche »anzudocken«, ist etwa auch folgendes meditative Gebet hilfreich. Ich atme das Licht durch das Kronenchakra in mein Herzchakra ein und spreche mehrmals folgendes Mantra (im Geiste, leise vor mich hin gemurmelt oder laut ausgesprochen – je nachdem, wie mir ist):

Ich lege mein Licht in Gottes Hände.

Ich lasse das Licht zum vorderen und zum hinteren Herzchakra ausströmen. Ich gehe immer tiefer in dieses Bild, in diesen Wunsch hinein und beobachte, was geschieht …

DAS STERBEN: DIE LÖSUNG DER SEELE VOM KÖRPER

Wenn wir sterben, geschieht im Grunde nichts weiter, als dass die Seele das für diese Inkarnation geliehene Gefäß wieder verlässt. Im Widerschein des gerade zu Ende gelebten Lebens und der Reste früherer Leben löst sich unsere geistige Existenz von allem Materiell-Irdischen. Bei diesem Loslösungsprozess erfährt unsere Seele die Hilfe und Unterstützung der geistigen Welt, in die sie nun wieder zurückkehrt. Sie lässt die energetisch dichte Dimension zurück und schwingt sich in die lichte, höher schwingende Dimension auf.

Unsere Geistführer begleiten uns unser gesamtes Leben lang als sehr unmittelbare Mittler zur geistigen Dimension – auch wenn sie, bedingt durch unsere individuelle Entwicklung, hin und wieder wechseln können. Sie sind wie gesagt vor allem auch bei unserem Abschied vom irdischen Dasein sehr dicht bei uns. Sie sind unter den dann gegenwärtigen Wesenheiten aus der geistigen Welt die energetisch dichtesten und am niedrigsten schwingenden Helfer und Begleiter. Daher sind sie am ehesten dafür geeignet, die Loslösung unserer energetisch-feinstofflichen Seele von der dichten materiell-irdischen Dimension zu begleiten.

Sie schneiden kurz nach Eintritt des physischen Todes – symbolisch – den letzten Faden durch, der unsere Seele noch mit unserem Körpergefäß verbindet, und übergeben die Seele an den Todesengel. Diese letzte Aufgabe unserer Geistführer ist zwar nur noch ein kurzer Akt, aber wichtig, um die Trennung zwischen der materiellen und der geistigen Ebene zu vollziehen.

Wir haben schon gesagt, dass der Todesengel eine sehr lichtvolle Energie ist. Er – beziehungsweise Aspekte von ihm – kommt entweder als reine leuchtende Energie zum Sterbenden oder nimmt auf feinstofflicher Ebene eine Gestalt an, was wir dann mit unserem inneren oder Dritten Auge sehen. Tritt er als Engel auf, sehen wir ihn gewöhnlich weiß leuchtend.

Wie auch immer seine Erscheinungsform ist, der Todesengel verbreitet durch seine Anwesenheit beim Sterbenden meist eine tiefe Ruhe und Frieden. Je verbundener wir in der Stunde unseres Todes mit dem Licht sind, desto leichter und desto mehr kann von dem lichtvollen Frieden, dem friedlichen warmen Licht, das der Todesengel ausströmt, in uns und damit auch in den Verlauf unseres Sterbens einströmen.

Die Energieanhebung für die Seele

Um die Energie der aus dem Körper entweichenden Seele wieder von dem dichten irdischen Niveau auf das höher schwingende der nächsten Dimension hinter dem Schleier zu erhöhen, sind zahlreiche weitere Geistwesen bei unserem Tod anwesend. Neben unseren Geistführern, Schutzengeln und dem Todesengel befinden sich zahlreiche lichtvolle Wesenheiten im Umkreis des Sterbenden. Sie sind selbst energetisch umso höher schwingend, je höher die Seele des Sterbenden selbst schwingt. Wie in einem stillen Gebet führen die anwesenden Lichtwesen ihre Energie zusammen. Sie bringen in der energetischen Dimension oder Ebene über unserer anfassbaren Welt ihre Schwingungen in einen Gleichklang und ziehen dann das Energieniveau immer weiter an. Dieser Vorgang ist in etwa vergleichbar mit einem zarten Summen, das sich langsam intensiviert und dessen Ton allmählich immer höher und lauter wird.

Manchmal können Menschen, die einen Sterbenden in den Tod begleiten, den Lufthauch eines Flügelschlags im Rücken spüren, das summende Gebet zur Energieerhöhung hören oder dessen Vibration fühlen. Dies ist ein großes Geschenk. Wer noch in Angst vor der spirituellen Ebene verhaftet ist, wird vielleicht ein Aufrichten seiner Nackenhaare wahrnehmen – und zwar kurz bevor der Sterbende seinen letzten Atemzug tut.

Auf diese Weise entsteht ein über dem Energieniveau der Erde schwingendes Feld im Umfeld des Sterbenden. Er selbst nimmt das zusammengeführte hochschwingende Licht sehr wahrscheinlich wahr. Es entspricht in etwa dem, was bei vielen Nahtoderfahrungen als das Licht beschrieben wird, in das die wieder Zurückgekehrten körperlos gegangen oder geführt worden sind. Das höhere Energiefeld wird meist als eine Art Tunnel wahrgenommen.

Durch dieses Feld hindurch kann unsere Geistführung unsere Seele wie in einem Energiestrom fließend an den Todesengel weitergeben. Der Todesengel wiederum führt die nun körperlose Seele durch den sonst trennenden Schleier in die nächste Dimension.

Wenn das Sterben auf spiritueller Ebene gut vorbereitet worden ist, der Sterbende eine Verbindung zum Licht hat aufbauen und halten können, er also im Vertrauen seine irdische Existenz loslassen konnte, dann geschieht diese Überführung der Seele ins Licht unmittelbar nach dem körperlichen Tod. Zuweilen wirkt aber auch die nicht zu ergründende Gnade Gottes hier hinein. Manche Seelen sind einfach schneller aus dem toten Körper entwichen als andere. Wer hinspüren will und kann, wird wahrnehmen, dass die menschliche Hülle dann nichts weiter mehr enthält. Der Leichnam ist nun wie leer. Er ist tatsächlich nur noch das leere Gefäß. Je nach Art und auch der Menge an Anhaftungen, die ein Mensch im Laufe seines Lebens angesammelt oder auch nur nicht losgelassen hat, kann der Übergang ins Licht aber auch Stunden oder Tage in Anspruch nehmen. Manche Anhaftungen sind so stark, dass keine vollständige Abtrennung der Seele vom Körper erfolgt.

Seelenanhaftungen

Die Ablösung der Seele beim Sterben kann infolge der unterschiedlichsten Bindungen mehr oder weniger stark erschwert sein. Solche Anhaftungen können von der Seele beziehungsweise dem Menschen selbst geschaffen worden sein. Das krampfhafte Festhalten am irdischen Leben, am Materiellen und der eigenen körperlichen Existenz etwa führt zu einem derart überstarken Verhaftetsein der Seele mit dem Gefäß und erschwert ihre Loslösung vom Irdischen und vom Körper. Aber auch wer in seinem Leben immer wieder Flüchen, negativen Gedanken, Worten und Taten wie Neid, Zorn, Ängsten oder anderen abfälligen Bewertungen zu viel Raum gegeben hat, hat dunklen Energien und somit den unterschiedlichsten Anhaftungen den Weg geebnet.

Von der Außenwelt werden solche Erschwernisse manchmal auch von Verwandten und Freunden des Sterbenden auf den Loslösungsprozess »aufgesetzt«. Dies geschieht beispielsweise, wenn wir den sterbenden Vater, Sohn oder Freund nicht gehen lassen wollen. Wenn die Trauer in ein Festhalten umschlägt, bilden diese anhaftenden Energien tatsächlich so etwas wie »Fäden« aus, die die Seele in ihrem Gefäß verankern. Dadurch wird sowohl dem Sterbenden selbst als auch seinen zahlreichen geistigen Helfern der Loslösungsprozess erschwert.

Eine andere Möglichkeit der äußeren Anhaftung ist, dass der Sterbende sich zuvor dunkle Energien und Wesenheiten angezogen, sie sich regelrecht »aufgesackt« hat. Das kann kurz zuvor im Rahmen des Sterbeprozesses geschehen sein oder aber auch schon sehr viel früher in seinem Leben.

Wenn wir das Licht und die Liebe in unserem Leben wenig oder überhaupt nicht gesucht haben, dann konnten sich dunkle Energien und Wesenheiten ungehindert in und an unseren energetischen Lücken – etwa in unserer Aura – festsetzen. Sie tun das bei fast allen Menschen mehr oder weniger häufig, doch sie müssen in der Regel weichen, sobald wir wieder ins Licht gehen, vielleicht sogar gezielt darauf hinarbeiten, zumindest aber wieder das Licht und die bedingungslose Liebe, Gott oder das Göttliche suchen.

Haben wir aber beispielsweise die letzten Monate oder Jahre unseres Lebens mit dem Hadern über unser Schicksal verbracht, wurde das Licht aus unserem Leben nahezu ausgeschlossen. Damit haben wir der dunklen Seite freien Zugang zu uns gewährt. Manche Menschen werden mit zunehmender Annäherung an ihren eigenen Tod grantiger oder verbitterter, auch wenn sie zuvor recht umgängliche Zeitgenossen gewesen waren. Solche Charakterveränderungen können die Auswirkung derart schattiger Anhaftungen sein.

Die Betroffenen können sich davon befreien, wenn sie im wahrsten Sinne des Wortes kapitulieren und ihr Aufbegehren sowie ihren Widerstand loslassen. Sie können die dunklen Energien mit aller Kraft fortschicken und um göttliche Gnade bitten und beten. Manchmal ist für eine solche Befreiung die Hilfe eines anderen Menschen notwendig, etwa weil die eigenen Kräfte nicht mehr ausreichen, um die manchmal sehr hartnäckigen beeinträchtigenden Energien und Wesenheiten fortzuschicken. Dann haben die Betroffenen immer noch die Möglichkeit, sich Hilfe von Menschen zu holen, die sich mit lichtvoller Heil- und Energiearbeit auskennen.

Die Folge all solcher Anhaftungen ist eine mehr oder weniger erschwerte Loslösung der Seele vom Gefäß. So kann es geschehen, dass sich nach Eintritt des physischen Todes eines Menschen eine Seele nicht vollständig aus ihrem »Gefährt« zu lösen vermag. Seelenteile mit weniger Anhaftungen können sich vom materiellen Gefäß trennen, während andere »Bruchstücke« noch im toten Körper verbleiben müssen. Meist können sie sich jedoch aufgrund eines Gnadenaktes irgendwann aus dem Irdischen lösen.

Solche »Bruchstücke« machen einen Großteil der umherirrenden Seelenanteile im Zustand zwischen Diesseits und Jenseits aus. Und diese Seelenbruchstücke sind es teilweise auch, die sich wiederum als Anhaftungen bei energetisch geschwächten Menschen in Form von »Besetzungen« aufdrängen können. Im Grunde suchen diese Anteile nur eine Art Erlösung ihres orientierungslosen Umherirrens zwischen den Welten. Sie versuchen auf ihre Weise, Kontakt zum irdischen Dasein zu bekommen. Erlösung können sie durch eine derartige Form der Bindung an eine irdische Seele allerdings nicht finden. Bestenfalls gelingt es ihnen, auf sich und ihren Zustand aufmerksam zu machen und mit Hilfe von Energiearbeit ihren Weg ins Jenseits geebnet zu bekommen.

Es gibt Landstriche auf der Erde, wo diese Seelenbruchstücke zuhauf umherirren. Dabei handelt es sich oftmals um Orte, wo massiv und geballt Unrecht geschehen ist, etwa Massenmorde im Rahmen kriegerischer Auseinandersetzungen. Umgangssprachlich reden wir bereits davon, dass diese Seelen nicht ihren Frieden gefunden haben.

Wenn wir uns an solchen Orten befinden und uns ein wenig für die Schwingungen öffnen können, werden wir eine große Unruhe und Verwirrung, vielleicht sogar die hier im morphogenetischen Feld gespeicherte Angst, Panik, Wut und Schmerz, in jedem Fall aber eine ungewöhnlich große Unklarheit wahrnehmen. Und bereits auf rein materiell-irdischer Ebene ist ein solcher Ort stets etwas trübe. Die Energie ist dumpf. Feinfühlige Menschen werden sich hier nicht niederlassen oder, wenn sie hier geboren sind, baldmöglichst fortgehen.

Wenn wahre Lichtarbeiter in eine solche Gegend kommen, werden sie nicht vor den schlechten Energien das Weite suchen, sondern es als ihre Aufgabe betrachten, auch diesen Teil der Erde zu heilen und ins Licht zu führen.

Die Entscheidung fürs Licht – jederzeit

Wenn wir all diese Gedanken und Darlegungen konsequent zu Ende führen, erahnen wir vielleicht, welche energetische Vergiftung der Atmosphäre wir zeit unseres Lebens bis zu unserem Tod verursachen – und zwar bereits mit jedem Gedanken und mit jedem Wort, nicht nur mit ausgeführten Taten. Und diese »geistige Umweltverschmutzung« wirkt sich ebenso hemmend oder gar schädigend auf die Abläufe unserer Erde aus wie etwa der viel zu hohe Kohlendioxidausstoß allein durch unsere weltweit eingesetzten Verbrennungsmotoren.

Diese Erkenntnis nimmt jeden Einzelnen in eine große Verantwortung. Denn jeder muss ganz allein nicht nur für seine Handlungen geradestehen, sondern auch für all das, was er über das gesprochene Wort und über seine Gedanken und Phantasien energetisch in die Welt bringt. Und jeder hat sein ganzes Leben lang Zeit und immer wieder die Gelegenheit, sich selbst zu klären, zu reinigen und all seine Schattenseiten abzuarbeiten. Es ist an uns, unsere Zeit dafür zu nutzen, das Lichtvolle auf der Erde zu vermehren: also zum einen nicht selbst zur geistig-energetischen Verschmutzung beizutragen und zum anderen, soweit wir es vermögen, für die Klärung und Reinigung der Erde zu arbeiten.

Wir haben Zeit dazu bis zu unserem Tod. Noch auf dem Sterbebett können wir lernen, von uns abzusehen und durch Meditationen und Gebete Licht auf die Erde zu holen. Wenn wir uns – und sei es in den letzten Augenblicken unseres irdischen Daseins – schließlich für den lichtvollen Weg öffnen, werden wir in der Anbindung an Gott auch unser eigenes Sterben als das wahrnehmen, was es ist: ein Teil des lichtvollen Wegs.

Um diese Möglichkeit zu eröffnen und um auf diese letzten Entscheidungen noch Licht zu geben, dafür sind die vielen lichtvollen Geistwesen und Helfer zum Sterbenden gekommen.

Und wenn wir berücksichtigen, dass jeder transformierte Schatten den energetischen Müll in unserer Erdatmosphäre vermindert, reicht die Tätigkeit der Lichtwesen erheblich über das Wohlergehen des Einzelnen hinaus. Denn es geht stets darum, die gesamte Erde ins Licht zu heben.

Das Hinübergehen ins Licht

Mit dem letzten Atemzug eröffnet sich für den Sterbenden auf der geistigen Ebene das Tor zum universellen Licht. Ob wir hindurchgehen durch die lichtvolle Öffnung, ob wir nur einen Blick hineinwerfen oder uns an unsere inneren Bilder und Vorstellungen halten, liegt in unserer Entscheidung.

Doch ist es so, wie es unter anderem die Tibeter in ihrem Totenbuch niedergeschrieben und uns als Hilfe für das Sterben zur Verfügung gestellt haben: Es fällt uns umso leichter, uns wach und offen für das Licht, für das Eine, für das Göttliche zu halten, je mehr und je intensiver wir es schon zu Lebzeiten geübt und in Besinnung, Meditation, Gebet und Versenkung praktiziert und damit geübt haben. Wenn wir damit vertraut sind, Licht zu fokussieren und durch uns strömen zu lassen, durch Kontemplation und Gebet unsere Schwingungsfelder energetisch zu erhöhen und dieses Niveau auch zu halten, dann wird uns der Übergang ins Licht und in die höheren energetischen Sphären leichtfallen, weil er uns selbstverständlich und folgerichtig vorkommt.

Haben wir im Augenblick unseres Todes, unseres letzten Atemzugs, unser Herz geöffnet, uns in tiefem Vertrauen in unseren Weg fallen lassen und uns unserer geistigen Führung überantwortet, werden wir mit großer Klarheit »hinübergehen« können. Auch wenn es für uns als Geschenk aus der geistigen Welt vorgesehen ist, kann uns dieser Transit mit eigener Vorbereitung leichter werden.

Falls wir uns hingegen aus unserem wachen Bewusstsein heraus ausklinken oder selbst noch über den Tod hinaus die vermeintliche Kontrolle haben und halten wollen, werden wir in einen Zustand geraten, der einer Ohnmacht ähnlich ist. Dann haben wir kaum Chancen, das wahrzunehmen, was während unseres Sterbens auf geistiger Ebene geschieht.

Wenn wir ein Brennen, eine tiefe Leidenschaft für das Göttliche spüren, zieht diese Energie das Geschehen zusammen, und wir erleben unseren Übergang ins Licht wie in einer Art Zeitraffer. Setzen wir hingegen alles daran, so lange wie möglich auf der Erde zu bleiben, und kämpfen wir um jeden Augenblick, dehnen wir die Zeitachse. Dies kann zum einen das Sterben selbst verlängern oder aber sogar zu einem grauenvollen Todeskampf führen.

Wir werden mit Eintritt des Todes mehr oder weniger mit unseren eigenen inneren Bildern und Vorstellungen in unverfälschter Intensität und Dichte konfrontiert. Je nach Umfang und Färbung unseres Karmas treten die entsprechenden Szenarien früherer Inkarnationen hinzu.

Wenn die Seele beim Sterben aus dem irdischen Gefäß heraustritt, entfaltet sich unsere ureigenste geistige Ebene wie durch einen untrügbaren, klaren Spiegel vor uns und in uns. Unsere ureigensten Ängste oder unser Vertrauen, unsere eigenen Wünsche, Vorstellungen und Bewertungen flankieren unseren Weg durch den Schleier. Auch hier wird wieder deutlich, dass wir selbst es sind, die wir unsere eigene Realität schaffen.

Das mag ebenso erklären, warum die Nahtoderfahrungen verschiedener Menschen trotz zahlreicher ähnlicher Elemente so unterschiedlich sind, vor allem aber auch individuell so verschieden empfunden werden. Die Erwartungen an den Tod sind bei jedem Menschen emotional anders gefärbt – ob dies nun bewusst oder unbewusst geschieht.

Versuchen wir, die Loslösung von unserem irdischen Dasein zu unterbinden und haften wir unserem körperlichen Gefäß oder unseren irdischen Erfahrungen an, geht die Leichtigkeit dieses Übergangs verloren. Je mehr wir in unseren Leben oder auch in unseren zurückliegenden Leben Anhaftungen angesammelt haben oder sogar noch im Sterben festhalten, desto schwerer wird der Trennungsprozess von Seele und Körper.

Wir sehen das universelle eine Licht, und wir zweifeln schon im gleichen Moment an unserer Wahrnehmung oder sind noch mit irdischen Belangen oder mit anderen Menschen beschäftigt – und schon entfernt es sich. Das heißt, unserem Gefühl nach zieht es sich zurück. Doch in Wahrheit sind wir es, die wir die Distanz schaffen. Unsere innere Haltung entfernt uns vom Licht. Zweifel, Unglauben und irdische Verhaftungen stellen sich wie ein Schirm dazwischen und schotten uns nun auch auf der feinstofflichen Ebene vom Licht ab – wie zuvor schon in unserer körperlichen Existenz auf der Erde.

Man kann jedoch nicht oft genug betonen, dass wir in jedem Moment die Möglichkeit haben, uns für das Licht zu öffnen – im Leben wie im Sterben. Öffnet uns der Anblick, das Erscheinen des Lichts und die von ihm ausgehende bedingungslose Liebe, Wärme und Geborgenheit, können wir uns jederzeit und augenblicklich wieder mit dem lichtvollen Weg verbinden.

Beim Übergang in den Tod ist dieses Fenster der Möglichkeiten für jeden Menschen besonders weit geöffnet. Es ist die göttliche Gnade, die uns hier zuteilwird. Es liegt nur an uns, sie auch anzunehmen. Wenn wir diese Chance nutzen, lösen sich unsere Abgetrenntheit, unsere Zweifel und Ängste augenblicklich auf.

Es widerfährt dem Gnade, der die Wendung hin zur Demut macht. Gott steht mit offenen Armen da, wir müssen uns nur in seine Obhut begeben.

Gelingt es uns, mit wachem Vertrauen der Trennung unseres Geistes, unserer Seele von unserem Körper entgegenzusehen, erblicken und erspüren wir ein sehr klares, helles und zugleich wohltuend warmes Licht, das manche schon in Meditationen oder in anderen Situationen als geistiges Geschenk erfahren haben.

Nun brauchen wir nur noch in Einverständnis und Vertrauen zu gehen und unsere irdische Existenz mit wacher Freude loszulassen. Vielleicht fällt uns noch ein Gebet, ein Mantra oder ein Bild ein, mit dem wir unserem Wunsch Nachdruck verleihen, alles loszulassen – oder besser noch unserem unbedingten Willen, ins Licht zu gehen. Möglicherweise überlassen wir uns aber auch einfach dem Sog des Lichts, das uns wie ein wärmender Mantel umhüllt, wenn wir es zulassen. Je lichter wir selbst sind – je mehr Licht wir in unserem zu Ende gehenden Leben und in unseren vorherigen Inkarnationen in uns hineingelassen und gehalten, auch je mehr Licht wir dadurch auf die Erde geholt haben –, desto leichter und selbstverständlicher wird die Verschmelzung mit dem Licht, in das wir nun geführt werden.

Spätestens jetzt spüren wir, dass wir nicht allein sind. Heerscharen von lichtvollen geistigen Wesen befinden sich um uns. Sie säumen unseren Weg und bilden zugleich den Lichtpfad. Begeben wir uns nun in die Hand unseres Todesengels, gleich, ob wir ihn als leuchtende Kugel, diffuses Strahlen oder weiß leuchtendes geflügeltes Wesen wahrnehmen. Alles sind nur Erscheinungsformen, die uns helfen sollen, im Licht und im Vertrauen zu bleiben.

Wenn wir unserem Todesengel ein wenig gefolgt sind – es ist wie ein fließendes Schweben –, spüren wir, dass wir unseren Körper, das geliehene irdische Gefäß, verlassen haben. In tiefem Frieden können wir auf ihn herabblicken, denn wir scheinen gleichsam über ihm zu schweben.

Wie es uns in vielen Berichten von Nahtoderfahrungen beschrieben wird, nehmen wir sehr fein wahr, hören, sehen, riechen und schmecken auch, was im Umfeld unseres zurückgelassenen Körpers geschieht. Ohne ihn sind unsere Sinne – nun nur noch energetisch-feinstofflich – sehr viel offener, wacher. Alles ist zugleich leicht und weich und sehr klar, selbst wenn auf der irdischen Ebene Ungutes passiert, sich etwa die Verwandten am

Sterbebett streiten oder weitere Menschen in unserer unmittelbaren Nähe zu Tode kommen. Indem wir uns für das Licht entschieden haben, gehen wir in den tiefen göttlichen Frieden ein.

Je leichter wir loslassen können, umso schneller entschwebt unser Bewusstsein diesem irdischen Szenario. Wie durch einen sanften Sog werden wir nun ins Licht gezogen. Gleichzeitig verstärkt sich auch unser eigenes Leuchten. Es ist ein unendlich warmes und friedliches Gefühl. Wir sind noch im Bewusstsein unserer selbst, mit den Inhalten, die uns als Person einmal ausgemacht haben. Aber wir spüren auch die alles umfassende Geborgenheit, die von dieser lichtvollen Einheit ausgeht.

Sind wir hier angekommen, ist jede Angst von uns genommen. Denn uns ist auf allen Ebenen klar, dass es keinerlei Grund oder Ursache für die Angst gibt. Alles ist leicht, alles fließt, und wir befinden uns nun nicht nur im großen Einverständnis, wir sind Teil davon. Wir sind nicht nur in der allumfassenden Liebe, wir gehören zu ihr. Wir sind gestorben, haben unser irdisches Dasein hinter uns gelassen. Es sind Licht, Wärme, Freude und Liebe, die uns nun erfüllen.

DIE SPIRITUELLE BEGLEITUNG EINES STERBENDEN

Es ist sehr hilfreich bei unserem Übergang ins Licht, wenn wir sowohl für die körperlichen als auch für die psychischen und seelischen Belange die Zeit für unsere Entscheidungen bekommen, die wir jeweils benötigen – also beim Sterbeprozess und beim Tod, aber auch bei der Loslösung unserer Seele vom Körper.

Für jeden Menschen sind die Prozesse individuell sehr verschieden. Was ich im Folgenden beschreibe, kann daher nur eine Annäherung sein. Wenn Sie hier Anregungen finden, sollten Sie sich selbst beziehungsweise den Menschen, den Sie beim Sterben begleiten, genau beobachten und überprüfen, ob und inwieweit das Gesagte für Sie zutrifft und welchen Gewinn Sie daraus ziehen können.

Als Begleiter haben wir zahlreiche Möglichkeiten, dem Sterbenden auf seinem Weg behilflich zu sein. Je nach unserem eigenen Glauben, unserer Religionszugehörigkeit oder spirituellen Orientierung stehen uns viele lichtvolle Rituale und Gebete zur Verfügung. Wir können jederzeit Elemente daraus auch in die hier vorgeschlagenen Begleitrituale einfließen lassen – wenn es gewünscht wird oder wir von unseren geistigen Begleitern oder denen des Sterbenden entsprechende Hinweise bekommen. Alles, was die Schwingung im Raum und das Licht um den sterbenden Menschen erhöht, wird hilfreich sein, denn es erleichtert der Seele das Loslassen und somit den Übergang in die rein geistige Existenz.

Respekt bis zuletzt

Wichtig ist es, dem gehenden Menschen und all seinen Wünschen, Bedürfnissen und Entscheidungen stets Respekt und Achtung zu zollen. Wenn der Sterbende zum Beispiel entgegen meinen eigenen Wünschen keine Gebete oder Mantren in seiner Gegenwart oder auch von fern zu ihm geschickt wünscht, gilt es, dies zu beherzigen. Und wenn es mir noch so sehr an (meinem) Herzen liegt, vielleicht auch, weil ich den sterbenden Menschen liebe und nur das Beste für ihn möchte: Will er nicht, dass ich spirituell für ihn arbeite, sollte ich das auch nicht tun.

Wir können und sollten niemals einen anderen auf einen unserer Vorstellung nach richtigen Weg des Umgangs mit dem Sterben, des Übergangs zwingen wollen. Jeder hat das Recht auf seine ganz eigene Art des Lebens, und jeder hat das Recht auf seine ganz eigene Art des Sterbens. Und jeder Mensch trägt dementsprechend seine ganz eigene Verantwortung für sein Tun und seine Entscheidungen. Er lebt und stirbt auch mit den entsprechenden Konsequenzen.

Uns als Begleitern des Sterbenden steht dazu keinerlei Bewertung an. Die Beurteilung findet an höherer und lichtvollerer Stelle statt. Wir können nur Vorschläge und Angebote machen – was er davon annimmt und wie er damit umgeht, ist allein seine Entscheidung. Schließlich geht es um ihn und sein Loslassen des irdischen Lebens.

Wenn sich der Dahinscheidende nicht mehr selbst äußern kann, weil er etwa schon ohne Bewusstsein ist, liegt es in unserer Aufmerksamkeit, zu erspüren, ob er auch wünscht, was wir ihm angedeihen lassen wollen – ob es auf der seelisch-energetischen Ebene ein Einverständnis dafür gibt. Für manche ist es sicherlich in ihrer Situation hilfreicher, wenn wir einfach schweigend bei ihnen sitzen, lediglich nur da sind und uns nicht mit spirituellen Ritualen und Gebeten für sie beschäftigen. Manchen ist es vielleicht sogar lieber, wenn wir nur hin und wieder nach ihnen sehen, weil sie in ihrem Zustand lieber allein sind. Respektieren wir den Menschen auf seinem letzten Weg. Lassen wir ihm seine Würde – bis zu seinem letzten Atemzug.

Um auf geistiger Ebene nach dem Einverständnis des Sterbenden zu fragen, sollte ich mich zunächst in meine Mitte bringen und meine eigenen Erwartungen und Vorstellungen erkennen und loslassen. Das kann ich beispielsweise durch eine Meditation wie die Prana-Atmung tun (siehe Seite 110). Auch alles andere, was mich mit dem Licht verbindet und hilft, mein Ego loszulassen, ist natürlich sinnvoll. Wenn ich mich dann an einen ruhigen und ungestörten Ort begebe und mit offenem Herzen die Geistführer und Schutzengel des Sterbenden frage, ob mein Einfall, mein Impuls, mein Vorschlag in dessen Sinne ist, werde ich eine Antwort erhalten. Ich kann die Frage zur energetischen Verstärkung auch laut aussprechen, etwa indem ich die Wesenheiten bitte, mir mitzuteilen, ob mein Vorhaben für den Sterbenden hilfreich und angemessen ist.

Ich werde innere Zeichen, manchmal auch deutlich ein Signal in der Außenwelt erhalten. Es ist zwar meist leise, aber sehr eindeutig. Das kann ein kleines oder größeres Licht oder ein in meinem Inneren aufscheinendes oder von außen kommendes Leuchten sein.

Eine Zustimmung zu meiner Frage drückt sich in aller Regel durch ein harmonisches und fließendes Zeichen aus und ist mit Wohlgefühl und Klarheit verbunden. Ein Nein äußert sich meist durch stockende Energie, die sich in irgendeiner Art von Unbehaglichkeit ausdrückt. Ich werde die Antwort erspüren.

Ich kann darauf vertrauen, wenn ich mit offenem Herzen gefragt habe.

Die energetische Reinigung der Umgebung

Es ist sehr hilfreich, den Raum um einen Sterbenden häufiger zu reinigen, um die energetische Atmosphäre in seinem Umfeld so klar und lichtvoll wie möglich zu halten.

Eine solche Reinigung betrifft zunächst natürlich konkret Staub und Schmutz, an denen sich bevorzugt dunkle Energien oder Wesenheiten anhaften. Aber auch die Kleidung des Sterbenden sollte möglichst täglich gewechselt werden, um nicht nur den Schweiß, eventuell Urin, Blut oder andere Ausscheidungen, sondern ebenso energetisch-feinstoffliche Ausdünstungen zu entfernen. Diese subtilen Abscheidungen spielen sogar eine wesentlich größere Rolle, denn die Seele des Sterbenden versucht, sich von den irdischen Anhaftungen zu befreien, so gut es geht. Auch wenn wir es als Außenstehende – und die werden wir im Sterbeprozess eines anderen immer sein – nicht mitbekommmen und selbst wenn der Sterbende offenbar nicht bei Bewusstsein ist: Soweit sie es vermag, reinigt sich die Seele von den emotionalen und energetischen Anhängseln des Lebens, das sie nun zurücklässt, von Erinnerungen, Gefühlen, Illusionen – dem, was wir manchmal so salopp als »Seelenmüll« bezeichnen. Dies geschieht durch teils für den Sterbenden selbst unbewusst ablaufende Transformationsprozesse. Sie hinterlassen entsprechende feinstoffliche »Schlacken«, die so weit wie möglich entfernt werden sollten.

Wie weitreichend dieser Reinigungsprozess ist, hängt natürlich davon ab, in welchem Umfang und in welcher Qualität der Sterbende im Laufe seines Lebens und seiner Entwicklung »Schlacken« und Anhaftungen angesammelt hat. Je gelassener er in den letzten Wochen, Tagen und Stunden seinem Tod entgegengehen kann, desto mehr dieser Anhaftungen hat er in seinem Leben bereits transformiert oder gar nicht erst angehäuft.

Diese weitestgehend anhaftungsfreie Geisteshaltung bis hin zum Tod können wir beispielsweise bei weisen Mitgliedern von Naturvölkern oder alten tibetischen Mönchen beobachten. Von ihnen könnten wir lernen, uns mit Selbstverständnis und im Einverständnis, in Ruhe und Gelassenheit auf unseren eigenen Tod vorzubereiten, indem wir uns schon früh in unserem Leben von vielem, was wir nicht wirklich für ein Sein aus dem Herzen heraus brauchen, loslösen und es abgeben.

Einige Menschen scheiden ihren emotionalen Ballast bevorzugt über ihre Fußsohlen, andere über die Ohren, den Atem oder andere Körperpartien aus. Daher kann es auch angezeigt sein, bei dem Sterbenden mehrmals täglich die Socken zu wechseln, die Ohren täglich zu reinigen oder den Mund häufiger gegen den üblen Geschmack auszuspülen. Fußmassagen wiederum können nicht nur zu seinem körperlichen Wohlbefinden beitragen, sondern auch seinen energetischen Reinigungsprozess unterstützen.

Wenn wir mit unseren offenen inneren Sinnen bei dem Sterbenden sind, werden wir die energetischen Ausdünstungen sehen, riechen oder auf sonst eine Weise mitbekommen, oder wir erhalten einfach den Impuls, eine bestimmte Maßnahme zu ergreifen. Folgen wir unseren Eingebungen, wenn sie zur Entlastung des Sterbenden beitragen.

Solange er ansprechbar ist, sollten wir selbstverständlich ihn selbst fragen, was er braucht und wünscht. Nimmt er bestimmte

Verunreinigungen nicht mehr wahr, bringen wir in Erfahrung, ob er mit den vorgeschlagenen Maßnahmen einverstanden ist.

Auch der Raum, in dem sich der Sterbende überwiegend aufhält, kann und sollte von energetischen Ausdünstungen, aber auch oftmals Einzug haltenden dunklen Energien oder Wesenheiten gereinigt und befreit werden. Sehr wirkungsvoll ist hier das Räuchern mit Weihrauch. Die reinigende und klärende Wirkung kann durch die Zugabe von etwas Kampfer noch erhöht werden.

Wenn der Sterbende den Weihrauchgeruch nicht verträgt oder ihn nicht mag, kann auch mit speziellen getrockneten Kräutern wie nordamerikanischem Salbei geräuchert werden. Wir können den Reinigungsprozess wie alle Maßnahmen durch Bitten und Gebete an unsere geistigen Helfer und an Gott unterstützen und verstärken.

Ist der Sterbende damit einverstanden, wird für das Räuchern auf einem Kohleplättchen in einer feuerfesten Schale Weihrauchharz verdampft. Es sollte sich dadurch ein möglichst dichter Rauch im Zimmer verbreiten. Die Fenster sowie die Türen bleiben daher zunächst geschlossen. Verteilt sich der Weihrauch nicht gleichmäßig im Raum, räuchern wir die von ihm ausgesparten Ecken, Winkel oder Stellen besonders intensiv, da sich hier sehr hartnäckige Fremdenergien aufhalten. Die Fenster werden zum gründlichen Durchlüften erst geöffnet, nachdem der Weihrauch so gut wie jeden Winkel erfüllt hat. Dann werden mit dem Rauch die Energie- und Transformationsschlacken – nicht nur die des Sterbenden, sondern auch all seiner Besucher und Pfleger – durch die weit geöffneten Fenster entlassen.

Die Klärung über die Aura

Darüber hinaus entlastet es den energetischen Reinigungsprozess des Sterbenden, wenn wir seine Aura zur Reinigung und Klärung energetisch ausstreichen. Denn so wie die Aura im Zuge unserer Geburt maßgeblich an Ausgestaltung, Aufbau und Funktion des menschlichen Körpers beteiligt ist, so dient diese Schnittstelle zu unserer energetisch-feinstofflichen Existenz ebenfalls beim Sterbe- und Loslösungsprozess.

Das Konzept von Aura-Soma stellt uns verschiedene Hilfsmittel zur Verfügung, das Energiefeld des Sterbenden zu reinigen, zu klären und gezielt zu stärken (siehe Glossar).

So können wir mit dem sogenannten Weißen Pomander aus der Reihe der Aura-Soma-Flüssigkeiten die Aura des sterbenden Menschen durch Ausstreichen reinigen. Beispielsweise lassen sich Transformationsschlacken, die in seinem individuellen Loslösungs- und Wandlungsprozess angefallen sind, auf diese Weise gut aus seinem feinstofflichen Energiefeld entfernen.

Für die Aurareinigung geben wir drei Tropfen des Weißen Pomanders in eine Hand und verreiben sie kurz zwischen den Händen. Dann streichen wir damit die Aura des Sterbenden aus, indem wir in geringem Abstand mit den Handinnenflächen um seinen Körper herumfahren – soweit es möglich ist in der besonderen Situation, in der er sich befindet. Die Bewegung unserer Hände sollte dabei nah am Körper erfolgen. Ähnlich, wie wenn wir ihn waschen. Verlassen unsere Hände dann beim Ausstreichen die Aura, können wir den energetischen Reinigungsvorgang unterstützen, indem wir das »Mitgenommene« abschütteln.

Mit der sogenannten Friedensflasche Nummer 2 (Blau über Blau) aus dem Balance-Set der Aura-Soma-Therapie können wir dem Sterbenden gegebenenfalls helfen, zu innerem Frieden zu gelangen. Auf der spirituellen Ebene hilft diese Essenz, Verbindungen herzustellen, und zwar sowohl zu den tiefen eigenen Aspekten als auch zur Anbindung an das universelle Prana, die Lebensenergie, das Licht. Blau gilt als Verbindung zwischen Himmel und Erde. Durch diese stärkere An- und Einbindung in die geistigen Dimensionen werden sich im günstigen Fall die Ängste des Sterbenden vor dem Unbekannten abmildern, das nun auf ihn zukommt, im Idealfall sogar auflösen. Aufgetragen werden etwa drei Tropfen der geschüttelten »Friedensessenz« im gesamten Halsbereich, großflächig im Bereich des gesamten Halschakras: vom unteren Haaransatz bis zur Höhe des Schlüsselbeins.

Eine noch stärkere Wirkung auf die Schritte des Übergangs hat die Balance-Öl-Flasche Nummer 96 (»Erzengel Raphael«). Ihre Farben sind Königsblau über Königsblau. Das Grundthema dieser Flasche ist der tiefe Friede. Die spezielle Zusammensetzung ihrer königsblauen Farbe mit den entsprechenden Düften soll Sicherheit für den Schritt in eine neue Dimension verschaffen. Ihre Energie hilft dabei, über die eigenen Gefühle hinauszugehen. Sie soll dabei helfen, schwer zugängliche Botschaften mit wacher Intuition zu verstehen. Deshalb wirkt sie auch besonders stark über das Dritte Auge. Sie wird den Weg unterstützen, zu innerer Ruhe zu gelangen. Angewandt wird das Aura-Soma-Öl auf der Stirn, wo auch das Dritte Auge liegt, und rund um den Haaransatz. Es kann ebenso an den Füßen des sterbenden Menschen appliziert werden, was sich besonders zur Unterstützung des Loslassens irdischer Anhaftungen empfiehlt, denn das Aura-Soma-Öl unterstützt die spirituelle Hingabefähigkeit.

Die Lichtbrücke

Die Schaffung eines störungsfreien, energetisch klaren Raums hilft der Seele des Gehenden, ihre Eigenschwingung für den Übergang zu erhöhen. Eine einfache, aber klare und wirkungsvolle spirituelle Begleitmethode ist die »Lichtbrücke«, die wir mental für den Sterbenden bauen können. Ich habe diese Form der Meditation von der hellsichtigen Nicole Schöfmann[7] gelernt.

Meditation: Die Lichtbrücke

Ich setze mich neben den Sterbenden, ohne direkten körperlichen Kontakt mit ihm aufzunehmen. Es kann auch ruhig ein räumlicher Abstand zwischen uns sein.

Ich atme zunächst durch mein Kronenchakra – die höchste Stelle meines Kopfes – weißes Licht ein und stelle mir vor, es in mein Herz strömen zu lassen. Ich brauche mich nicht zu wundern, wenn das Licht nach dem Einatmen in meine Brust oder im Verlauf der Meditation eine andere Farbe annimmt. Die geistige Welt unterstützt mich dann darin, mich mit der entsprechenden Energie aufzufüllen. Die Lichtenergie hilft mir, mich energetisch zu klären und zu stärken.

Ich atme das Licht ruhig und gleichmäßig weiter durch mein Kronenchakra ein und lasse es in mein Herz fließen. Nimmt das strömende Licht von selbst eine goldene Farbe an, bin ich schon bereit für den »Bau« der Brücke und kann mit der Meditation fortfahren. Bleibt es farbig oder weiß, atme ich zunächst einfach weiter und versuche dann, das weiße Licht in mein Herz einströmen zu lassen. Ich spüre, wie sich mein Brustkorb erweitert, und lasse dem Licht – gleich, welche Farbe es hat – allen verfügbaren Raum, sich in meiner Brust auszudehnen, mich auszufüllen.

Nun beginne ich, das eingeatmete und eingeflossene Licht mit jedem Atemzug durch das vordere Herzchakra in der Mitte des Brustbeins und das hintere Herzchakra auf der gegenüberliegenden Seite auf dem Rücken, etwa mittig zwischen den Schulterblättern, ausströmen zu lassen. Ich lasse mir Zeit und spüre mich in das Fließen der lichtvollen Energie hinein.

Wenn ich das Gefühl habe, dass ich die strömende Energie einigermaßen halten kann, lasse ich in Richtung auf den Sterbenden goldenes Licht aus meinem vorderen Herzchakra ausströmen und stelle mir vor meinem inneren Auge vor, dass dieses Licht eine Brücke aus goldenem Licht für ihn baut. Auch wenn ich dieses innere Bild vielleicht nicht halten kann, gebe ich das goldene Licht weiter in diese Vorstellung. Sie kann genauso gut ganz abstrakt bei den gedachten Worten »Ich baue eine goldene Brücke für …« bleiben. Auch hierbei lenkt die Absicht die Energie.

Wenn ich das Gefühl habe, dass ich genügend Energie in die goldene Brücke gegeben habe, bitte ich die Engel, dem Sterbenden bei seinem Übergang ins Licht zu helfen. Es kann auch sein, dass der hellleuchtende Todesengel wie von selbst in meinem inneren Bild auftaucht oder ich ihn deutlich anwesend im Raum mit dem sterbenden Menschen spüre. Alle meine Wahrnehmungen sind in Ordnung. Sie haben – wie meist – eher etwas mit meiner eigenen spirituellen Entwicklung, meiner eigenen Offenheit und Glaubenskraft zu tun als mit dem, was tatsächlich auf der energetisch-feinstofflichen Ebene geschieht.

Doch bei dieser Meditation geht es ja nicht um mich, also lasse ich alles los und wünsche der Seele des Sterbenden bei ihrem Übergang das Höchstbeste, indem ich in Gedanken etwa die Worte formuliere: »Ich bitte um das Höchstbeste für ... und bitte die Engel, seine/ihre Seele gut zu begleiten.«

Auf der feinstofflichen Ebene wird durch den Aufbau dieses energetischen Bildes die Energie für die im Gehen befindliche Seele des Sterbenden angehoben. Die Energieanhebung ist wie eine Hand, die die Seele eine Stufe auf der Treppe ins Licht hinaufhebt.

Wie weit der sterbende Mensch, selbst wenn wir das Beste für ihn wollen, diese »goldene Brücke« annimmt, bleibt ganz ihm überlassen. Wir können ihm und seiner Seele mit dieser Meditation nur ein Angebot machen. Also dürfen wir nach Beendigung der Meditation wieder alles loslassen.

Bitten und Gebete

Uns stehen auch als begleitende Menschen noch weitere spirituelle Unterstützungsmöglichkeiten für den Loslass- und Transformationsprozess des Sterbenden zur Verfügung.

So kann ich die gehende Seele des sterbenden Menschen zum Beispiel durch Mantren und Gebete stärken, ähnlich wie es etwa im Totenbuch der Tibeter überliefert ist.

Die nun aufgeführten Gebete und Mantren liefern der Seele

des Sterbenden bei ihrer Rückkehr in die energetisch-feinstoff-liche Welt eine Orientierung für ihren Weg ins Licht. Ich kann – wenn der Sterbende damit einverstanden ist – den Text an seiner statt laut vorlesen oder vorsprechen:

Ich bitte meine Geistführer, meine Schutzengel, meine Krafttiere, alle meine anderen lichtvollen Begleiter und Gott, den Höchsten des Universums, mir in den letzten Tagen und Stunden auf der Erde bei-zustehen. Ich bitte euch, helft mir, den Weg ins Licht zu finden.

Ich bitte euch, helft mir, meinen Körper loszulassen, und ebenso in aller Liebe meine Familie und meine Freunde.

Bitte helft mir, meine Erwartungen, meine Zweifel, mein alles selbst bestimmen wollendes Ego loszulassen.

Bitte helft mir, das Dunkle in mir zu erkennen und es zur Um-wandlung in eure und Gottes Hände zu legen.

Bitte helft mir, das Dunkle um mich zu erkennen. Helft mir, mich nicht von meinen inneren und äußeren Dämonen verführen zu las-sen, sondern stets das Licht zu suchen.

Ich kann als Begleiter zu den folgenden Zeilen als unterstüt-zende Geste gegebenenfalls vom Herzen aus die Hände mit nach oben zeigenden Handinnenflächen zum symbolischen Herge-ben ausstrecken:

Ich lasse meine Ängste los.
Ich lasse meine Wut und meinen Zorn los.
Ich lasse meine Trauer los.
Ich lasse mein Grübeln los.
Ich lasse meinen Hochmut los.
Ich lasse mein Misstrauen los.
Ich lasse meine Zweifel los.

Ich lasse meine Wünsche los.

Ich lasse meine Erwartungen los.

Ich lasse meine Begierden los.

Ich lasse meinen Stolz los.

Ich lasse alles los.

Ich gebe alles ab an den Erzengel Gabriel und bitte ihn, all diese Anhaftungen zu transformieren.

Nun können Sie als unterstützende Geste die Hände wie einen Trichter bittend nach oben strecken, um symbolisch das Licht Gottes aufzunehmen. Es kann als Licht, als weißes oder farbiges Leuchten, als zartes Vibrieren oder als sanfte Wärme wahrgenommen werden. Weiter können Sie beten:

Ich bitte meine Geistführer, meine Schutzengel, meine Krafttiere, alle meine anderen lichtvollen Begleiter und Gott, den Höchsten des Universums, helft mir, weiter im Vertrauen auf dem lichtvollen Weg zu bleiben.

Bitte helft mir, das Licht zu erkennen und den Weg zurück zu Gott zu finden.

Ich bitte um die Gnade des Lichts.

Bitte helft mir, mein Dasein auf der Erde loszulassen und in Frieden zu gehen.

Ich war Licht, und ich bin Licht, und ich werde Licht.

Ich bin ein reines, lichtes Wesen.

Ich war Licht, und ich bin Licht, und ich werde Licht.

Ich danke Gott für das Geschenk dieses Lebens.

Ich war Licht, und ich bin Licht, und ich werde Licht.

Ich lege mein Licht in Gottes Hände.

Ich lege mein Licht in Gottes Hände.

Ich lege mein Licht in Gottes Hände.

Wir können auch nur Auszüge aus diesen Texten sprechen. Ich kann das Gebet ebenso gut wie ein Mantra mehrfach wiederholen. Energetisch sehr wirksam sind dreifache und siebenfache Wiederholungen.

Der Moment des Todes

Wenn sich der Zeitpunkt des Todes nähert, sollten wir uns als Sterbebegleiter so weit wie möglich zurücknehmen, und zwar unabhängig davon, ob wir Lebenspartner, Familienmitglieder, Freunde oder Fremde sind. Bieten wir dem Sterbenden den größtmöglichen Freiraum für seine eigene Art hinüberzugehen.

Es sei denn, er wünscht sich klar und unmissverständlich, dass er uns ganz nah bei sich haben will, vielleicht weil er Angst hat, ihm kalt ist – oder einfach nur, weil er uns noch einmal spüren, uns bei sich haben möchte.

Auch wenn wir ganz dicht neben ihm auf dem Bett sitzen, sollten wir uns innerlich sehr zurückhalten und, so gut es uns gelingt, unsere Worte, aber auch unsere inneren Bilder zügeln. Viele Worte verwirren meist eher, als dass sie hilfreich sind. Aber auch hier gibt es keine allgemeingültige Regel. Denn mancher möchte vielleicht mit Geschichten und Erzählungen oder mit einem gesummten oder gesungenen Lied in seinen Übergang eingestimmt werden – etwa wie ein Kind, dem eine Gutenachtgeschichte hilft, seinen Alltag loszulassen und sich dem Schlaf hinzugeben.

Vielleicht möchte der Sterbende, dass wir seine Hand halten oder seinen Arm berühren. Wenn wir unsicher sind, ob dies tatsächlich sein Wunsch ist, probieren wir es einfach kurz und sanft aus. Wir werden spüren, ob diese körperliche Nähe gewünscht ist oder nicht. Achten wir nun besonders auf die kleinen und feinen Signale des Gehenden. Vielleicht reicht es ihm, wenn wir für eine Minute seine Hand halten, dann kann ihm der Kontakt mit unserer Energie aber zu viel werden. Nehmen wir nichts persönlich. Würden wir uns nun mit vermeintlichen Abweisungen und Kränkungen beschäftigen, tauchten wir lediglich in unser Ego ein und ließen den Menschen, für den wir da sein wollen, ganz und gar allein.

Wenn sein Herz den letzten Schlag getan hat, wenn seine Lungen den letzten Atem freigeben, bleiben wir möglichst in Ruhe in unserer Position. Falls wir uns zu nah an dem nun toten Körper fühlen, können wir natürlich etwas abrücken. In jedem Fall sollten wir jedoch Ruhe und Gelassenheit bewahren und nicht sogleich aufspringen und glauben, irgendetwas erledigen zu müssen.

Bleiben wir sitzen oder stehen, wo wir gerade sind, wenn wir das Erlöschen der Lebensfunktionen des Körpers bemerken. Aufkommende Unruhe können wir gegebenenfalls mit sanfter, aber bewusster Atmung in unseren Solarplexus besänftigen. Es wäre schön, wenn wir die Energie um den toten Körper für eine Weile ruhig halten könnten, damit sich die nun entweichende Seele leichter auf ein höheres Energieniveau einschwingen kann. Lassen wir die Seele frei ziehen. Und lassen wir die geistige Welt die notwendige und dafür vorgesehene Arbeit tun.

Nachdem wir uns in den letzten Tagen und Stunden meist schon Stück für Stück aus dem direkten Kontakt mit dem nun verstorbenen Menschen zurückgezogen haben, lassen wir ihn jetzt ganz los. Vor allem, wenn wir dem Verstorbenen sehr nahe standen, kann es uns helfen, dazu eine Art Beobachtungsposition für die Seelenloslösung und ihren Übergang einzunehmen.

Vielleicht schließen wir nun die Augen und versuchen, in das hineinzuspüren, was sich hier im Umfeld des Toten an Energetischem und Feinstofflichem abspielt. Wir spüren womöglich, dass das Sterbezimmer mit ungewohnten Energien angefüllt ist. Vielleicht »sehen« wir vor unserem inneren Auge, dass etwas aus dem Körper entweicht. Oder aber der Raum bleibt für uns still und ruhig, unverändert, und wir sind einfach da. Wir sollten in jedem Fall ausgeglichen sein, um den Übergang so wenig wie möglich zu beeinflussen. Wenn wir die Situation nicht ertragen können, dürfen wir den Raum selbstverständlich auch erst einmal verlassen.

Wir werden in aller Regel spüren, wann wir uns wieder normal in dem Sterbezimmer bewegen und handeln können. Wenn wir eine energetische Unruhe im Umfeld des toten Körpers spüren, kann es auch ratsam sein, ihn zur Ablösung seiner Seele erst einmal für mehrere Stunden allein dort zu belassen. Falls wir es möchten, können wir dem Sterbenden mit unterstützenden Bitten und Gebeten oder der Meditation der »Lichtbrücke« beim Übergang helfen (siehe Seite 134).

Nachträgliche spirituelle Begleitung

Wir können einem Menschen oder Tier beziehungsweise ihrer Seele auch noch verspätet unsere spirituelle Begleitung, unsere Unterstützung für den Übergang ins Licht zukommen lassen, selbst viele Jahre nach ihrem physischen Tod. Zeit ist in anderen Dimensionen nämlich nicht der lineare Faktor, den uns unsere irdischen Parameter nahelegen. Vergangenheit, Gegenwart und Zukunft sind beides: nacheinander und gleichzeitig (siehe das Kapitel »Lebenszeit – Dehnung und Zusammenziehen von Raum und Zeit«).

Daher können wir auch noch nach Jahren für einen Verstorbenen bitten und beten – wenn wir etwa erst im Nachhinein von seinem Tod erfahren haben. Die gutmeinende Energie wird ankommen und das Ihre für den lichtvollen Weg der Seele des Verstorbenen tun.

Wir können dabei eventuell auch spüren, dass der Übergang ins Licht für einen Verstorbenen noch nicht abgeschlossen ist. Es wird dann auch noch Tage oder Wochen, manchmal sogar Jahre nach dem Tod eines Menschen oder Tiers etwa die »Lichtbrücke« für sie hilfreich sein (siehe oben). Diese meditative Übung kann generell helfen, wenn eine Seele den Übergang in die nächste Energieebene noch nicht ganz geschafft hat. Mancher Seele kann so ein Aufenthalt in Zwischenreichen erspart bleiben.

An dieser Stelle möchte ich eine Geschichte wiedergeben, die mir ein Bekannter vor einigen Jahren erzählt hat. Sie verdeutlicht, wie sich ein unvollständiger Übergang äußern kann und welche Möglichkeiten wir haben, mit manchmal doch recht einfachen Mitteln auch noch nach Jahren behilflich zu sein:

Meine Großmutter hat mich vor Jahren auf ungewöhnlich eindrückliche Weise auf ihren zwischen den Welten verlorenen Zustand aufmerksam gemacht.

Ich fühlte mich zu dieser Zeit immer mal wieder auf völlig unerklärliche Weise »wie durch den Wind«. Ich war extrem fahrig und konnte mich kaum noch auf irgendetwas konzentrieren. Ich fühlte mich zeitweise nicht mehr wie ich selbst, ohne dass ich dieses Gefühl irgendwie näher hätte erklären können.

Da ich meinen seltsamen Zustand nicht begreifen, geschweige denn verändern konnte, fragte ich meinen damaligen hellsichtigen spirituellen Lebensberater um Rat und Hilfe. Er konnte sogleich sehen, was auf der energetischen Ebene los war. Meine Großmutter war mit ihrem Tod Jahre zuvor überhaupt nicht einverstanden gewesen und hatte sich, statt ins Licht zu gehen, mit ihrem Hadern stark an das Irdische angeheftet. Dies hielt sie im Zwischenreich fest, im Energiefeld zwischen der Erde und dem Jenseits. Ein wenig wollte sie jetzt wohl schon hinübergehen, ein bisschen wollte sie aber auch noch bleiben.

Meine Großmutter hatte sich mit ihrem schon zu Lebzeiten stets etwas verwirrten Geist regelrecht auf meinen »draufgesetzt«. Sehr typisch für solch eine Art »Seelenbesetzung« ist die Kombination von ungewöhnlichen Persönlichkeitserscheinungen mit einem seltsamen, kaum beschreibbaren Gefühl der Fremdartigkeit sich selbst gegenüber. Tatsächlich hatte ich ja auch eine fremde Seele »aufsitzen«.

Aus ihrer Sicht war die Angelegenheit sehr einfach: Wie sonst sollte sie wohl auf ihren Zustand aufmerksam machen?

Der sehr hoch schwingende medial begabte Mann schlug mir daraufhin ein Ritual für die Seele meiner Großmutter vor, um ihr den Weg hinter den Schleier zu ebnen, um ihr mit nun einigen Jahren Verspätung den endgültigen Übergang ins Licht zu ermöglichen. Es war ganz einfach: Er riet mir, meiner Großmutter violettes Licht zu schicken. Heute weiß ich, dass violettes Licht die Schwingung erhöht und für spirituelle Klarheit sorgt. Ich schickte ihr in meiner Vorstellung dieses violette Licht – damals noch etwas befremdet und zweifelnd, aber dennoch in meiner Experimentierfreudigkeit so intensiv, wie ich es seinerzeit vermochte.

Und tatsächlich war ich schon am nächsten Tag wieder so klar wie lange nicht mehr und konnte mich auch wieder auf alles konzentrieren. Auch das Fremdgefühl war mitsamt der Verwirrung ver-

schwunden. Meine Großmutter – vielmehr ihre Seele – hatte nun vollständig die irdische Dimension verlassen, die sie aufgrund ihres vermeintlich unerfüllten Lebens kaum hatte loslassen können. Endlich war sie nach all den Jahren ins Licht gegangen.

Wir können auch hilfreich mit unseren Gebeten und Ritualen sein, wenn wir beispielsweise an einem schweren Verkehrsunfall vorbeifahren oder von einer Katastrophe erfahren, bei der Menschen und Tiere ums Leben gekommen sind. Wir können für ihre Seelen um einen leichten und geführten Übergang ins Licht bitten. Auch bei solchen Katastrophen können wir gegebenenfalls auf der geistigen Ebene die »Lichtbrücke« errichten, um den Seelen ihren Weg zu erleichtern. Wir verbinden uns dann mit dem Einen. Wir sind eins. Wir sind eine Schöpfung. Wir sind alle aus demselben Licht geschaffen.

Wenn Kinder sterben

Wenn Kinder sterben, trifft es uns als Eltern, Verwandte, Freunde oder auch Außenstehende meistens besonders schwer. Wir haben das Gefühl, dass die kleinen Menschenwesen ihr Leben kaum begonnen haben und es nun schon wieder viel zu schnell verlieren. Ein Neugeborenes oder ein sieben Jahre altes Kind hat natürlich das Leben noch nicht in seiner großen Zeitspanne gelebt. Doch auch das Schicksal eines sterbenden Kindes, das Schicksal dieser Seele, liegt in der Hand des Schöpfers. Selbst wenn wir uns das kaum vorstellen können: Auch dieser kurze Lebensweg mit seinem frühen Ende wurde auf geistiger Ebene abgesprochen. Wie alle Lebensprozesse ist der Tod eines Kindes in der Akasha-Chronik niedergelegt.

Daher sollten wir unser Mitgefühl, unsere Liebe und unsere

Kraft nicht in sinnloses Hadern mit dem für uns unergründlichen Lebensweg, sondern lieber in eine dem Kind zugewandte Begleitung hineingeben. Schicksal und Gnade liegen nicht in unseren Händen. Allerdings ist es an uns, wie wir einem sterbenden Kind bei seinem Abschiednehmen und Loslassen zur Seite stehen und helfen.

Scheuen wir uns nicht, uns dem Tod unseres geliebten Kindes zu stellen. Wenn wir als Eltern oder Betreuer die Endgültigkeit des nun vor uns liegenden Abschieds leugnen, tun wir nichts anderes, als das Kind mit seiner Situation allein zu lassen. Kinder wissen oder ahnen mit großer innerer Deutlichkeit, dass ihr Leben zu Ende geht. Sie spüren meist mit Klarheit, dass sie bald gehen müssen, auch wenn sie dies nicht für uns sichtbar und verstehbar aussprechen oder vorzeigen. Wir können einem sterbenden Kind gegenüber daher meist sehr offen und ehrlich sein.

Es sind in erster Linie die zunehmenden körperlichen Beeinträchtigungen und die Schmerzen im Verlauf und letztlich der Zuspitzung ihrer tödlichen Krankheit, die den Kindern zu schaffen machen. Versuchen wir, ihnen diesen letzten Abschnitt ihres kurzen Wegs so leicht wie möglich zu gestalten. In jedem Fall sollten wir uns als Eltern oder Betreuer für die ausreichende bis großzügige Gabe von Schmerzmitteln einsetzen. Hilfe und Unterstützung erhalten Betroffene in den eigens dafür ins Leben gerufenen Kinderhospizen sowie in Palliativstationen und -kliniken.

Wenn wir im Umgang mit einem sterbenden Kind – wie letztlich auch mit einem sterbenden Erwachsenen – dazu neigen, die unausweichliche Tatsache des bevorstehenden Übergangs zu verdrängen oder gar zu ignorieren, sollten wir uns fragen, wie groß unsere eigene Angst vor dem Tod ist. Sind wir damit beschäftigt, eigene Ängste durch alle möglichen Aktivitäten zu kaschieren? Sehen wir noch, wie es dem betroffenen Kind geht, was es wirklich braucht?

Natürlich sollten wir nichts unversucht lassen, um unserem Kind bei seinem Heilungsprozess behilflich zu sein – das steht außer Frage. In diesem Fall geht es bei der Heilung jedoch um das Annehmen dessen, dass es keine Möglichkeit der Heilung mehr gibt, es geht um die Akzeptanz des Endes, des bevorstehenden Übergangs.

Um als Eltern, als Bekannte oder professionelle Betreuer ein sterbendes Kind begleiten zu können, müssen wir zunächst unsere eigene Betroffenheit, unseren eigenen Kummer wahrnehmen und annehmen, ihn dann aber loslassen, so gut wir können. Denn wenn wir darin verbleiben, empfangen wir wie durch einen zähen Schleier nur noch ein Zerrbild des Kindes und seiner Bedürfnisse und Wünsche.

Machen wir uns offen für das, was das Kind nun wirklich möchte oder braucht. Und lassen wir alles los, was unseren Projektionen nach jetzt gut für das Kind wäre. Fragen wir vor allem immer wieder das Kind selbst, was es möchte. Und nehmen wir ernst, was es noch erledigen, lernen oder – falls möglich – erleben möchte. Versuchen wir, mit den uns zur Verfügung stehenden Mitteln und Möglichkeiten das zu erfüllen, was erfüllbar ist.

Vielleicht will das sterbende Kind noch einmal den kleinen Elefanten im Zoo sehen. Versuchen wir dann, einen Rollstuhl zu beschaffen und einen solchen Zoobesuch zu organisieren. Vielleicht möchte es aber auch gar nichts unternehmen, sondern wünscht sich im Gegenteil sehnlichst Ruhe, damit es sich auf sein Inneres oder was auch immer besinnen kann. Möglicherweise ist es völlig verschlossen und in sich gekehrt, oder es unterliegt extremen Wechseln von Übellaunigkeit und Euphorie oder gibt sogar uns die Schuld an seinem Schicksal.

Sehen wir auch in solchen Situationen von unseren eigenen Gefühlen und Vorstellungen ab. Das Kind will uns nicht verletzen, indem es uns vielleicht ausgrenzt oder beschimpft. Es ist mit den ihm zur Verfügung stehenden Möglichkeiten auf seinem ganz eigenen Weg, es orientiert sich in der neuen Situation, so gut es das kann. Vielleicht gelangt es in diesen letzten Lebensschritten auch zu einer Reife und Gelassenheit, über die wir uns als Erwachsene nur wundern können. Oder es bleibt ängstlich und will von uns beschützt werden. Möglicherweise steht es auch schon in intensivem Kontakt mit der geistigen Welt, spricht etwa mit Engeln oder mit Gott und kommt uns manchmal sehr sonderbar und fremd vor.

Versuchen wir als Eltern, Großeltern, Verwandte oder Freunde gar nicht erst, alles verstehen zu wollen, was in dem sterbenden Kind abläuft. Wir können es nicht. Das ist meistens auch nicht von Bedeutung – weder für uns noch für das Kind. Bedenken wir, dass die wenigsten Menschen überhaupt in der Lage sind, von sich und ihren eigenen Vorstellungen, Ängsten und Wünschen abzusehen. Daher interpretieren wir häufig unsere eigene Innenwelt in andere hinein.

Mit dem Kind steht jedoch eine eigenständige Seele vor uns, mit ihrem ganz individuellen Weg des Kommens und Gehens, des Fühlens und des Denkens, des Lebens und des Sterbens. Wir können nur – aber das sollten wir als verantwortungsvolle Erwachsene tun – das sterbende Kind begleiten und ihm jede erdenkliche Hilfe anbieten. Wie bei sterbenden Erwachsenen liegt die Entscheidung, was es von wem annimmt, ganz allein bei ihm. Seine Bedürfnisse stehen im Vordergrund und nicht unsere Wünsche oder Hilfsangebote.

Manche Kinder weisen auch eine ungewöhnliche mentale Stärke auf. Sie neigen kaum dazu, durch Zweifel und Zögern ihr Selbstbewusstsein zu zersetzen, sondern sie gehen meist mit großer Klarheit und Zielgerichtetheit durch ihr Leben. Ihre Unverstelltheit macht den Umgang mit ihnen allerdings nicht immer einfach. Für uns Erwachsene manchmal erstaunlich, fürchten sich diese Kinder häufig gar nicht so sehr vor dem Tod. Sie betrauern zwar ihr eigenes frühzeitiges Weggehen. Aber weil sie selbst dem Licht noch so nah und verbunden sind, haben sie meist ein ausgeprägtes Bewusstsein, zumindest aber eine tiefe innere Gewissheit dafür, dass der Tod nur den Übergang in dieses Licht, in einen Zustand von Frieden und Aufgehobensein beschreibt.

Wenn solche energetisch sehr starken Kinder – wie etwa die sogenannten Indigokinder (siehe Glossar) – auf ihren frühzeitigen Tod zugehen, brauchen sie häufig noch mehr Freiraum und Respekt als sonst für ihren oft sehr eigensinnigen Weg. Dann sind wir als Begleiter meist besonders intensiv gefordert, mit der Willensstärke und Klarheit dieser Kinder zurechtzukommen, uns so weit wie möglich zurückzuhalten, aber dennoch einen Rahmen von Achtsamkeit und Gehaltenwerden für das sterbende Kind zu schaffen. Spirituell wache Kinder haben selbst meist sehr klare Vorstellungen davon, was sie noch in ihrer verbleibenden Lebenszeit tun und erledigen möchten. Helfen wir ihnen dabei.

NACH DEM TOD

Nach dem physischen Tod findet nun der eigentliche Loslösungsprozess der Seele vom Körper des Verstorbenen statt. Geben wir diesem Vorgang als Begleiter, Verwandte oder Freunde Zeit und Ruhe und energetische Klarheit, so gut es uns möglich ist. Dies ist der letzte Dienst, den wir dem Verstorbenen noch erweisen können – ihm den materiellen sowie energetischen Raum für seinen Übergang ins Licht zu verschaffen.

Wenn die Seele ihren feinstofflichen Weg gegangen ist, bleibt auf der Erde nur noch die leblose Hülle aus zerfallender Materie zurück. Wie gehen wir als Hinterbliebene nun mit dem einst geborgten Seelengefäß des Verstorbenen um? Bleibt uns und seinen Verwandten und Freunden noch genügend Zeit, um uns von dem Verstorbenen zu verabschieden? Haben wir noch eine Möglichkeit, mit seiner Seele irgendeine Form des Kontakts aufzunehmen, oder ist sie uns unwiderruflich entschwunden?

Die letzten Schritte für den Toten

Der Leichnam des Verstorbenen sollte wenigstens über Nacht an einem möglichst kühlen und ungestörten, ruhigen Ort aufgebahrt werden, wenn es die äußeren Bedingungen (Krankenhaus, Altenheim, Klima) und inneren Voraussetzungen zulassen (etwa die eigenen emotionalen Kräfte der begleitenden Familie und Freunde), sogar für drei Tage.[8] Diese Zeit dient dazu, dass sich sowohl die Seele des Verstorbenen als auch seine Verwandten und Freunde in Ruhe von der körperlichen Existenz verabschieden können.

Die notwendige Aufbewahrungsdauer, also die Zeit für die letzten Loslösungsschritte des Verstorbenen, richtet sich danach, wie weit er sich selbst auf seinen Tod vorbereitet hat und wie sehr er mit diesem Schritt einverstanden war. Wenn sich der Gehende mit Vertrauen in seinen Übergang hineinbegeben konnte, kann die Seele schnell loslassen.

Wer mit sich und mit Gott im Reinen ist, wird sich sehr rasch auf den Weg in die geistige Dimension machen. Er wird ohne Vorstellungen eines Verlusts das Materielle loslassen. Im Gegenteil werden ihn sogar immer größere Wärme, Freude und Liebe erfüllen. Wenige Stunden reichen meist aus, damit sich eine solch weit entwickelte Seele von ihrem irdischen Gefäß abtrennen und es verlassen kann und fast wie ein fließendes Licht durch den Schleier hinübergeht.

Die meisten Menschen werden mit mehr oder weniger starken Anhaftungen zu tun haben. Ängste, Zweifel und Misstrauen, aber auch übermäßige Euphorie oder überhöhende Selbstgerechtigkeit prüfen uns auch nach unserem letzten Atemzug weiter: unseren lichtvollen Weg, unser Vertrauen in das Eine, in das Göttliche. Diese prüfenden Anhaftungen tauchen als Bilder, Gedanken und Gefühle bereits während unseres Sterbeprozesses auf und begleiten nun unsere Seele auf ihrem Weg hinaus aus der irdisch-materiellen Dimension. Auch auf der rein geistigen Ebene muss sich die Seele nun laufend für das Lichtvolle entscheiden.

Als Sterbebegleiter und Hinterbliebene können wir der Seele des Verstorbenen trotz unseres irdischen Daseins bei der ersten Wegstrecke ins Licht behilflich sein. Denn auch jetzt manifestieren wir mit unseren Gedanken, Gefühlen und Handlungen Energie, schaffen wir Wirklichkeit.

Halten wir an dem Toten fest, wollen wir ihn nicht gehen lassen, weil wir ihn etwa noch auf der Erde zu brauchen meinen, hat dies auch Auswirkungen auf energetischer Ebene. Wir erschweren der Seele dadurch tatsächlich das Loslassen des Körpers.

Wir können dem Verstorbenen aber auch aktiv den Übergang ins Licht erleichtern. Unter anderem tun wir das, indem wir für eine achtsame und energetisch möglichst reine Totenruhe sorgen. Wie beim Sterben selbst kann es auch nun hilfreich sein, den Raum, in dem der Tote aufgebahrt wird, durch Räuchern mit Weihrauch zu reinigen und zu klären. Damit unterstützen wir die klaren Energien des Loslassprozesses.

Darüber hinaus können wir durch Mantren und Gebete, mit lichtvollen Liedern oder anderen Ausdrucksformen unserer guten Wünsche für den Toten die energetische Schwingung im Raum erhöhen. Wer darin geübt ist, kann diesen Vorgang durch Meditation oder Licht- und Heilarbeit noch verstärken. Eine zusätzliche Möglichkeit ist es beispielsweise auch hier, durch meditatives Visualisieren für die Seele die Lichtbrücke zu bauen (siehe Seite 134). Vor unserem inneren Auge können wir sie uns wie eine Brücke vorstellen, die vom Körper des Toten in das Licht führt. Wenn wir darum bitten, werden uns unsere geistigen Helfer und die des Toten dabei behilflich sein.

Durch eine solche Energieanhebung im Raum schaffen wir für die Seele des Toten eine subtil-feinstoffliche Umgebung, die sie bei ihren nächsten Schritten mitträgt. Von der Trennung vom Körper über die Abholung durch den Todesengel bis zum Transit durch den Schleier – alles wird leichter und harmonischer durch eine solche energetische Arbeit.

Der Aufbahrungsort für den Verstorbenen sollte besinnlich sein, Blumen und Kerzen tragen beispielsweise zu einer guten und friedlichen Energie in dem Raum bei. Wie bereits gesagt wurde, ist es in energetischer Hinsicht sehr hilfreich, den Raum hin und wieder intensiv zu räuchern – etwa mit Weihrauch und Kampfer –, um Anhaftungen des Toten lösen zu helfen und darüber hinaus auch die unterschiedlichsten energetischen Mitbringsel von Trauernden und Besuchern vom Verstorbenen in seinem endgültigen Loslösungsprozess fernzuhalten beziehungsweise zu entfernen.

Die Bestattung

Welche Art von Beerdigung, Bestattung oder sonstiger Form der Rückführung der vom Verstorbenen hinterlassenen Materie in den Stoffkreislauf der Natur wir wählen, spielt eine untergeordnete Rolle. Wir sollten respektvoll mit dem Leichnam umgehen, um weiterhin gute Energien in die Welt zu setzen – in unserem und im Namen und Andenken des Dahingeschiedenen.

Es gibt viele Möglichkeiten, seinen Körper angemessen zu bestatten: beispielsweise eine Beerdigung in einem hölzernen Sarg, eine Einäscherung und eine anschließende Beisetzung der Urne in einem individuellen oder anonymen Grab oder die Verstreuung der Asche etwa ins Meer oder in einem Wald, einem sogenannten Friedwald (siehe Glossar). Wissen wir um die Wünsche des Verstorbenen, sollten wir sie erfüllen, soweit wir das können.

Am einfachsten und unmittelbarsten ist es, wenn wir mit dem Sterbenden selbst noch zu seinen Lebzeiten über die Art und Weise der Beisetzung seiner irdischen Hülle gesprochen haben oder wenn er uns seinen Wunsch auf andere Weise mitgeteilt hat.

Falls wir diese Informationen nicht haben, können wir versuchen, im Rahmen einer Meditation Zugang zu unserem Höheren Selbst oder den lichtvollen Begleitern des Verstorbenen zu bekommen, und von der geistigen Dimension eine Entscheidungshilfe erbitten.

Haben wir das Gefühl, dass es für den Verstorbenen wichtig ist, wir selbst aber keinen lichtvollen und reinen Zugang erhalten, können wir uns natürlich auch Hilfe bei spirituell entwickelten Menschen wie seriösen medial Begabten, Sensitiven oder Beratern und Lehrern holen.

Hat sich der Verstorbene möglicherweise eine Form der Bestattung in einem pflegeintensiven Grab gewünscht, sollte man sich als dafür verantwortlich Hinterbliebener fragen, ob man zu dem notwendigen Aufwand auch tatsächlich bereit und in der Lage ist oder gegebenenfalls jemanden für die Grabpflege bezahlen kann. Findet sich keine Lösung für eine solche vom Toten gewünschte Grabstelle, ist es auch denkbar, eine für einen selbst einfache und praktikable Lösung zu finden und diese eventuell auch gegen den »letzten Willen« des Verstorbenen durchzusetzen. Das Gefäß des Toten, sein Körper, ist jetzt verlassen und leblos. Die Leihgabe für die irdische Existenz kann und sollte nun an die Natur zurückgegeben werden. Um mehr geht es hier nicht mehr.

Meistens bedarf es keiner aufwendigen Grabstelle, damit der Verstorbene in angemessen würdevoller Erinnerung der weiterlebenden Verwandten und Freunde bleibt. Wir können uns jederzeit die Erinnerungen und Gefühle aus dem Gedächtnis hervorrufen. Doch sollten wir uns dabei – wie bei all unseren Gedanken, Gefühlen und Handlungen – vor einem Verharren und Erstarren in Anhaftungen hüten.

Auch nach dem Tod eines sehr geliebten Menschen geht unser Leben weiter, warten unsere Aufgaben auf ihre Erfüllung. Blicken wir nach vorn und tun wir unser Möglichstes, um an der Stelle der Erde, auf die wir gesetzt worden sind, Licht zu bringen und zu halten. Die Liebe zu dem Menschen und zu seiner weiterexistierenden Seele bleibt bestehen. Im Grunde ist es auch »nur« seine irdische Lebensaufgabe, die der Verstorbene losgelassen, verlassen hat. War unsere Verbindung mit ihm von Liebe getragen, wird uns diese nach unserem eigenen Tod wieder mit seiner Seele vereinen. Auf der energetisch-feinstofflichen Ebene waren und sind wir sogar niemals voneinander getrennt. Und wenn es für den Verstorbenen oder für uns wichtig und notwendig ist, werden wir über diese Ebene auch in Kontakt zueinander kommen, selbst wenn wir noch in unserem irdischen Gefäß verweilen.

Abschied auf energetischer Ebene

Die Verabschiedung von einem sterbenden Freund oder Familienmitglied kann ebenso auf rein feinstofflicher Ebene erfolgen, wenn es, aus welchen Gründen auch immer, nicht möglich ist, direkt bei seinem Sterbeprozess anwesend zu sein. Einen solch geistigen Abschied habe ich zum Beispiel mit meinem Onkel erlebt.

Er hatte Magenkrebs, und ich konnte ihn in der sehr kurzen Phase seines Sterbens nicht persönlich aufsuchen. Doch selbst obwohl wir uns länger nicht gesehen hatten, war ich zuversichtlich, dass wir eine geeignete Form des Abschieds finden würden, wenn es denn so weit sein sollte.

Und tatsächlich erschien er mir in einer Nacht. Es war kein Traum, sondern etwas sehr viel Intensiveres! Auf eine gewisse Weise fühlte es sich ganz real an. Er sprach oder dachte nur einige Worte: »Es ist alles gut.« Er strahlte tiefgoldenes Licht aus, einen unglaublichen Glanz, eigentlich *war* er selbst jenes Licht. Von ihm gingen ein großes Einverständnis und Frieden aus. Unser

Verhältnis war im realen Leben nicht besonders innig gewesen, aber stets von gegenseitiger Achtung gekennzeichnet. Jetzt kam seine Seele mit tiefem Respekt und großer Liebe zu mir. Solch ein umfassender Friede hatte bisher niemals auf unseren Begegnungen gelegen.

Ich wurde wach – das heißt, ich öffnete die Augen, denn im gewöhnlichen Sinne geschlafen hatte ich während der Begegnung nicht – und war zutiefst beglückt. Ich empfand eine tiefe Freude darüber, dass sich mein Onkel von mir verabschiedet hatte, vor allem aber, dass alles gut und friedlich war. Auch wenn ihn eine sehr schmerzhafte Krankheit ereilt hatte und sein Tod zu früh gekommen zu sein schien: Er war damit einverstanden. Er konnte friedlich alles loslassen und ohne Umwege in seine Lichtexistenz übergehen.

Meinem Gefühl nach war sein Übergang sehr zügig verlaufen, und nach dem kurzen Besuch seiner Seele – vielleicht auch noch bei anderen – hat sie sich schon von der irdisch-dichten Energie entfernt. Die geistige Existenz schien ihm völlig vertraut. Ich bin meinem Onkel zutiefst dankbar dafür, dass er mir diese Erfahrung, dieses umfassende Gefühl von Einverständnis und Frieden geschenkt hat.

Ich konnte später erfahren, dass er in genau jenen Tagen in Frieden verstorben war. Bei einem völlig unerwarteten, kurzen und sehr schmerzvollen Sterbensweg ist das friedliche Loslassen nicht unbedingt eine Selbstverständlichkeit. Umso mehr habe ich mich über den einverständlich-leichten Übergang meines Onkels ins Licht sehr gefreut.

Einer meiner Freundinnen, sie heißt Christiane, ist Folgendes widerfahren: Sie übernachtete zur Verabschiedung einer guten Freundin in einem süddeutschen Kloster. Der Tag war sehr anstrengend gewesen, doch sie konnte vor Übermüdung und auch angesichts der nur noch kurzen Nacht kaum Schlaf finden. Am nächsten Morgen näherte sie sich nach wenigen Stunden oberflächlichen Dahindämmerns langsam dem Wachzustand. Sie war noch wie benommen. Da spürte sie in ihrer rechten Armbeuge einen Kopf, überflutet von weißen Schleiern und Fäden. Es war die Energie Sigmunds. Diese Energie lag auf irgendeine Weise in ihrem Arm und weinte.

Sigmund war die Liebe ihres Lebens gewesen. 23 Jahre zuvor war er unter großen Schmerzen gestorben. Die beiden hatten es nur selten leicht miteinander gehabt. Viele Verletzungen, vor allem von seiner Seite, standen zwischen ihnen. Nicht einmal bei seinem Tod war Christiane anwesend.

Es war übrigens nicht die erste Kontaktaufnahme nach seinem Weggang. Einige Jahre zuvor war er mit der für ihn charakteristischen Energie nachts um Christianes Haus unterwegs gewesen. Da wohl niemand eine solche Polterei angenehm findet, schickte Christiane die feinstoffliche Erscheinung von Sigmund einfach mit den Worten fort, dass sie auf diese Weise nichts mit ihm zu tun haben wollte und dass er doch gehen sollte. Was er dann auch tatsächlich tat!

Doch nun lag dieser einst gestandene, sehr macht- und energievolle, stets präsente Mann in seiner geistigen Form in ihrem Arm und weinte. Und Sigmund bat Christiane unter Tränen um Verzeihung – 23 Jahre nach seinem Dahinscheiden!

Sie war zutiefst gerührt und nahm seine Entschuldigung an. Dank dieses Abschieds konnte er nach all den Jahren schließlich in Frieden gehen …

Es gibt verschiedene Möglichkeiten, solche Kontakte mit Toten herzustellen – wenn es im Sinne der geistigen Welt ist, die dafür den einen oder anderen Schleier beiseitenehmen muss, der die energetischen Dimensionen trennt. Zum einen können wir selbst aktiv versuchen, mit den Seelen Verstorbener in Kontakt zu kommen. Zum anderen suchen aber auch diese manchmal eine Verbindung zu uns.

Es ist zumeist, allerdings nicht immer, verblüffend einfach, mit geistigen Wesen zu kommunizieren. Sowohl mit unseren begleitenden Engeln als auch mit niedriger und höher schwingenden Geistwesen können wir uns telepathisch austauschen, also in Gedanken. In der Regel ist meiner Erfahrung nach aber das hörbar ausgesprochene Wort eindrücklicher, etwa so, als würde die Lautstärke unsere Ernsthaftigkeit in der Kontaktaufnahme bestätigen. Genauso können wir mit den Seelen Verstorbener sprechen – sie sind jetzt auch geistige Wesen.

Wir sollten uns jedoch davor hüten, hier auch nur irgendetwas um jeden Preis erzwingen zu wollen. Denn die dunklen Energien, unangenehme Wesenheiten, können ebenfalls den trennenden Schleier lüften. Es treten dann vielleicht Geister in Erscheinung, die man lieber nicht gerufen hätte. Wir sollten daher sehr achtsam mit unseren ausgesprochenen und unausgesprochenen Wünschen sein. Die meisten Menschen wollen nämlich nicht wirklich auf Dauer von den nicht losgelassenen Seelenanteilen ihres verstorbenen Mannes oder der tödlich verunglückten Tochter heimgesucht werden. Und wie wir wissen, kann es tatsächlich geschehen, dass die Seele im Zwischenreich gefangen bleibt und im wahrsten Sinne des Wortes im Grenzbereich der dichten Erdatmosphäre »herumgeistert«, wenn beide, der Tote wie der Lebende, nicht loslassen können …

II. STERBE- UND JENSEITS- MYTHEN

TOTENBÜCHER

Die Totenbücher der verschiedenen Kulturen und Religionen sind eine Art Wegweiser oder »Reiseführer« für den Vorgang des Sterbens und das, was nach dem Tod auf uns wartet. Es handelt sich dabei nicht nur um theoretische Lehren oder theologisch-philosophische Diskurse. Fast alle Totenbücher sind nicht in erster Linie zum Zweck der Erkenntnis der Lebenden zusammengetragen und niedergeschrieben worden, sondern um uns konkret auf den Prozess des Sterbens vorzubereiten und den Übergang in die andere Dimension zu begleiten. Sie sind Teil altüberlieferter Sterbe- und Jenseitsmythen und praktischer Rituale. Aus ihnen kann zu allen Zeiten des Sterbeprozesses laut vorgelesen werden. Auf diese Weise sollen sie dem Sterbenden in seinen letzten Tagen mit teilweise sehr pragmatischen Anleitungen wie auch noch nach dem Übergang Orientierung geben.

Die Bezeichnung »Totenbuch« ist dabei wohl eher eine Untertreibung für den spirituellen Schatz, den sie über die Sterbebegleitung und die Jenseitsmythen hinaus dennoch auch für die Zeit vor dem Tod, für das Leben auf der Erde beherbergen. So lautet etwa der wörtlich übersetzte Titel des traditionellen Tibetischen Totenbuchs »Große Befreiung durch Hören im Bardo«[9] und der des Ägyptischen Totenbuchs »In den Tag treten«. Die eher statisch anmutende Bezeichnung »Totenbuch« ist von den jeweiligen westlichen Übersetzern geprägt und wegen ihrer Eingängigkeit immer wieder übernommen worden.

Das Ägyptische Totenbuch

Das Ägyptische Totenbuch ist eine Sammlung von Zaubersprüchen, Beschwörungsformeln und liturgischen Anweisungen. Die alten Priester und Weisen sollen den Zugang zu diesem tiefen Wissen über die Unterwelt und das Totengericht durch Offenbarungen der Götter und Visionen erlangt haben. Die Ausführungen waren dazu gedacht, es dem Verstorbenen zu ermöglichen, dass er gezielt Einfluss auf sein Leben nach dem Tod nehmen kann. Die Ägypter des Altertums glaubten, den Tod »meistern« zu können. Eingeweihte sollten mittels uralter überlieferter Techniken und Rituale in der Lage sein, einem Verstorbenen eine Existenz im Jenseits ganz nach seinem Willen zu gestalten.

Zunächst galt das Vorrecht ausschließlich den Königen. Doch im Zuge politischer Umstürze und Wandlungen wurden diese geheimnisvollen Mysterien preisgegeben und waren bald allen Ägyptern zugänglich. Zeugnis davon geben uns unzählige Sarkophaginschriften und den Toten beigelegte, teilweise erhaltene Papyrusschriftrollen. Aus diesen Dokumenten – jeweils individuell ausgewählten Textpassagen – wurde letztlich das uns heute vorliegende Ägyptische Totenbuch zusammengetragen. Quelle der Texte sollte der Gott Thoth sein, der Herrscher über den Mond und die Zeit. Die Texte wurden traditionell Passage für Passage mündlich vom Vater an den Sohn weitergegeben.

Etwa 190 Textfragmente – heute als Kapitel bezeichnet – sind uns erhalten. In der Neuzeit wurden diese Texte erstmals 1842 von Richard Lepsius als »Totenbuch« herausgegeben. Nach dem französischen Übersetzer Gregoire Kolpaktchy lautet die wörtliche Traduktion des Titels dieser »Bibel« des alten Ägyptens »Heraustreten ins Tageslicht«. Er betonte bereits die in den Augen der Ägypter wesentlich bedeutsamere Zeit des Daseins im Jenseits. Der Tod wird eher als eine Art Einweihung für diese entscheidende Existenz in der anderen Dimension betrachtet.

Das Ägyptische Totenbuch gilt als das älteste aller »echten Totenbücher« und wird auf ein Alter von über 5000 Jahren geschätzt. Es war etwa im Jahr 2000 v. Chr., dass die Texte dem Volk zugänglich wurden. Es erlangte jedoch mangels Bildung kaum Zugang zu den Schriften oder ein Sinnverständnis. Der unkontrollierten Verbreitung der esoterischen Texte nach dem »Mysterienverrat« wird auch eine wesentliche Schuld für die Verwässerung der geistigen Schätze des alten Ägyptens zugeschrieben. Manche Historiker sehen darin bereits das Schicksal der einstigen Hochkultur besiegelt.

Die Ägypter gingen von einer Art zweitem Leben im Jenseits aus. Hier sollten ähnliche Gefahren wie im Diesseits – beispielsweise Geister und Dämonen – auf die Seele des Verstorbenen warten. In diesem Totenreich sollte die Seele sogar einen zweiten Tod sterben und durch dunkle Verführungen vollständig vernichtet werden können.

Damit die Seele nicht völlig auf sich allein gestellt war, wurden dem Toten die im Ägyptischen Totenbuch zusammengetragenen Mysterienweisheiten mit auf seine Reise gegeben. Als Führer und Ratgeber für den Weg durch die Unterwelt legte man es mit ins Grab. Den Bessergestellten schrieb man die Texte in ihre

Grabkammern. Und bereits zu Lebzeiten studierten viele der alten Ägypter diese Anleitungen zum rechten Leben und zum rechten Sterben.

Die Beschreibungen umfassen unter anderem das Totengericht, vor dem sich der Verstorbene weniger verantworten als beweisen muss. Es werden unter vielem anderen auch die Kämpfe mit den Feinden der Götter geschildert, den Dämonen.

Die Weltanschauung der Ägypter gilt – etwa im Gegensatz zu den rationalen und analytischen Griechen – als ganzheitlich: Sie bewahrten lieber die Rätsel und Geheimnisse, als sie zu sezieren. Sie kultivierten geradezu ihre weltanschaulichen Widersprüche: So wird die menschliche Vernunft zum einen mit Geringschätzung bedacht, zum anderen erhebt ebenjene Vernunft den Menschen in einen göttlichen Rang. Einerseits wird die Ewigkeit angebetet, andererseits ist der höchste Gott ein toter Gott (Osiris).

Während die Ägypter mit der Entwicklung ihrer Schrift – Hieroglyphen als »Schriftsprache« der Götter – ihr Wissen festhielten, galt etwa im prähistorischen Indien die Schrift als eine Entweihung des Göttlichen, weil jede Form des Fixierens von Geistigem zu dessen augenblicklichem Sterben und zur Vernichtung führen sollte. Doch immerhin haben wir der »Selbsterhöhung« der Ägypter eines der ältesten Zeugnisse zum Sterben und Tod und zu ihrer Vorstellung vom Diesseits und Jenseits zu verdanken.

Das Tibetische Totenbuch

Während Beständigkeit und Ewigkeit – etwa wie bis heute sichtbar in den monumentalen, mehr als 4000 Jahre alten Pyramiden – die Ideale der Ägypter waren, stellen steter Wandel, Transformation, das unzählige Kommen durch Geburt und Tod, durch die Reinkarnationen im Rad der Zeit die tiefen Qualitäten der Tibeter bis in die Gegenwart dar. Der vergleichsweise junge tibetische Buddhismus hat uns mit seinem Totenbuch eine vollkommen andere Anleitung zum Umgang mit Sterben, Tod und Leben gegeben.

Das Tibetische Totenbuch, Bardo Thödol, bedeutet wörtlich übersetzt »Große Befreiung durch Hören im Zwischenzustand«. Die Textsammlung des Bardo Thödol mit seinen uralten Weisheiten und Lehren geht auf den indischen Meister Padmasambhava zurück, der den Buddhismus im 8. Jahrhundert nach Tibet brachte. Sie enthält präzise Anweisungen für den Buddhisten, wie er sich am Ende seines Lebens, in der Sterbephase, verhalten soll. Die Art zu sterben ist für den tibetischen Buddhisten von großer Bedeutung. Denn im Tod gibt es einen Moment äußerster Klarheit. Wer mit diesem Moment zu verschmelzen vermag, kann den Kreislauf der Existenzen, das Rad der irdischen Wiedergeburten, beenden.

Das Tibetische Totenbuch dient gewissermaßen als ein »Reiseführer durch die Zustände«, die sich um den Tod eines Menschen bewegen. Als ein solches Bardo oder Zwischenzustand wird im tibetischen Buddhismus sowohl das Leben als auch der Tod betrachtet – immer wiederkehrende Phasen im Kreislauf der Existenzen. Eine Befreiung aus jenem Kreislauf der Wiedergeburten (durch die Erleuchtung) ist erst dann möglich, wenn sich das menschliche Bewusstsein von allen sogenannten »Geistesgiften« wie Neid, Gier, Eifersucht, Unwissenheit und Hass gereinigt hat. Erst dann kann das Bewusstsein mit dem Zustand der Einheit verschmelzen (siehe auch Seite 206).

Die Texte des Tibetischen Totenbuchs erinnern den wandernden Geist immer wieder daran, dass er die Scharen sowohl friedvoller als auch zorniger und gewaltiger Geister und auch alle anderen schönen wie grausamen Visionen weder im Leben noch im Tod fürchten muss – denn sie sind alle nur seinen eigenen Erwartungen und Gedanken entsprungen. Sie sind nichts weiter als der Spiegel seines eigenen Karmas. Und wer sich durch Unwissenheit oder Schwäche an das irdische Leben anheftet, wird nichts gewinnen als die endlose Wanderung im Kreislauf der Wiedergeburten.

Das Tibetische Totenbuch sollte – etwa von einem Lama (Lehrer) – laut vorgetragen werden: als Hilfe und Wegweiser für die Seelen der Toten im Jenseits. So versteht sich das Tibetische Totenbuch als eine sehr detaillierte Anleitung dazu, wie der Tod überwunden und das Sterben in einen Akt der Befreiung verwandelt werden kann.

Das Islamische Totenbuch

Auch die Muslime verfügen über ein überliefertes Totenbuch. Das ist eine von unbekannter Hand zusammengetragene Sammlung von Textstellen aus dem Koran und des Hadith[10]. Es ist die Rede von der Einheit Gottes, von Gesandten und Engeln, detailliert auch vom Todesengel, vom Gericht am Jüngsten Tag, davon, dass dort die Waage zur Bewertung des irdischen Daseins aufgestellt ist. Ergänzt werden diese Worte des Propheten Mohammed über die Reise der Seele *(ruh)* nach dem Tode durch meditative Anleitungen von Mystikern des Islams (Sufis).

Die Schriften sowie die darin enthaltenen praktischen Anweisungen sollen bereits dem Lebenden aufzeigen, wie der Tod überwunden und das Sterben in einen Akt der Befreiung verwandelt werden kann.

Für den gläubigen Moslem sind diese Anleitungen von besonderer Bedeutung, da er durch seinen Glauben verpflichtet ist, sein Verständnis des Daseins so lange zu entwickeln, bis seine innere Wirklichkeit eine größere Bedeutung, Tiefe und Reichweite annimmt als seine äußere Wirklichkeit. Wie etwa auch im Buddhismus übernimmt daher der Gläubige die Verantwortung dafür, sich in allen wichtigen Dingen und Angelegenheiten selbst kundig zu machen. Unwissenheit ist kein Schutz.

Unter der Akasha-Chronik, von der bereits in verschiedenen Zusammenhängen die Rede war, versteht man religionsübergreifend einen niedergeschriebenen Verlauf, also die Chronik allen Lebens, allen Seins, und zwar im Sinne eines allumfassenden Weltgedächtnisses (siehe zum Beispiel Seite 47). Diese nichtmateriellen, ausschließlich feinstofflich verfassten Schriften sind am ehesten als Aufzeichnungen zu verstehen »von allem, was war, ist oder je sein wird«. Verkürzt wird die Chronik auch als das »Buch des Lebens« oder das »kosmische Bewusstsein« bezeichnet.

Das Konzept eines solchen universalen Welt- oder Astralgedächtnisses findet sich sowohl in christlichen Überlieferungen als auch im Islam sowie in verschiedenen asiatischen Religionen.

Im Koran ist nämlich von einem Buch die Rede, in dem geschrieben steht, wie das Leben eines jeden Menschen abläuft. Hier wird ebenfalls nicht von einer verantwortungsfreien Vorherbestimmung durch einen geschlossenen göttlichen Plan gesprochen. In diesem islamischen »Buch des Lebens« wird der Ablauf unseres Daseins von Gesetzmäßigkeiten bestimmt, auf die zu einem gewissen Anteil jeder Einzelne durch seine Entscheidungen und Handlungsweisen einwirken kann. Der Mensch verfügt innerhalb eines bestimmten Rahmens über einen freien Willen. Dieser umfasst in der aktuellen Inkarnation beispielsweise nicht, in welche Familie und historischen Umstände er mit welchen genetischen Veranlagungen hineingeboren wird. Er hat allerdings die Möglichkeit, sich mit Hilfe seiner mitgebrachten Fähigkeiten innerhalb der gesetzten Grenzen durch individuelle Entscheidungen zu verändern – sei es zu wachsen oder hinter sein Wissen zurückzufallen, sich nach seinen Kräften zu bemühen oder in Lethargie zu verfallen, seinem Gewissen und seiner inneren Stimme zu folgen oder äußeren Einflüssen nachzugeben. Somit ist jede Seele trotzdem verantwortlich für ihre Handlungen und auch ihre inneren Einstellungen.

DER VORGANG DES STERBENS

Alle Kulturen, die verschiedenen Religionen und weltanschaulichen Richtungen sind sich in einem Punkt einig: Wenn ein
Mensch stirbt, geschieht mehr, als dass sein Herz nicht mehr
schlägt, sein Atem erlischt und das Gehirn seine Tätigkeit ein-
stellt. Die Vorstellungen, was mit und nach dem letzten Atemzug
passiert, sind zwar unterschiedlich, doch ist allen gemeinsam,
dass sich die entscheidenden Vorgänge beim Sterben außerhalb
der irdischen Sinne des Menschen abspielen. Ob wir etwa von
Engeln abgeholt werden oder mit dem unendlichen Licht der
Schöpfung verschmelzen, stets trennt sich etwas für uns normalerweise Unsichtbares von unserem irdischen Körper. Es bleibt
etwas Beständiges, das den nun zerfallenden Körper verlässt,
eben die Seele.

Bei den alten Ägyptern zum Beispiel bedeutete das Sterben,
dass sich die unsterbliche Seele (Ba) vom Körper trennt, um in
die ersehnenswerten Welten des Jenseits einzugehen. Mit dem
Tod nimmt sie die Gestalt eines Vogels an – meist eines Reihers,
Falken, einer Schwalbe oder einer Rohrdommel. Im Jenseits angekommen, verwandelt sie sich in einen Körper zurück, und
zwar in einen menschlichen, der dem zuvor verlassenen sehr
ähnlich sein soll.

Rasch nachdem die Seele die Todespforte durchquert hat,
taucht sie im Jenseits auf, geblendet von hellem Licht. Sogleich
wird die Seele magisch von dem Körper, den sie gerade verlassen hat, angezogen … doch die begleitenden Wesen ziehen sie
durch ein Land der Finsternis bis vor das Gericht des Osiris (Finsternis und Schrecken sind eine sehr seltene Darstellung im Ägyptischen Totenbuch).

Bei den Maya wurde beim Tod eines Familienmitglieds ein Loch in die Hüttendecke gemacht, damit die Seele auch ungehindert in den Himmel entweichen konnte – ein Ritual, das viele Maya bis heute zelebrieren.

Den nordamerikanischen Lakota zufolge wird die Seele des Verstorbenen von einem guten Geist abgeholt, um ihr den rechten Weg für ihre nun anstehende lange Reise zu zeigen. Sie hält sich noch für eine kurze Zeit in der Nähe des Leichnams auf. Man soll den toten Körper und die Seele gut behandeln, um sie in Frieden ziehen zu lassen. Anderenfalls kann sie einem Böses zufügen.

Natürlich suchen auch die verschiedensten Wissenschaften nach Antworten auf die Frage, was beim Übergang in den Tod und danach geschieht. Zu den wichtigsten Anhaltspunkten, auf die sie sich stützen können, zählen beispielsweise die Angaben von Menschen, die eine Nahtoderfahrung gemacht haben.

Christentum: Tod ist Frieden in Gott

Nach christlicher – wie jüdischer und islamischer – Vorstellung ist der Tod erst durch die Sünde in die Welt gekommen. Die erste Sünde ist der Fall Adams. Zusammen mit Eva lebte Adam als erstes Menschenpaar und als Stammeltern aller Menschen im paradiesischen Garten Eden. Hier ließ sich Adam gegen das Verbot Gottes von der Schlange überreden, vom Baum der Erkenntnis zu essen. Mit dieser Missachtung des göttlichen Willens hat Adam gegen Gott aufbegehrt. Als Strafe für diese Sünde setzte Gott ein Ende an das menschliche Leben: den Tod.

Nach dem biblischen Menschenbild ist der Leib ebenso bedeutsam wie die Seele. Mit Adam kamen Leib und Seele des Menschen zu Fall. Und durch Gottes Gnade wird jeder Gläubige in Christus samt Leib und Seele erlöst, damit der ganze Mensch in seiner vollen Wesenseinheit errettet wird. Bei der Auferstehung zum Jüngsten Gericht (siehe auch das Kapitel »Juden, Christen und Moslems: Das Jüngste Gericht« [Seite 219]) erstehen daher sowohl Seele und Leib zum ewigen Leben.

Diese erste Verfehlung der Menschheit durch Adam ist jedem Christen als Erbsünde mitgegeben. Sie kann erst durch die Erlösung durch Christus von den Menschen genommen werden. Da der Tod durch einen Menschen gekommen ist, soll auch durch einen Menschen die Auferstehung von den Toten kommen. Bis dahin begleitet der Tod die Menschheit.

Der Tod wird von den Christen nicht verdrängt und auch nicht verharmlost. Tod ist Schmerz, Trennung und Abschied. Allein der Glaube gibt dem sterbenden Menschen Hoffnung. Und die Endlichkeit des irdischen Lebens soll zudem als Ansporn verstanden werden: »Lehre uns bedenken, dass wir sterben müssen, auf dass wir klug werden.«[11]

Die Christen haben sich so gut wie keine Vorstellung, kein Bild vom Vorgang des Sterbens selbst gemacht. Das Alte Testament ist sehr zurückhaltend mit seinen Aussagen über das Sterben und den Tod. Im Wesentlichen lässt es die Unbegreiflichkeit des irdischen Todes als unfassbar stehen. Umfasst wird der Vorgang des Sterbens nur vom Glauben an den großen und mächtigen Schöpfergott und seine Gnade.

Dennoch finden sich in einigen Bibelstellen vereinzelte Bilder zum Vorgang des Sterbens. So sagt Jesus zum Abschied: »Ich gehe hin, um euch eine Wohnung zu bereiten.«[12] Und der arme Lazarus wird nach seinem Tod von Engeln begleitet, denn keiner soll allein sterben. Es heißt, jeder werde von Engeln über die Schwelle getragen.

In den christlichen Texten zum Tod findet sich stets der Hinweis an uns Menschen, in Frieden zu sterben, indem wir uns in die Hand Gottes begeben. Der Tod ist immer ein Zustand tiefsten Friedens für den Menschen. Gemeint ist hier ein Frieden Gottes, der höher ist als alle Vernunft. Viele Fragen um Sterben und Tod bleiben für Christen offen. Wenn sie der Tod mit aller Härte trifft, finden sie Trost allein in ihrem Glauben. Christen glauben nicht ihren eigenen Kräften, sondern sie finden auch im Tod und in der Trauer Trost und Halt in Gott und in seiner Zusage, dass wir leben. Seine Botschaft lautet: Der Tod ist das Tor zum Leben!

Der Apostel Paulus schrieb an die Gemeinde der Thessalonicher:

Brüder, wir wollen euch über die Verstorbenen nicht in Unkenntnis lassen, damit ihr nicht trauert wie die anderen, die keine Hoffnung haben. Wenn Jesus – und das ist unser Glaube – gestorben und auferstanden ist, dann wird Gott durch Jesus auch die Verstorbenen zusammen mit ihm zur Herrlichkeit führen … Tröstet also einander mit diesen Worten![13]

Und weiter schreibt Paulus in seinem Brief an die Römer: »Keiner von uns lebt sich selber, und keiner stirbt sich selber: Leben wir, so leben wir dem Herrn, sterben wir, so sterben wir dem Herrn. Ob wir leben oder ob wir sterben, wir gehören dem Herrn.«[14]

Im Neuen Testament taucht als große Hoffnung ein neues Bild zu Sterben und Tod auf: die Auferstehung des Menschen mit Leib und Seele. Der tiefste Grund für diese Hoffnung ist Jesus Christus, der den Weg der Menschen gegangen ist bis zum Tod. Gott, der Schöpfer und der Herr des Lebens, aber hat Jesus Christus von den Toten auferweckt. Diese Auferstehung versteht sich nicht als eine Rückkehr in das vorige Leben oder eine Wiedergeburt, sondern als eine Verwandlung in ein neues Leben, in Liebe und Nähe zu Gott.

Den wesentlichen Aspekt zur christlichen Vorstellung vom Tod liefert somit die Auferstehung Christi: Weil Jesus Christus von den Toten auferstanden ist, werden auch diejenigen Menschen, die an ihn glauben, nicht im Tod bleiben, sondern von Gott zum Leben erweckt werden. Grundlage ist die Vorstellung, dass in Christus Gott Mensch geworden ist – doch in Christus ist der Mensch nicht nur ein Geschöpf Gottes, sondern in ihm sind Gott und Mensch vollkommen eins. So gründet sich auch auf die Auferstehung Jesu die christliche Vorstellung von einem Leben nach dem Tode. Christus sagt: »Wer an mich glaubt, wird leben, auch wenn er stirbt.«[15]

Die Botschaft der Heiligen Schrift sagt, dass Jesus durch seine Auferstehung von den Toten den Tod ein für alle Mal besiegt hat, und zwar nicht nur für sich selbst, sondern für alle Menschen. Dazu steht im 1. Brief an die Korinther folgendes Glaubenszeugnis:

Denn dieses Vergängliche muss sich mit Unvergänglichkeit bekleiden und dieses Sterbliche mit Unsterblichkeit. Wenn sich aber dieses Vergängliche mit Unvergänglichkeit bekleidet und dieses Sterbliche mit Unsterblichkeit, dann erfüllt sich das Wort der Schrift: Verschlungen ist der Tod vom Sieg. Tod, wo ist dein Sieg? Tod, wo ist dein Stachel? … Gott aber sei Dank, der uns den Sieg geschenkt hat durch Jesus Christus, unseren Herrn.[16]

Der Tod wird so für jeden Menschen zum letzten, unwiderruflichen Schritt auf Gott hin. Für einen gläubigen Christen begleitet das Sterben die Hoffnung auf die Auferstehung der Toten und das Leben in der kommenden Welt.

Islam: Sterben ist ein Hinübergehen

Im Islam soll das Sterben, der physische Tod, nicht als eigentlicher Verlust empfunden werden, sondern lediglich als das Hinübergehen in einen anderen Zustand des Seins. Die islamischen Lehren wollen dem Tod seinen Schrecken nehmen. Er soll überwunden und das Sterben in einen Akt der Befreiung verwandelt werden. Das Verlassen des Körpers ist nichts weiter als der Übergang in eine andere Dimension. Allerdings erscheinen dem »Elenden« oder Unglücklichen, also dem Menschen, der »nicht recht gelebt« hat, bereits im Grab seine schlechten Taten in Gestalt eines entsprechend grässlichen Antlitzes.

Die Ablösung der Seele vom Körper kann sofort beim Eintritt des Todes geschehen: bei Menschen, die jeglichem weltlich-materialistischen Denken und Handeln entsagt haben und die – wie etwa Propheten oder Heilige – direkt mit dem letzten Atemzug zum rein spirituellen Bereich übergehen. Kann oder will sich ein Verstorbener allerdings nicht von seinem irdischen Dasein, der materiellen Welt, lossagen, kann die Abtrennung der Seele vom Körper bis zu vierzig Tage dauern.

Im Koran wird der Vorgang des Sterbens in die Nähe des Schlafes eines Lebenden gerückt: Allah nimmt jeden Abend sowohl die Seelen der Sterbenden als auch die der Schlafenden mit sich. Die Seelen der Schlafenden schickt er am Morgen wieder zurück, während er die Seelen derjenigen zurückbehält, für die der Tod vorgesehen ist.

Im Todeskampf sollen dem Sterbenden nach einer islamischen Überlieferung zunächst vier Engel erscheinen, von denen der erste keinen Bissen Nahrung mehr, der zweite keinen Schluck Wasser mehr, der dritte keinen Atemzug mehr und der vierte keine

Stunde mehr für den Sterbenden gefunden hat. Anschließend treten die »Edlen Schreiber« zu seiner Rechten und zu seiner Linken herein. Der auf der rechten Seite holt ein weißes Papier mit den guten Taten hervor, auf dass sie der Sterbende glücklich und frohlockend betrachten kann. Der auf der linken Seite holt ein schwarzes Papier mit den schlechten Taten hervor, auf dass sie der Sterbende voll Unglück und Furcht betrachten kann.

Dann tritt der Todesengel Izra'il gemeinsam mit den Engeln der Barmherzigkeit zu seiner Rechten und den Strafengeln zu seiner Linken ein. Manche der Engel ziehen die Seele *(ruh)* einfach aus dem Körper heraus, während andere zerren und grob sind. Wenn die Seele die Kehle erreicht hat, nimmt Izra'il sie hinweg. Gehört der Tote zu den Unglücklichen, zu den »Elenden«, nehmen die Strafengel seine Seele mit sich in die Gegenwart des Herrn des Weltalls. Gehört er hingegen zu den Glücklichen, bringen die Engel der Barmherzigkeit seine Seele zu seinem Körper zurück, sodass sie sehen kann, wer seinetwegen trauert und wer nicht. Anschließend findet die Befragung der Seele durch die beiden schwarzen Grabengel Munkar und Nakir mit den grünen Augen statt.

Es wird gesagt, dass derjenige, der sich vor dieser »Strafe des Grabes« retten möchte, sich in seinem Leben an vier Dinge halten und vier weitere vermeiden muss: Streng halten soll er sich an die fortdauernde Bewahrung des Gebets, an das Lesen des Korans, an freiwillige Almosen und an häufige Lobpreisung. Meiden soll er das Lügen, den Verrat, die üble Nachrede und Urin auf dem Körper.

Eine weitere überlieferte islamische Geschichte erzählt: Wenn sich der Tod dem Menschen nähere, werde sein Besitz in fünf Teile geteilt:

— Sein Vermögen gehe an seine menschlichen Erben,
— seine Seele gehe an Izra'il, den Todesengel,
— das Fleisch an die Würmer,
— die Knochen an die Erde und
— die guten Taten an seine Widersacher und Feinde.

Hinduismus und Buddhismus: Verschmelzen mit dem Licht

Das philosophische Lehrgedicht Bhagavadgita, das als »Evangelium des Hinduismus« gilt, rät dem Sterbenden, sich im Augenblick des Todes, in dem Moment des Entweichens der Seele, ganz bewusst dem höchsten Gott oder dem Brahman zuzuwenden, sich ihm mit aller geistigen Kraft hinzugeben, mit dem tiefen Herzenswunsch, mit ihm zu verschmelzen.

Das soll der Mensch schon zeit seines Lebens in der tiefen Versenkung, in der Meditation üben, damit es ihm gelingt, in diesem Augenblick seinen Geist ruhig und klar zu halten. Dann wird er sich mit dem allerhöchsten Gott vereinigen, der Quelle allen Lichts.

Der Buddhismus geht von einem geistigen Kontinuum aus, das niemals verlöscht. Gelingt es einem Menschen, sein Bewusstsein von allen gröberen Schichten zu befreien, erlangt er die Erleuchtung. Dann ist sein Bewusstsein wieder identisch mit dem Bewusstsein im Urzustand, mit der wahren und nicht durch Subjektivität verzerrten Wirklichkeit. Der Tod ist für den Buddhisten die große Chance, alle Masken abzulegen.

Nachdem mit dem physischen Tod das körperliche Leben zu Ende gegangen ist, kommt in der Vorstellung des tibetischen Buddhismus das eigentliche geistige Sterben. Zunächst lösen

sich auf der körperlichen Ebene die gröberen Bewusstseins-
schichten auf, die mit unseren Sinnesorganen verknüpft sind.
Der Körper wird schwach, kann sich nicht mehr halten, und wir
können beispielsweise nicht mehr nach etwas greifen. Damit löst
sich das Element Erde auf. Dann beginnt ein Austrocknungspro-
zess des Körpers. Das Element Wasser löst sich auf. Und mit dem
Feuerelement erlischt das innere Feuer, der Körper beginnt aus-
zukühlen. Die Veränderungen im Luftelement drücken sich in
der veränderten Atmung aus. Mit dem Verlöschen des Atems ist
diese äußere Auflösungsphase beendet.

Nun folgen die inneren, die mit bestimmten Wahrnehmungen einhergehen. Emotionen wie Aggressionen und Hass sollen
sich in weißem Licht auflösen, vergleichbar etwa mit klarem
Mondlicht. Löst sich Begierde auf, intensiviert sich die Wahrnehmung des inneren Scheinens ins Rötliche, etwa wie ein Son-
nenauf- oder -untergang. Nichtwissen, Trägheit und Ignoranz
lösen sich in Schwärze auf.

Wenn all das, was zu Lebzeiten den Geist getrübt hat, sich nun
aufgelöst hat, bleibt die reine Essenz übrig. Der Verstorbene soll
diesen Zustand als Lichtfülle erfahren – als das klare Urlicht. Dies
ist die wahre Natur unseres Geistes (die sogenannte Buddha-Natur). Zwar besitzt nach buddhistischer Auffassung jeder Mensch
die Buddha-Natur, aber nur die wenigsten erkennen sie. Das Tibetische Totenbuch spricht vom »Buddha des unsterblichen Lichts«.
Unser Geist kennt demnach nicht Geburt und nicht Tod. Das wahre Schauen des eigenen Geistes ist das »Ruhen im Buddha-Geist«.
Der Einzelne kann diesen Zustand der Urweisheit erfahren, wenn
sein Geist so ruhig und tief ist, dass er die Kapazität des Lichts
überhaupt fassen kann. Wer in diesem klaren Urlicht verbleiben,
es aushalten, es halten kann, erfährt unmittelbar die Befreiung aus
dem Leidenszyklus der Wiedergeburten.

Doch wer sich nicht schon zu Lebzeiten darauf vorbereitet hat, ist mit diesem Zustand überfordert. Nach dem hellen, dem rötlichen und schließlich dem schwarzen Transformationslicht fallen die meisten sterbenden Menschen in eine Art Ohnmacht. Dadurch entzieht sich das Bewusstsein seiner Bewusstheit und wird unbewusst – bewusstlos oder ohnmächtig. Dem Tibetischen Totenbuch zufolge hält dieser bewusstlose Zustand etwa dreieinhalb Tage an. Daher bahren die Tibeter den Toten traditionell drei Tage auf.

Kommt das Bewusstsein dann aus der Ohnmacht wieder zu sich, befindet es sich im Nachtodzustand, dem zweiten Bardo. Es muss nun den Körper verlassen. Der recht instabile Geist wird jetzt mit zahlreichen Lichtern, Klängen und sowohl friedvollen als auch zornigen Gottheiten konfrontiert. Hat er sich schon zu Lebzeiten – etwa in der Meditation und der inneren Versenkung – damit auseinandergesetzt, wird er nicht erschrecken oder sich fürchten. Stattdessen verschmilzt er mit dieser Energiestufe. Denn der geübte Geist weiß dann, dass das keine äußeren Erscheinungen sind, sondern solche, die aus dem Geist selbst entstanden sind.

Das Tibetische Totenbuch bietet an dieser Stelle stets das hilfreiche Mantra »Fürchte dich nicht« an, denn nichts kann den Geist verletzen. Und sterben kann er auch nicht. Das Buch fordert darüber hinaus dazu auf, die Erscheinungen nur als die eigene Wahrnehmung zu erkennen. Der Tote wird angeregt zu begreifen, dass dies ein wichtiger Zwischenzustand ist – das sogenannte zweite Bardo des Lichts.

Die meisten Menschen werden allerdings von der Fülle und Strahlkraft des Urlichts abgeschreckt. Stattdessen zieht sie wieder das fahle Licht des Samsara an, die gewöhnliche irdische Alltagswelt. Und bald schon werden sie wieder in den Strudel des karmischen Kreislaufs hineingezogen, der von Ursachen, Bedingungen und Wirkungen bestimmt wird. Damit gleitet der Geist, das Bewusstsein, hinüber in den nächsten Zwischenzustand, das Bardo des Werdens. Die alten Trübungen des Geistes kehren zurück. Jeder Sterbende begegnet den Bildern seines eigenen Bewusstseins. Das Bewusstsein wird nun durch den karmischen Wind hin und her geschleudert. Alles, was im Leben zuvor nicht umgewandelt, sondern nur verdrängt worden ist – wie etwa alte Ängste oder schlechte Gewohnheiten –, kann nun hervorbrechen. Im Tibetischen Totenbuch ist an dieser Stelle von Dämonen die Rede. Wir würden aus heutiger westlicher Sicht hier unter anderem auch unsere Neurosen oder Verhaltensauffälligkeiten unterbringen.

Selbst in diesem Zustand wäre noch eine Befreiung möglich, der Übertritt in eine himmlische Sphäre, in das sogenannte reine Buddha-Land. Voraussetzung dafür ist, dass das Bewusstsein alle diese Wahrnehmungen als Spiegel seiner selbst erkennt. Doch für die meisten ist der Sog des Karmas an dieser Stelle schon zu groß. Das Bewusstsein zieht die Flucht von einer Vision zur nächsten vor – bis es in einem irdischen Körper angekommen ist.

Nichts dauert ewig. Alles ist veränderbar. Auch das Karma ist nicht ewig. Jeder Mensch kann sein Schicksal aktiv beeinflussen. Niemand ist ihm hilflos ausgeliefert. Denn wer andere Ursachen in die Welt setzt, wird auch andere Wirkungen erfahren. Wichtigstes Grundprinzip ist es, sich selbst nicht wichtiger zu nehmen als andere. Im Augenblick der Erleuchtung verschmelzen Ich und Du. Alles ist mit allem verbunden. Mitgefühl lehrt uns, nicht ständig um uns selbst zu kreisen. Die Buddhisten glauben: Wer das Ich, das Ego beizeiten losgelassen hat, kann einem schmerz- und leidfreien Sterbeprozess entgegensehen.

Im Leben jedes Menschen gibt es Fenster, die den Blick auf das wirkliche Leiden erlauben. Im Besonderen gilt dies für die Sterbephase, in der sich die oberflächlichen Schichten des Bewusstseins nach und nach auflösen. Genau hier setzt das Bardo Thödol an. Denn je ruhiger und klarer der Geist des Sterbenden ist, desto größer sind seine Chancen, die Vollkommenheit zu erkennen. Daher kommt es für einen gläubigen Tibeter im Moment des Todes auf zweierlei an: zum einen auf das, was er in seinem Leben getan hat, zum anderen auf den aktuellen Zustand seines Geistes. Deshalb wird von tibetischen Lamas und Lehrern wie Sogyal Rinpoche meist folgender Rat als Vorbereitung auf das Sterben gegeben: Sei frei von Anhaften und Abneigung. Halte deinen Geist rein. Vereine deinen Geist mit dem Buddha.

Die Trennung von Seele und Körper in der Meditation

Weit fortgeschrittene Meister der Meditation, etwa des Yoga, können Grade oder energetische Stufen erreichen, in denen sie mit Hilfe bestimmter Techniken die Lebensströme in ihren Sinnesorganen beliebig an- oder abzuschalten vermögen. So wird die normalerweise nach außen gerichtete Sinnenwelt durch den meditierenden Meister vollständig nach innen gelenkt. Er ist damit aller irdischer »Sinnestäuschungen« enthoben. Im Hinduismus heißt es, der Meditierende sei auf diese Weise in der Welt der Sinnestäuschungen, der Maya (siehe Glossar), »gestorben«.

Gelangt der Meditierende in noch höhere Energiezustände, die ihn weiter mit dem göttlichen Licht verschmelzen lassen, so verbindet sich sein Geist immer mehr mit dem kosmischen Geist, mit dem Licht. In diesem Zustand wirkt sein Körper wie tot. Die Lebenskräfte haben sich so weit zurückgezogen, dass der Körper einem Außenstehenden starr und leblos erscheint.

Der Meditierende ist sich hingegen der weitestgehend aufgehobenen Tätigkeit seines Körpers bewusst.

Gelangt der fortgeschrittene Yogi durch tiefste Meditation in noch höhere geistige Schwingungen und Bewusstseinsstadien, ist er auch im Wachzustand und sogar bei körperlich-weltlichen Verrichtungen mit dem kosmischen Geist, dem Licht Gottes, verbunden.

Dies macht auf sehr eindrückliche Weise einmal mehr deutlich, dass – nicht allein nach hinduistischer Vorstellung – unser Körper »lediglich« das Gefäß für unseren Geist ist. Wir sollten ihn als ein wunderbares Geschenk oder auch als eine »Leihgabe« Gottes begreifen und ihn sorgsam hegen und pflegen.

Nahtoderfahrungen: Licht am Ende des Tunnels

Vor allem in den Industrienationen hat der zunehmende medizinische Fortschritt zu immer mehr erfolgreichen Wiederbelebungen von Menschen geführt, die ansonsten sicher gestorben wären. Manche Betroffene waren etwa nach Unfällen, kurz vor dem Ertrinken oder nach einem Herzinfarkt bereits klinisch tot, ehe sie durch erfolgreiche Reanimationen wieder ins Leben zurückkehren konnten.

Von außen betrachtet, mögen Menschen in diesem Zustand bewusstlos sein, doch immer wieder berichten Betroffene davon, dass sie genau zu jenem Zeitpunkt hellwach, bei klaren Sinnen und bei wachem Verstand auf eine nichtkörperliche Weise anwesend waren. Ihre Erlebnisse an der Grenze zum Tod werden als »Nahtoderfahrungen« bezeichnet. Forscher gehen heute davon aus, dass allein in Deutschland etwa drei Millionen Menschen über Erfahrungen mit dieser Art von Übergängen oder Reisen in einen anderen Zustand haben.

Immer wieder erzählen derart Wiederbelebte von außerge-
wöhnlichen Erfahrungen in ihrer »Totzeit«. Auch wenn sie von
Mensch zu Mensch sehr individuell geschildert werden, weisen
die Berichte doch überraschende Übereinstimmungen auf. Zahlreiche Untersuchungen und Studien haben aufgezeigt, dass
Nahtoderfahrungen zu allen Zeiten und in allen Kulturen und
Religionen beschrieben wurden – und zwar stets mit sehr ähnlichen Elementen.[17]

Interessant ist, dass bei den meisten Nahtodberichten immer
wieder die gleichen Bild- und Erlebniselemente auftauchen, und
das gleichgültig, welcher Kultur, Religion, Altersgruppe oder sozialen Schicht die berichtenden Menschen angehören.

Der Arzt und Herzspezialist Pim van Lommel stellte gemeinsam mit dem Psychologen Ruud van Wees diesbezüglich Studi-
en unter Herzpatienten an.[18] Die beiden niederländischen Wis-
senschaftler befragten Patienten, die einen Herzstillstand erlit-
ten hatten und anschließend wiederbelebt werden konnten. Sie
verglichen die Berichte von mehr als 340 Patienten miteinander.
Über sechzig der Betroffenen sprachen von Nahtoderfahrungen
in ihrem Zustand der Bewusstlosigkeit. In den meisten Erzählungen tauchten die Elemente Licht oder Licht am Ende eines
Tunnels, das Gefühl von schwebender Körperlosigkeit sowie
eine Rückschau auf das eigene Leben wie in einer Art Zeitraffer
auf. Gemeinsam war auch allen Berichtenden eine deutlich ge-
ringere Angst vor dem eigenen Sterben, weil sie die Nahtoderfahrung als durchgehend angenehm, schmerzfrei, friedlich und
in einem gewissen Sinne stets als geborgen erlebt hatten.

Ein wesentliches Erfahrungselement ist das »Sehen« von
Licht, das meistens als besonders hell und schön, angenehm be-
ruhigend wahrgenommen wird. Individuell sehr viel unterschied-

licher wird das Szenario rund um die Lichterscheinung beschrieben. Manche Menschen berichten von einem Tunnel, durch den sie gehen und an dessen Ende dieses verheißungsvolle Licht erstrahlt. Andere beschreiben meist sehr phantasievolle, seltener realistische, dann aber besonders schöne und harmonische Landschaften. Bei manchen Nahtodberichten bewegen sich auch Lichtgestalten in jenen Visionen.

Diese Bilder gehen in aller Regel über die Alltagserfahrungen des Betroffenen hinaus. Die mentale Grenzerweiterung ist den Betroffenen auch während und nach der Vision vollkommen bewusst.

Fast alle Menschen mit Nahtoderfahrungen erzählen darüber hinaus von sogenannten außerkörperlichen Wahrnehmungen. Zunächst verlassen die Betroffenen ihren Körper. In aller Regel schweben sie aus ihm heraus und können dann das reale Szenario, in dem sich ihr Körper noch aufhält, von oben beobachten, also in einer Art feinstofflichem Schwebezustand. Dann nehmen sie mit meist sehr sensiblen Sinnen genau wahr, was in der irdisch-realen Wirklichkeit im Umfeld ihres Körpers geschieht – und was auch im Nachhinein verifiziert werden kann. Sie verstehen selbst geflüsterte Worte, beispielsweise auch von Angehörigen an ihrem Krankenbett oder von Ärzten, die im Nachbarraum über ihren Zustand sprechen.

Sie nehmen Details wahr, die über ihre bis dahin bekannten Alltagserfahrungen hinausgehen: Beispielsweise registrieren sie die angezeigten Daten auf medizinischen Messgeräten des intensivmedizinischen Raums, in dem sich ihr Körper befindet und behandelt wird. Oder sie können sich – auch noch nach der Rückkehr in ihr bewusstes Leben – an Einzelheiten wie die Hosenfarbe des Sanitäters oder das Hemdmuster und den Körpergeruch eines Unfallhelfers erinnern. Übereinstimmung besteht auch darin, dass sich die Betroffenen nicht mit den von ihnen so präzise beobachtbaren Menschen in Kontakt setzen können. Sie können nur in der Rolle des passiven Beobachters verbleiben.

Außerdem berichten nahezu alle Betroffenen, dass dieser Zustand völlig schmerzfrei ist. Und obwohl sie sich sehr wohl des Ernstes ihrer Lage – also ihres Zustands an der Schwelle zum Tod – bewusst sind, beschreiben sie die außerkörperliche Erfahrung meist als frei von Ängsten oder gar Panikattacken. Manche sind allerdings sehr irritiert darüber, dass sie in das Geschehen – in dessen Mittelpunkt ja meist sie selbst stehen – nicht eingreifen können.

Neben diesen beiden häufigsten Elementen können bei Nahtoderfahrungen weitere Szenarien auftreten. Es kann zu Begegnungen mit Lichtgestalten kommen. Dabei handelt es sich meist um bekannte Menschen aus dem eigenen Leben, die bereits verstorben sind. Mit diesen »toten Wesen« ist den Betroffenen sogar häufig eine Art von Kommunikation möglich, die eher über einen Gedankenaustausch als über gesprochene Worte erfolgt. Charakteristisch ist bei den Kontakten, dass die auftretenden Lichtgestalten oder Toten keine Mimik oder Gestik aufweisen, sondern sich emotionslos-neutral verhalten. Von diesen Gestalten vernehmen die Betroffenen meist auch die Botschaft, dass sie wieder zurückmüssen, weil sie noch nicht so weit sind – woraufhin sie meist kurze Zeit später wieder in ihrem realen und irdischen Körper erwachen.

Ein weiteres, allerdings sehr viel selteneres Erfahrungselement ist das Ablaufen des Lebensfilms, der manchmal auch als »Panorama« bezeichnet wird. Meist leuchten wie im Zeitraffer einschneidende Lebensereignisse oder erfreuliche, aber auch peinliche Vorkommnisse vor dem geistigen Auge auf. Sie scheinen sogar eher gleichzeitig als nacheinander in den Betroffenen aufzutauchen.

Manche Psychologen gehen davon aus, dass sich in den Nahtoderfahrungen Wunschbilder hinsichtlich eines friedlichen und schmerzfreien Todes erfüllen – beziehungsweise einer Aufhebung der Endgültigkeit unserer Existenz durch den Tod. Dagegen spricht allerdings, dass die Nahtoderfahrungen nicht nur lichtvoll-positiver Natur sind, also häufig auch über das hinausgehen, was man sich in aller Regel wünscht. Zudem treten sie auch bei nichtreligiösen Menschen in gleicher Art und Weise auf, das heißt auch bei solchen, die keineswegs an ein Weiterleben nach dem Tod glauben.

Schlüssige Erklärungen für die Nahtoderfahrungen können die Naturwissenschaften bislang allerdings nicht liefern. Forschungen in diesem Bereich werden derzeit vor allem auch von der »International Association for Near Death Studies« in Amerika durchgeführt.

Viele spirituelle und religiöse Richtungen gehen davon aus, dass sich angesichts des nahenden Todes einmal mehr die Seele von ihrem irdischen Gefäß loslösen muss. Sie befreit sich in dieser Übergangsphase von der körperlichen Begrenztheit, die durch Alter, Krankheit oder Verletzungen zusätzlich eingeschränkt ist.

Das häufig auftretende Phänomen des »Zurückgeschicktwerdens«, weil die Lebensaufgabe noch nicht erfüllt ist, wirft zudem für spirituelle Menschen noch einmal einen ganz neuen Blick auf den »Sinn des Lebens«.

In der tibetischen Kultur hat sich für Menschen, die gestorben sind, Erfahrungen in der Nachtodwelt (Bardo) gemacht haben und anschließend wiederbelebt wurden oder eigenständig ins Leben zurückgekehrt sind – die also Nahtoderfahrungen gemacht haben –, ein eigener Begriff herausgebildet: Sie werden »Delogs« genannt. Im Gegensatz zu den meist sehr kurzzeitigen Nahtoderfahrungen in unseren westlichen Kulturen dauern die Erfahrungen der Delogs meist mehrere Tage an – sicherlich ein Zeichen der spirituell oftmals sehr viel höher schwingenden Tibeter, vor allem der Mönche und Geistlichen.

DAS JENSEITS

Obwohl den Menschen zu allen Zeiten und in allen Kulturen die Frage beschäftigt hat, was nach dem Tod geschieht, ist der Begriff »Jenseits« noch relativ jung. Die substantivierte Form des mittelhochdeutschen Wortes *jensīt (jene sīte)* mit der Bedeutung des »Lebens nach dem Tode« hat sich erst im romantischen 18. Jahrhundert entwickelt. Dass der Körper nach dem Tod verfällt, ist seit Menschengedenken offensichtlich. Er kann es also nicht sein, der irgendeine Form der Weiterexistenz erfährt. Schon früh sprach man daher von einer unsterblichen feinstofflichen Essenz, die so sehr viel subtiler als der materielle Organismus eines Menschen ist.

Die Ägypter: Diesseitige Macht bestimmt das Jenseits

Kern der ägyptischen Weltvorstellung war die Idee des kosmischen Gleichgewichts im Sinne einer Waage. So bildete der Nil geographisch den Waagebalken zwischen den beiden Wüsten. Sehr viel später in der ägyptischen Alchemie übernahm das Salz die Rolle des Waagebalkens zwischen Werden und Sein.

Wie viele andere Kulturen teilten auch die Ägypter die Welt in die bekannten Gegensatzpaare ein: Erde und Himmel, Finsternis und Licht, Tag und Nacht, aber auch Gottheiten wie Anubis und Upuaut oder Seth und Horus beziehungsweise Seth und Osiris, in ein doppeltes Totenreich oder eine doppelte Unterwelt (Amenti und Duat) sowie in ein doppeltes Paradies (Sekht-Hotep und Sekht-Janru) – und eben Diesseits und Jenseits. Mit dem Bild des Gleichgewichts zwischen Diesseits und Jenseits hielten sich auch die sichtbare und die unsichtbare Welt die Waage.

Ursprünglich bildeten die beiden Götterbrüder Seth und Horus ein Gegengewichtspaar in diesem kosmischen Gleichgewicht: Der dynamische und stets transformierende Horus stand für das ewige Werden, während die Konzentration, das Fixieren und Konservieren des Seth das ewige Sein symbolisierte. Nachdem Seth durch den Mord an seinem Bruder ins Dunkel übergegangen war, wurde aus der Ewigkeit des Seins die Starre der Mumien, geistige Unfruchtbarkeit, die in der ägyptischen Vorstellung bis weit in den Kosmos hineinreichte.

Die Ägypter des Altertums[19] glaubten, dass sie mit Hilfe ihrer überlieferten Mysterien – den später zum Ägyptischen Totenbuch zusammengetragenen geheimnisvollen Texten – den Tod »meistern« könnten (siehe auch Seite 161). In der altägyptischen Sicht der Welt stellte der Mensch den wesentlichen Mittelpunkt des gesamten Weltalls dar: Der Mensch – auch der Verstorbene – ist kosmischer Natur. Er verfügt über Körper, Geist und Seele, die sich im Laufe einer Jahrmillionen dauernden Entwicklung ausgeprägt haben. Bereits zu Lebzeiten sollte die spätere Existenz im Jenseits bestimmt werden können.

Oberstes Ziel war es, die Seele im Jenseits vor dem »zweiten Tod« zu bewahren. Allein ein tadelloser Lebenswandel auf der Erde reichte dazu nicht aus. Die Seele eines Verstorbenen musste alle verfügbaren Energien aufrufen, um gegen die Gefahren des Jenseits gewappnet zu sein, etwa Dämonen oder unwirtlichen Landschaften wie den Sümpfen der Unterwelt. Neben Mut und Geistesgegenwart war vor allem esoterisches Wissen gefragt.

Das irdische Dasein hingegen galt eher als Vorstufe zum endgültigen Leben im Jenseits. Das Diesseits war gekennzeichnet von steter Veränderung, Unbeständigkeit und Hinfälligkeit, während die Ägypter dem Jenseits Aspekte von Dauer, Ewigkeit und majestätischer Ruhe zuschrieben. Lauerte im Diesseits das Gespenst des Todes, lag im Jenseits die Möglichkeit, über den Tod zu siegen, die Ewigkeit zu finden. Der irdische Tod war nur eine Art Bewusstseinswandlung. Nach dem Tod hatte sich die Seele in der Unterwelt weiterzuentwickeln. Bereits in seinem Dasein auf Erden sollte man Einfluss auf diese spätere Seelenentwicklung nehmen können – und zwar mit Hilfe von Priestern oder anderen speziell in diese altüberlieferten Mysterien eingeweihten Menschen.

Wie gesagt wurden die Widersprüche in der altägyptischen Gedankenwelt zum Höchsten erhoben: Der Ägypter sehnte sich nach einer steinern-beständigen Ewigkeit, musste aber im Jenseits für seine Entwicklung durch alle erdenklichen Tiefen und Untiefen der Unterwelt eilen. Die zentrale altägyptische Gottheit Osiris war zwar tot, stand aber für das ewige Leben. Als eine Art kosmischer Gottmensch befand sich Osiris im Zentrum des Weltalls. Ähnlich dem kabbalistischen Admon Kadmon (Adam) stellte Osiris den gefallenen kosmischen ersten Menschen dar. Er war gefesselt und sein Leib den Kräften des Bösen preisgegeben. Er war zwar tot – aus Neid umgebracht vom eigenen Bruder Seth –, aber zugleich Herrscher über die Unterwelt (Amenti) und höchster Totenrichter.

Diese Anschauungen sowie auch die dazugehörigen lebhaft praktizierten Rituale verwischten im altägyptischen Weltbild die Grenzen zwischen Diesseits und Jenseits. Denn mit den geeigneten Mitteln konnte man scheinbar auch die andere Dimension manipulieren. Darüber hinaus lösten sich die Grenzen zwischen anderen »Welten« auf, etwa zwischen den Göttern und den Tieren, zwischen den Göttern und den Menschen und letztlich auch zwischen den Zeiten: Vergangenheit, Gegenwart und Zukunft. Zum Beweis seiner Macht verwandelte sich ein Verstorbener in einen Falken, wurde zur Sonnenscheibe oder zu einer beliebigen Gottheit. Demensprechend sind in vielen ägyptischen Darstellungen auch die Gestalten aus unterschiedlichsten Daseinsformen vermischt: Götter mit Tierköpfen oder eine Schlange auf Menschenbeinen. Gleichzeitig wurden die Götter um Schutz angefleht, und ihnen wurde göttlicher Schutz angeboten. Die Folge war eine grenzenlose Freiheit – die die Gedankenwelt der Ägypter jedoch bald in haltlose Willkür führen sollte.

Darüber hinaus gewann im Laufe der altägyptischen Geschichte auch das weltliche Machtgefühl immer mehr Oberhand. Eine wesentliche Komponente war ebenjene Auffassung, dass man vom Diesseits aus den Verlauf seines ewigen Lebens bestimmen könnte. Als herausragendste Zeugnisse dieses großen Wunsches, bereits hier etwas für die sehr viel bedeutsamere Ewigkeit zu erschaffen, sind uns bis heute die über 4000 Jahre alte große Sphinx von Giseh oder die gewaltigen Pyramiden erhalten. Bereits auf Erden versuchten zumindest ihre machtvollen Herrscher auf diese Weise, die Wechselhaftigkeit des menschlichen Daseins zu überwinden. Sicherlich zerbrach die altägyptische Hochkultur auch daran, dass sich die Menschen über den Schöpfer stellen wollten. Spiritueller Hochmut hat den Untergang so manchen Herrschers und Volkes besiegelt.

In der Frühzeit des alten Äygptens stellte man sich zunächst als Ziel der Jenseitsreise den Himmel vor. Seit etwa 1500 v. Chr. (dem »Neuen Reich«) hat sich dann allerdings bleibend die Vorstellung durchgesetzt, das Jenseits sei eine Art Unterwelt. Hier sollten ähnliche Gefahren und Prüfungen lauern wie in der diesseitigen Welt. Im Ägytischen Totenbuch waren die notwen digen Weisheiten und Anleitungen für den Weg der Seele durch die Unterwelt zusammengetragen. Sie stellen eine Art Jenseitsführer dar.

Darüber hinaus musste die Seele aber auch mit einem Teil ihrer Aufmerksamkeit in der diesseitigen Welt verbleiben. Dieser jenseitig-diesseitige Kontakt bestand über Priester. Nur so konnte die Seele die für ihren Weg notwendigen Anweisungen aus der irdischen, diesseitigen Dimension erhalten.

Der irdische Tod bedeutete die Geburt im Jenseits, das Auftauchen in einem Reich des Geistes. Die alten Ägypter hatten keine Angst vor dem Tod, sondern erwarteten ihn sogar geradezu als einen Akt der Gnade; denn Jenseits hieß Ewigkeit, bedeutete die Unsterblichkeit der Seele (Ba). Und je mehr sie aus dem irdischen Dasein mit in das Totenreich nehmen konnten, umso besser war dies für ihr Bestehen dort. Daher wurden bei reichen Ägyptern die Körper balsamiert, um möglichst viel hinüberzuretten. Und auch die Grabbeigaben fielen sehr üppig aus, zumal die im Totenreich neu erschaffenen, aber dem der irdischen Gestalt sehr ähnlichen Körper für die Seelen der Verstorbenen unter anderem auch der Nahrung bedurften.

Der Zyklus von Tod und Wiedergeburt wurde von den Ägyptern mit einer Reise in der Sonnenbarke[20] in Verbindung gebracht: Tagsüber fuhr das Sonnenschiff über den Himmel, nachts durch die zwölf gefahrvollen Regionen der Unterwelt, die man sich am ehesten als zwölf Stufen der Einweihung vorstellen kann. Da die Sonne im Westen untergeht (Symbol des Sterbens), lag hier aus ihrer Sicht das Totenreich.

Kelten und Germanen: Anderswelt und Halle der Krieger

Im Gegensatz zum finsteren Totenreich etwa der Griechen ist das Jenseits der Kelten ein wunderbarer Ort ohne Zeit und Raum, voller Frieden und Harmonie. Hier gab es weder Krankheit noch Leiden oder Alter. Beschrieben wird das für Menschen normalerweise unsichtbare keltische Jenseits in Sagen und Mythen als das Reich von Göttern, Geistern, Feen und Elfen. In dieser »Anderswelt« (Tir Nan Og oder Annwn) fanden auch die Verstorbenen einen verheißungsvollen Ort für ihr »Leben nach dem Tod«. Den Kelten war der Tod nichts anderes als das Tor, lediglich der Übergang zu einer anderen Welt, dem neuen Leben in ebenjener Anderswelt – etwa so viel wie eine Seelenwanderung.

Die Grenze zwischen der sichtbaren und der Anderswelt war nach keltischer Vorstellung nur ein dünner, leicht zu zerreißender Schleier, der beispielsweise durch rituelle Bewusstseinsveränderungen durchdrungen werden konnte. Druiden, als eingeweihte Priester Vermittler zwischen der geistigen und der irdischen Welt, verwandelten sich häufig in Tiergestalten, um in die Anderswelt überzutreten. Menschen, die die Anderswelt auf der Suche nach ihren eigenen Fähigkeiten und Aufgaben durch den Schleier der Illusion betraten, sollten mit ungewöhnlicher Weisheit und Stärke zurückkehren. Am Vorabend des 1. November, des keltischen Neujahrstages Samhain, sollten und sollen sich bis heute alle Tore zur Anderswelt öffnen. Solche torartigen Durchtrittsorte sind unter anderem Quellen, Nebel, Höhlen oder Eingänge unter Erdwällen. In diesen Stunden sollen sich sowohl mutige Menschen als auch alle Geistwesen ungehindert in beiden Welten bewegen können.

Wie eng Leben und Tod miteinander verwoben waren, zeigt das gälische Wort *áite*: Wörtlich steht es für »Ort« oder »Durchgang« und beschrieb bei den Kelten sowohl den Geburtsvorgang als auch den Sterbeprozess. Es entspricht damit in etwa dem Übergang und der Wiederkehr aus dem tibetischen Bardo.

In den wenigen, überwiegend durch die Edda (siehe Glossar) überlieferten Jenseitsmythen der Germanen hingegen spielen die irdischen kriegerischen Auseinandersetzungen eine wesentliche Rolle: Scheinbar konnten nur die heldenhaft im Krieg Gefallenen in den Himmel einziehen, während den Übrigen die finstere und kalte Hölle (Hel) zugedacht war.

Jungfräuliche Kriegerinnen, die Walküren, trugen die im Kampf Getöteten zu Göttervater Odin und seiner Gemahlin Freyja nach Walhall, der himmlischen »Halle der Gefallenen«. Diesen Himmel stellten sich die Germanen als eine Art Kriegerparadies mit unerschöpflichen Fleischspeisen und Getränken vor, in dem die gefallenen Helden in unermüdlichen Kampfspielen ihre Kräfte erproben konnten. Die germanische Hölle hingegen wird von der Todesgöttin Hel dominiert. Aus dieser freudlosen Schattenwelt gelangten die unehrenhaft, da natürlich Gestorbenen nach Niflheim, einer nördlichen Eiswelt.

Die Christen: Ewiges Leben ab dem Jüngsten Gericht

Während etwa die Kelten keinen Unterschied zwischen Erde und Himmel sahen, trennt die römisch-katholische Kirche strikt alles Irdische vom Himmlischen. Es gibt eine klare Schranke zwischen Gott einerseits und Welt und Menschen andererseits. Gott ist der Herr, und der Mensch ist der Knecht. Die edelste Aufgabe des Menschen ist, den Willen Gottes zu tun. Einer der größten Frevel ist es, wenn der Mensch Gott gleich sein will.

Im frühen Christentum hatte die Vorstellung von der Wiedergeburt der menschlichen Seele einen Platz. Spätestens ab dem 4. Jahrhundert manifestierte sich dann der Glaube an ein einmaliges Leben auf der Erde. Und auf dem 5. Konzil in Konstantinopel (553) wurde die Reinkarnation aus dem christlichen Glauben verbannt (siehe auch Seite 233). Dennoch ist die Seele unsterblich. Die Auferstehung von den Toten wird allen Menschen beim Jüngsten Gericht gewährt. Dann wird der sterbliche Körper des Menschen durch die Kraft Gottes in einen zugleich unvergänglichen und beseelten Körper verwandelt werden – eine Art Transformationsvorgang. Als dieses Wesen kann der Mensch dann ganz nah bei Gott sein. So soll Jesus gesagt haben, Gott sei kein Gott der Toten, er sei ein Gott der Lebenden. Und bis heute wird in christlichen Kirchen im Glaubensbekenntnis (Credo) gebetet: »Ich glaube an die Auferstehung von den Toten und an ein ewiges Leben.«

Paulus stellt das Jenseits der Menschen als ein unendliches Haus in den Himmeln dar, das für alle Ewigkeit bestehen soll.[21] Alle unter der Last des irdischen Daseins stehenden Menschen sehnen sich zutiefst nach diesem Ort, nach diesem Zustand von Unsterblichkeit und Unvergänglichkeit. Doch zuvor müssen sie vor dem Messias als dem Richter erscheinen. Er entscheidet, was sie bekommen werden, je nachdem, was sie in ihrem Leben bewirkt, je nachdem, ob sie Gutes oder Schlechtes getan haben.

Die Christen glauben an ein Weltgericht (Jüngstes Gericht), verbunden mit der Auferstehung der Toten (siehe auch das Kapitel »Juden, Christen und Moslems: Das Jüngste Gericht« [Seite 219]). Dort sollen die guten Taten belohnt, die schlechten und bösen bestraft werden. Im frühen Christentum erwartete man die baldige Wiederkehr Christi. Das Weltgericht wurde damals als unmittelbar bevorstehend angesehen. Es galt daher eher als etwas

Diesseitiges. Die späteren Christen sahen darin hingegen eindeutig ein jenseitiges Ereignis. Im Grunde verschwimmen auch im Christentum an vielen Stellen der Geschichte Diesseits und Jenseits (siehe beispielsweise die Offenbarung des Johannes).

Für die Institution Kirche ist die Rechtgläubigkeit Voraussetzung für die Erlösung durch Christus. Das bedeutet, dass der Gläubige mit den Lehren der Kirche übereinstimmen muss.

Der Gott der Christen ist ein gerechter Richter. Er wägt die Taten der Menschen ab, belohnt die Guten und bestraft die Sünder. Endgültige Vergeltung der im Leben begangenen Taten findet jeder Mensch jedoch erst nach seinem irdischen Leben. Die Gerechten gehen ins ewige Leben ein, eine Art Paradies, wo man in Gottes Angesicht blickt, mit ihm zusammen am Tische sitzt und mit ihm herrscht von Ewigkeit zu Ewigkeit.[22] Die im Zustand der Todsünde Gestorbenen kommen nach dem Tod auf ewig in die Hölle.

Die Moslems: Drei Welten

Der Koran sagt, dass der Zustand des Menschen im Jenseits von seinem Zustand im Diesseits abhängt. So wird derjenige dort blind sein und weit entfernt vom Weg umherirren, der blind in dieser Welt war. – Es werden drei Welten unterschieden:

— *Die irdische Welt, in die wir durch unsere Geburt eintreten:* Etwa im dritten bis vierten Schwangerschaftsmonat wird der menschliche Embryo durch das Gebot Allahs beseelt. Der Hadith sagt, dass Allah jeweils am 120. Tag nach der Zeugung einen Engel sendet, der dem ungeborenen Menschen den Atem Gottes einhaucht.

— *Ein Zwischenzustand zwischen Irdischem und vollständig Jenseitigem (Barsakh), die Erfahrung von Hölle oder Paradies im Grab:* Dieser Zustand wird oft mit einem sehr langen Schlaf verglichen, in dem der Tote immer wieder Traumphasen erlebt. Für den »Rechtschaffenen«, der dem Paradies nahe ist, sind diese Träume angenehm, für den Gottesfernen und Menschen mit schlechten Taten sind es Albträume. Der Zwischenzustand Barsakh beginnt mit der Befragung durch die bereits genannten beiden grünäugigen Grabengel Munkar und Nakir.

— *Der Zustand nach dem Tag der Wiederauferstehung:* Er bedeutet die endgültige und ewige Manifestierung von »Paradies« oder »Hölle«.

Diese Grundvorstellungen des Korans gleichen demnach weitestgehend denen des Christentums. Da der Islam jedoch eine dezentrale Religion ist, gibt es kein von einer einzigen Institution wie etwa bei der römisch-katholischen Kirche erlassenes Dogma. So wird im islamischen Glauben bis heute immer wieder darüber diskutiert, ob die Beschaffenheit des Jenseits materieller oder spiritueller Natur ist. Die einen legen die Koran-Formulierung der »Wiederauferstehung des Fleisches« wörtlich aus und schließen auf sinnliche Freuden im Paradies und körperliche Schmerzen und Qualen in der Hölle. Die anderen gehen von einem geistigen Zustand im Jenseits aus.

Die Hindus: Enttarnung der kosmischen Täuschung

Der Hinduismus ist mit etwa 900 Millionen Gläubigen nach Christentum und Islam die drittgrößte Weltreligion. Seine ältesten heiligen Schriften sind die Veden, von Weisen (Rishis) »gehörte« Texte, also wie die heiligen Schriften anderer Religionen

Offenbarungen. Die Veden wurden um die Mitte des 2. Jahrtausends v. Chr. von indoeuropäischen Nomaden nach Indien gebracht. Eine wichtige Rolle im spirituellen Alltag spielen religiöse Lehrer (Gurus).

Die Wurzeln des Hinduismus liegen in sehr unterschiedlichen religiösen Formen des gesamten Subkontinents. Hinduismus ist somit eine Verschmelzung sehr vielfältiger Ansichten und Schulen in Indien. Alle Götter und Göttinnen – wie Shiva, Vishnu, Krishna oder Lakshmi – sind je nach individueller Glaubensausrichtung Ausdruck entweder des einen höchsten Gottes Ishvara (wörtlich »der höchste Herr«) oder auch der unpersönlichen Weltseele oder des höchsten kosmischen Geistes Brahman. In seinem innersten Wesenskern ist der Mensch mit dem Brahman identisch. Dieser innere Wesenskern wird auch »Atman« genannt. Die Identität kann prinzipiell von jedem Menschen erfahren beziehungsweise erkannt werden – er muss sie nur suchen und sich hingeben.

Die überwiegende Zahl der gläubigen Hindus geht davon aus, dass Leben und Tod ein sich ständig wiederholender Kreislauf (Samsara) sind. Sie glauben an die Reinkarnation. Das Tun und Wirken aus den vorherigen Leben spielt ganz entscheidend in das jetzige Dasein auf der Erde mit hinein: Gesammeltes Wissen und vollbrachte Taten wirken sich unmittelbar auf das aktuelle Erdenleben aus. Dieses Karma ist selbst verursacht und somit auch das Rad der endlosen Wiedergeburten. Die Seele wird erst aus dem Kreislauf erlöst, wenn der Mensch zu bedingungsloser Liebe gefunden hat und diese in pflichtbewusstem und selbstlosem Handeln auch praktiziert.

Dass das Karma überhaupt eine Wiederverkörperung erzwingt, wird auf die Unwissenheit (Avidya) zurückgeführt. In den Veden steht geschrieben, dass Geburt und Tod lediglich Erscheinungen der Maya sind, der kosmischen Täuschung, die mit der Abtrennung vom einzigen Gott einhergeht. Nur in dieser Welt von Dualität und Relativität haben sowohl Geburt als auch Tod überhaupt eine Bedeutung.

Es gibt im Hinduismus allerdings auch Wesen, die unabhängig vom unerbittlichen Gesetz des Karmas in einem neuen Körper auf die Erde zurückkehren. Meist sind dies große Meister, die sich nicht mehr von der Maya blenden lassen. Sie manifestieren sich einzig und allein auf der Erde, um hier einen göttlichen Auftrag zu erfüllen.

So ähnlich hat es Christus – der sicherlich zu solchen großen Meistern gehört – einmal formuliert: »Darum liebt mich mein Vater, weil ich mein Leben lasse, auf dass ich's wieder nehme. Niemand nimmt es von mir, sondern ich lasse es von mir selber. Ich habe Macht, es zu lassen, und habe Macht, es wieder zu nehmen.«[23]

Traditionell wird bei den Hindus der Körper Verstorbener verbrannt. Zunächst verweilt die Geist gewordene Seele auf der Erde, und zwar unter Umständen, die gerade den Taten des vergangenen Lebens entsprechen. Dann muss die Seele die Gewässer an der Schwelle zum Jenseits überwinden und die Hunde des Totengottes Yama passieren.

In den hinduistischen Lehren beziehungsweise den Erfahrungswelten sehr hoch schwingender spiritueller Meister wie Sri Yukteswar[24] finden sich Beschreibungen der nichtmateriellen Welten oder Dimensionen. So kehrte Sri Yukteswar nach seinem physischen Tod auf geistiger Ebene zu seinem Schüler zurück, um Paramahansa Yogananda von seinem körperlosen, rein geistigen Aufenthaltsort zu berichten.

In den hinduistischen Lehren steht geschrieben, dass Gott die Seele nacheinander in drei verschiedene Körper eingeschlossen hat:

— *Den Ideen- oder Kausalkörper, in dem das Wesen nur noch in Form von Gedanken lebt:* Lediglich in diesen feinen Kausalkörper eingeschlossen, nehmen die fast freien Wesen den Kosmos nur noch als projizierte traumhafte Gedanken Gottes wahr. Gleichzeitig verfügen diese äußerst hoch schwingenden Wesen über eine ungeheure Kraft der Verwirklichung.

— *Den feinstofflichen Astralkörper, in dem Verstand und Gefühl sitzen:* So wie der irdische Körper mit den fünf Sinnen Hören, Sehen, Riechen, Schmecken und Tasten ausgestattet ist, ist der Astralkörper reines Bewusstsein und Empfinden. Er ist Prana. Sein übergeordneter sechster Sinn ist die Intuition. Über die Intuition riechen, schmecken, sehen und hören die Astralwesen. Dabei können sie sowohl mit den Ohren riechen oder mit der Nase oder der Haut sehen. Die Verständigung erfolgt über Telepathie, die Ernährung hauptsächlich über kosmisches Licht, über das Prana. Meist gleicht der Astralkörper der letzten irdischen Verkörperung.

Im Astralkörper begegnet die Seele hier all ihren Freunden und Verwandten, die sie unabhängig von ihrer äußeren Erscheinung wiedererkennt. Sie weiß nicht, wen sie am meisten lieben soll – daher lernt es die Seele, alle als verschiedene Ausdrucksformen Gottes gleich zu lieben.

Nach irdischer Zeit gemessen, verbringt ein einigermaßen entwickeltes oder fortgeschrittenes Astralwesen etwa 500 bis 1000 Jahre in der Astralwelt. Es gibt hier keine Krankheit, kein Altern, keinen Tod. Das Astralwesen streift, wenn es sich weit genug entwickelt hat und die Zeit gekommen ist, seinen astralen Lichtkörper ab, um ihn gegen den noch feineren Kausalkörper einzutauschen.

Es gibt viele verschiedene astrale Welten oder Dimensionen. Astrale Wesen bewegen sich mit dem Licht durch ihre Welten und sind damit schneller als etwa elektrischer Strom. Der astrale Kosmos soll viele Hunderte Male größer sein als der physische. Er besteht aus feinen Licht- und Farbschwingungen und ist wunderschön, rein, sauber und durch und durch geordnet. Die niederen Astralwelten sollen von Abermillionen von Astralwesen bewohnt sein, Wesen, die einmal von der Erde hierhergekommen sind. Außerdem sollen hier Myriaden Feen, Gnome und die verschiedensten Geister sowie Fische und andere Tiere sein. Ähnlich wie auf der Erde die Lebewesen in ihren verschiedenen Elementen Erde, Wasser und Luft zu Hause sind, leben auch die Astralwesen entsprechend ihrer Entwicklungsstufe in ihrem passenden Schwingungsbereich. Sie können sich jederzeit und beliebig materialisieren – auch auf der Energiestufe der Erde.

Hier wird niemand geboren, sondern Nachkommen werden per kosmischem Willen hervorgebracht oder materialisiert. Gute und böse Geister und Wesen leben in getrennten Sphären, wobei die guten eine sehr viel größere Bewegungsfreiheit haben. Die Astralwelten sind allerdings nicht nur schön und friedlich. Beispielsweise führen gefallene Engel in den niederen Ebenen des astralen Kosmos – des sogenannten Astralkerkers – heftige kriegerische Auseinandersetzungen gegeneinander.

— *Den irdisch-materiellen grobstofflichen Körper:* Er ist Teil der dichtesten Dimension. Die dreidimensionale Welt der Erde nimmt der Mensch mit seinen fünf Sinnesorganen wahr: Augen, Ohren, Nase, Zunge und Haut. Wie eine kleine Gondel an einem

riesigen Ballon soll die grobstoffliche Welt an der hellleuch-
tenden Astralwelt hängen. Während die Astralwesen allein mit
ihrem Willen und ihrer Intuition den trennenden Schleier zur
Erde lüften können, vermögen dies umgekehrt nur jene Menschen, die ihren sechsten Sinn bis zu einem gewissen Grad
entwickelt haben. Den übrigen bleibt die geistige Dimension
verschlossen. Die Hindus sagen aber, dass Kinder, die ein
reines Herz haben, auch auf der Erde Astralwesen wie Feen
und Engel erblicken können. Andererseits sollen Drogen eher
den Zugang zu den Schreckgestalten der astralen Schattenwelt öffnen.

Stirbt ein Erdenmensch, wird das »vorübergehende Gewand des Fleisches« abgeworfen. Die Seele jedoch bleibt im
Astral- und Kausalkörper eingeschlossen.

Was die drei Körper zusammenhält, sind die Wünsche. Allein
die Triebkraft der unerfüllten Wünsche verursacht diesen Zu-
sammenhalt und damit die »Knechtschaft des Menschen«.

Der Egoismus und die sinnlichen Genüsse sind die Wurzeln
der körperlichen Wünsche. Astralen Wünschen liegen geistige
Genüsse wie sphärische Musik und die Schönheit wunderbaren
Lichterspiels zugrunde, das Berauschen an den Schwingungen
der Vollkommenheit der Schöpfung.

Doch Leben und Tod sind in den hinduistischen Schriften
nichts weiter als Illusion oder Maya, genauso wie jede Individualität und letztlich die gesamte Schöpfung. Gott ist die einzige
Wirklichkeit. Der einzige Daseinszweck des Menschen besteht
demnach darin, das Geheimnis um Leben und Tod zu entschlei-
ern. Und letztlich sich dem Licht zuzuwenden, sich und die Erde
mit Licht zu erfüllen, eins mit dem Göttlichen zu werden.

Die (tibetischen) Buddhisten:
Durch tiefe Selbsterkenntnis ins Licht eingehen

Dem Buddhismus zufolge ist das irdische Leben stets mit Leiden verbunden. Jedes Festhalten oder Anhaften an Irdischem erzeugt nach Siddhartha Gautama – so der bürgerliche Name des historischen Buddha, des Erleuchteten, der im 6. Jahrhundert v. Chr. in Nordindien lebte – wieder neues Leid und wirkt der Erlösung entgegen. Vor dem indisch-hinduistischen Hintergrund des endlosen Kreislaufs der Wiedergeburten lehrt der Buddhismus, dass sich der Mensch durch eine entsprechende Lebensführung aus diesem Zyklus selbst erlösen kann. Dazu müssen bestimmte Verhaltensregeln eingehalten werden, die als der edle achtfache Pfad zusammengefasst werden. Vier edle Weisheiten soll der Mensch aktiv praktizieren: Mitgefühl, eine liebevolle Gesinnung, Gleichmut und sich mit anderen freuen. Folgende vier Verhaltensweisen soll er unterlassen: das Töten, das Nehmen von etwas Nichtgegebenem, sexuelle Ausschreitungen und das Berauschen an Rauschmitteln.

Hatten im ursprünglichen, sogenannten Hinayana-Buddhismus (»Kleines Fahrzeug«) nur wenige Menschen die Möglichkeit, zur Erleuchtung zu gelangen, erweiterte der jüngere Mahayana-Buddhismus (»Großes Fahrzeug«) die Möglichkeiten. Hilfe erhalten Menschen hier vor allem durch Bodhisattvas, bereits erleuchtete Wesen, die quasi freiwillig noch einmal inkarnieren oder sich auf eine andere Weise erkenntlich machen.

In der relativ jungen Religion oder Weltanschauung des tibetischen Buddhismus wird großer Wert auf eine diesseitige spirituelle Entwicklung des Menschen gelegt: Durch tiefe Selbsterkenntnis will man ins Licht eingehen. Vergegenwärtigen wir uns dazu bloß die Rolle, die Klöster und Mönche in Tibet – bis heute – spielen. Daher haben im Laufe der Geschichte des tibetischen Buddhismus immer wieder vor allem geistliche Lehrer (Lamas) einen energetisch sehr hoch schwingenden Zustand erreicht – wie etwa auch die persisch-arabischen Sufis innerhalb des Islams. Dieser Form von Spiritualität verdanken wir zum Beispiel mit dem Tibetischen Totenbuch sehr detaillierte Schilderungen und Anweisungen, was im Rad des irdischen Lebens, aber vor allem auch nach dem Tod mit höchster Wahrscheinlichkeit geschehen wird.

Wie gesagt ist im Totenbuch der Tibeter beim Sterben von Bardos die Rede, von drei energetischen Zuständen oder Ebenen zwischen Sterben und Leben. Diese Zustände bieten dem Verstorbenen die Möglichkeit der Erlösung – im buddhistischen Sinne die Befreiung aus dem Rad der Wiedergeburten, dem Samsara, dem Kreislauf der Existenzen. Voraussetzung für die Erlösung ist, dass sich der Verstorbene nicht von Trugbildern und Erscheinungen seines eigenen Geistes in die Irre führen lässt.

Das erste, das schmerzvolle Bardo tritt mit Beginn des Sterbeprozesses ein, etwa wenn man sich ein schwere Krankheit zugezogen hat. Es endet mit dem Augenblick des körperlichen Todes: Wenn das Ausatmen aufhört, sinkt die Lebenskraft in das »Nervenzentrum der Weisheit«, und der »Wissende« erlebt das klare Licht in seiner ursprünglichen Beschaffenheit. Während die Lebenskraft durch die Öffnung des Brahma austritt, dämmert der Zwischenzustand des Bardo kurz auf. Dies bietet die beste Möglichkeit zur Erlösung. Dieser Zwischenzustand ist ein vollkommen leeres, aber reines Sein in der Strahlung eines hellen Lichts. Im Augenblick des Todes gipfelt dieser Prozess im Aufleuchten der Natur des Geistes, in reiner kosmischer Energie.

Das Ziel des spirituell ausgerichteten Menschen ist es, sich nicht durch Ängste, Gedanken oder Bilder zerstreuen zu lassen, sondern die Konzentration auf die Lebenskraft im Mittelnerv (Prana-Kanal) zu richten. Wenn es dem Sterbenden bis in seinen Tod hinein gelingt, hier die Lebenskraft so lange zu halten, bis sie sich mit dem klaren Licht der Wirklichkeit verbinden kann, indem sie über die Öffnung des Brahma (das Kronenchakra) in das universelle Licht hinein austritt, findet er die Erlösung. Die Erlösung ist das Erkennen und das Verschmelzen mit dem klaren Licht, ist der Eingang in die eigentliche Wirklichkeit:

> Dein eigenes Bewusstsein, das nicht geformt und in Wirklichkeit leer ist, und der erkennende Geist, leuchtend und glückselig – diese beiden sind unzertrennlich. Die Vereinigung von beiden ist der Dharmakaya-Zustand vollkommener Erleuchtung. Dein eigenes Bewusstsein, leuchtend, leer und untrennbar von dem Großen Strahlungskörper, hat weder Geburt noch Tod und ist das Unveränderliche Licht – Buddha Amitabha.[25]

Dieses Bardo dauert vom Einsetzen des Sterbeprozesses bis zum Erliegen der sogenannten inneren Atmung – diese erlischt mit dem letzten Herzschlag. Zwischen letztem Ausatmen und letztem Herzschlag verbleibt die Lebenskraft noch im Prana-Kanal. Der Eingang in das klare Licht steht im tibetischen Glauben übrigens allen Lebewesen offen – also auch Tieren, somit beispielsweise ebenso unseren Hunden, Katzen, Schafen, Kühen, Schweinen und Gänsen.

Wurde das klare Urlicht nicht erkannt oder konnte das Licht nicht gehalten werden, fällt der Tote in den nächsten Bardo, einen niederen Zustand, denn hier ist der Dharmakaya-Zustand, die vollkommene Erleuchtung, bereits durch karmische Verdunkelungen getrübt. Dieser zweite, lichtvolle Bardo wird »Dharmata« genannt und schließt sich nun als Nachtod-Erfahrung an. Es ist ein besonderer Zustand von Lichtheit und klarem Licht. Neben karmischen Trugbildern und Visionen kommt hier den Farben eine besondere Bedeutung zu.

Dieser zweite Bardo kann allerdings meist nur von spirituell sehr erfahrenen Menschen wahrgenommen werden. Hier soll die Seele erkennen, dass die furchterregenden Gestalten und Szenarien, die dem Verstorbenen begegnen, ausschließlich seiner eigenen inneren Vorstellung entspringen. Schließlich hat die Seele keinen Körper mehr, sie ist völlig vergeistigt. Konnte sich der Verstorbene von allen weltlichen Gefühlen und Begierden wie Angst, Neid, Hass oder Geltungssucht befreien und vermag er das klare Urlicht zu erfassen und zu halten, ist er erlöst. Ist dies nicht der Fall, tritt er in den nächsten Bardo ein.

Der dritte, karmische Bardo des Werdens dauert bis zu dem Augenblick, in dem wir wiedergeboren werden, wenn unser Geist durch das karmische Potenzial erfasst und zu unserem Geburtsplatz getragen wird. Der Geist des Toten wird vom Karma getrieben, er wird mit den eigenen Makeln konfrontiert, etwa Gier, Eifersucht oder Nicht-Wissen. Er begegnet auch hier seinen eigenen Ängsten in Form von Schreckgestalten.

Dieses tibetische Szenario ist in etwa vergleichbar mit Höllenerfahrungen anderer Religionen oder Jenseitsvorstellungen. Die Seele, der Geist, muss durch Selbsterkenntnis über das Leid siegen. Nur darüber kann sie sich erlösen. Wenn der Geist vom Karma befreit ist, ist er selbst wie strahlendes Licht.

Darüber hinaus gibt es als viertes das natürliche Bardo des Lebens. Es umfasst die gesamte Spanne zwischen Geburt und dem Beginn des Sterbeprozesses – also unser irdisches Leben. Diese Übergangsphase bereitet uns nach buddistischer Vorstellung lediglich auf den Tod vor.

Jedes Bardo ist im Grunde nichts weiter als eine andere Wirklichkeit des Geistes – und zwar deutlich unterscheidbar von einem nur veränderten Bewusstseinszustand. Inkarnation für Inkarnation, wie Perlen auf einer Schnur, hat der Mensch mit jedem Leben die Chance, zur Erleuchtung zu gelangen, indem er den edlen achtfachen Pfad immer und immer wieder übt und stabilisiert.

Grundsätzlich ist es in jedem Bardo möglich, zur Erleuchtung zu gelangen, also zur Befreiung vom karmischen Rad. Es ist daher für tibetische Buddhisten sehr sinnvoll, sich schon zu Lebzeiten mit dem Tibetischen Totenbuch und dementsprechend mit dem eigenen Sterben zu beschäftigen.

Wir sagten bereits, dass das Fenster für den Eintritt ins Licht im Dharmakaya-Zustand am größten ist. In den anderen Bardos ins Nirwana überzugehen ist nur wenigen großen Meistern vorbehalten.

Das Nirwana ist nach buddhistischer Auffassung keineswegs »nichts« nach landläufiger Vorstellung, sondern erst einmal einfach ein Zustand, der mit unserem gewöhnlichen Geist nicht wahrgenommen werden kann. Das Nirwana ist eine außergewöhnliche Bewusstseinsebene, die Überwindung oder völlige Auslöschung von Gier, Hass und Wahn. Das Leid durch das Rad der Wiedergeburten ist hier und jetzt beendet. Das Nirwana ist das Absolute schlechthin. Es ist das Gegenstück zum Samsara, dem Kreisen im Rad der Existenzen. Jigme Lingpa, ein tibetischer Meister aus dem 18. Jahrhundert, sagte, gebannt von der schieren Vielfalt der Wahrnehmungen irrten die Wesen endlos umher im Teufelskreis von Samsara. Und Sogyal Rinpoche vergleicht den Menschen im Rad der Existenzen mit einem Verdurstenden in der Wüste, dem das Samsara lediglich ein Glas Salzwasser anbietet, was ihn noch durstiger macht.

Der vierte Bardo ist ein Zustand permanenten Wechsels zwischen großer Klarheit und tiefer Verwirrung, Sicherheit und Unsicherheit, Einsicht und Desorientierung – gerade so, wie wir dies aus unserem täglichen Leben ja kennen. Durch diese immer wieder aufflackernde Unsicherheit und Bewegung entstehen Räume oder Lücken für tiefgreifende Veränderungen. Hier liegen stets neue Chancen, der Erleuchtung näherzukommen.

Östliche Religionen wie der Buddhismus und Hinduismus empfehlen, im vierten Bardo, dem körperlichen Erdenleben, schon die höchstmögliche meditative Versenkung zu üben. Daraus haben sich beispielsweise das indische Hatha- und das Kundalini-Yoga mit gleichzeitig körperlichen und geistigen Übungen oder das Zazen, das Sitzen in Stille im japanischen Zen-Buddhismus entwickelt.

Die Tibeter verstehen das Leben als einen dauernden Fluss von Geburt, Tod und Übergang. So machen wir ständig Bardo-Erfahrungen. Auf irdischer Ebene sind diese Erfahrungen vor allem wesentlicher Bestandteil unserer psychischen Prozesse. Auch wenn wir meist blind und verschlossen gegenüber den Bardos sind – wir kennen doch alle Momente, in denen wir deutlich fühlen, dass unser Geist viel gelöster, entspannter und freier ist als sonst. Solche Momente enthalten viel mehr Energie als andere, und wenn wir in sie hineinspüren, erkennen wir, dass sie ein ganz anderes Potenzial als der sonstige Alltag enthalten.

Der wichtigste dieser Momente mit solch ungeheurem karmischem Potenzial ist nach tibetischer Vorstellung der Augenblick des Todes.

Der Körper mit seinem Karma bleibt zurück, und dem Geist begegnet die beste Gelegenheit zur Erleuchtung. Selbst für große tibetische Meister tritt diese sogenannte Buddhaschaft oder Erleuchtung erst im Tod in Erscheinung, dann, wenn die Körperlichkeit abfällt, in der die Seele alle Leben lang verborgen war. Der Tod ist der Moment, in dem sich die eigentliche Lichtnatur des Geistes manifestiert. Die tibetischen Lehren sagen, dass der Mensch befreit ist, der in diesem Moment des Übergangs das klare Licht als das alles ausmachende erkennt – idealerweise tritt er damit aus dem Zyklus der Wiedergeburten aus. Dies ist allerdings nur möglich, wenn sich der Mensch zuvor in seinem irdischen Dasein durch spirituelle Praxis mit der Natur des Geistes beschäftigt und vertraut gemacht hat. Daher sollte er bereits in diesem Leben die wesentlichen Erkenntnisse des klaren Lichts, der »Grund-Lichtheit«, gewonnen und gefestigt haben. Das erklärt die große Bedeutung von täglicher Meditation und Versenkung im tibetischen Buddhismus.

Der tibetische Buddhismus – in den viele Elemente der alten Naturreligion des Bön eingeflossen sind – unterscheidet über die Bardos hinaus sechs Daseinsbereiche oder Welten: die Welt der Götter, der Halbgötter, der Menschen, der Tiere, der Hungergeister und der Höllenwesen. Die Welt der Götter beispielsweise soll frei sein von leidvollen Erfahrungen, hingegen gefüllt mit unveränderlicher Schönheit und sinnlicher Ekstase. Doch fehlt hier der durch das Leiden angespornte Drang zu spiritueller Transformation.

Diese sechs Welten sind das Ergebnis der sechs zentralen negativen Emotionen, der Geistesgifte: Gier, Hass, Stolz, Eifersucht,

Verlangen und Unwissenheit. Diese Geistesgifte trüben unsere subjektive Wahrnehmung und lassen die Welt in einer subjektiven Färbung erscheinen. Lebewesen mit einem ähnlichen Karma teilen eine gemeinsame oder wenigstens sehr ähnliche Sicht auf die sie umgebende Welt. Jedes Wesen kann nur das sehen, was seine karmische Sicht zulässt. So werden die sechs Welten traditionell folgendermaßen erläutert: An einem Fluss träfen je ein Wesen aus den sechs Welten zusammen. Der Mensch sehe den Fluss als Wasser, um es zu trinken oder sich etwa damit zu waschen, für den Fisch sei es sein Lebensraum, für die Gottheit sei das Wasser beseelter Nektar, für den Halbgott eine Waffe, für den Hungergeist sei das Wasser Eiter und verdorbenes Blut und für das Höllenwesen flüssige Lava. Jede karmische Sicht sei demzufolge nichts als Illusion.

Die nordamerikanischen Indianer: Das Land der Ahnen

Die Ureinwohner Amerikas haben sich keinen so systematischen Jenseitsmythos geschaffen. Auch wenn sie Kontakt zu den Seelen der Ahnen aufzunehmen versuchten, gingen sie davon aus, dass ihre Vorstellungen vom Aufenthaltsort der Seelen nur Bilder und Mutmaßungen sein können.

Die verschiedenen Stämme hatten dennoch sehr unterschiedliche Annäherungen an das, was nach dem Tod geschehen sollte. So glaubten beispielsweise die Cheyenne, dass sich die Seelen der Verstorbenen vom Körper lösen und über die »hängende Straße« – die Milchstraße – in das Reich ihres Hauptgeistes Heammawihio wandern sollte. Die Comanchen glaubten an ein Tal, in dem es keine Sorgen und Schmerzen mehr gab und in dem sie eine Unzahl von Jagdtieren vorfinden konnten – die weithin bekannten »ewigen Jagdgründe«. Die Irokesen hatten eine etwas andere Vorstellung vom Jenseits. Sie glaubten nicht, dass die Seelen in eine heile Welt wandern, sondern dass diese als Schatten bei den Lebenden verweilten.

Für die Lakota etwa leben zwei Seelen im Menschen: die Geist-Seele (Nachí), die die Persönlichkeit mit allen Charaktereigenschaften eines Menschen ausmacht, und die (übergeordnete) Atem-Seele (Niya). Wenn der Mensch stirbt, macht sich die individuelle Geist-Seele auf den Weg in das Land der Ahnen oder Seelen. Sie bleibt stets mit den unsichtbaren Kräften (Wakan Tanka, das »Große Geheimnis«), die schon vor der Schöpfung da waren, verbunden. Nachí wird eins mit ihnen. Die Atem-Seele hingegen verbindet sich nach dem Tod wieder mit dem großen Atem des Universums. Der Körper des Toten zerfällt und nährt neues Leben auf der Erde. Eine Seinsform im Jenseits spielt hier so gut wie keine Rolle.

Die ursprünglich an der nordamerikanischen Atlantikküste beheimateten Lenape (bei uns bekannter unter dem von den Engländern erfundenen Namen »Delaware«) ließen auch die Seelen von jagdbarem Wild in die rein geistige Dimension eintreten. Demzufolge gestalteten sie das Land der Seelen nicht nur paradiesisch schön, üppig, frei von Krankheit und Gebrechen und friedlich. Bei den Lenape tauchen ebenfalls die bei uns aus zahlreichen romantisierenden Geschichten und Wildwestfilmen bekannten »ewigen Jagdgründe« auf: Alle Tiere gibt es im Überfluss, und die Jagd ist in dieser Art Paradies für die Lenape ein Vergnügen. Doch nur die Seelen jener Menschen, die in ihrem Leben »Gutes« getan haben, dürfen hier verweilen.

Bei den Lakota (den westlichen Sioux) hingegen gehen nur die Seelen von den nichtjagbaren Tieren in das Land der Ahnen ein, weshalb sie auch nicht von »ewigen Jagdgründen« sprechen.

Bei allen nordamerikanischen Indianerkulturen ist der Kontakt zu den Seelen Verstorbener möglich. Eine Kommunikation mit den Seelen der Ahnen ist nicht nur den Medizinmännern (Schamanen) vorbehalten, sondern jedem Mann und jeder Frau etwa im Traum möglich. Vor allem Prärieindianern wie den Sioux (Dakota, Lakota und Nakota), Cheyenne, Absarokee, Kiowa, Comanchen und Blackfeet stand darüber hinaus ein überliefertes Ritual zur Verfügung, um im Kontakt mit Ahnen und Geistern, aber auch Tieren Rat und Hilfe suchen zu können: der Rückzug an einen Kraftort und dort um eine Vision bitten oder beten.

Doch trotz der Zurückhaltung hinsichtlich der Vorstellungen vom Jenseits gibt es verschiedene volkstümliche Erzählungen über ein Leben, eine Existenz in einem Bereich nach dem Tod: über das Land der Ahnen. Eine Geschichte der Sioux erzählt, bei ihrer langen und gefährlichen Reise in das Land der Ahnen müsse die Seele des Verstorbenen auf einem sehr schmalen Baum einen reißenden Fluss überqueren. Wenn sie Angst vor dieser Gefahr habe, müsse sie zur Erde zurückkehren und sei verdammt dazu, für alle Zeiten ziellos und unsichtbar für andere auf ihr umherzuirren. Ein »guter Lakota« sei jedoch tapfer und werde die Gefahr meistern, um in das Land seiner Ahnen zu gelangen.

Eine weitere Geschichte der Sioux besagt, im Land der Ahnen würden die Seelen die göttliche Botin Wohpe treffen. Sie hat vor langer Zeit den Menschen die heilige Pfeife gebracht und sie gelehrt, mit der Friedenspfeife zu beten. Danach entschwand Wohpe in der Gestalt eines weißen Bisons. Bis heute wird sie als »Weiße Büffelkuh-Frau« hoch verehrt. Die heilige Pfeife ist seither Mittelpunkt im religiösen Leben der Sioux. Im Gebet mit der heiligen Pfeife betet der Rauchende für und mit allen lebenden Wesen des Universums und allen Seelen der Verstorbenen.

Und eine andere Geschichte der Präriebewohner besagt, das Land der Seelen liege im Norden hinter den tiefen Wäldern.[26] Die Seelen leben hier ohne jede Not und glücklich. Sie müssen nicht jagen, sondern tanzen und sind vergnügt. Wenn sie mit der schönen Göttin Wohpe tanzen, blitzt das helle Licht ihrer Haare auf, was die Menschen als Nordlicht sehen können. Hier wohnt auch der Nordwind Wazíya. Tanzt er mit den Seelen umher, kommt wie eisiger Atem ein eiskalter Wind auf. Der fährt den Menschen durch Mark und Bein, reinigt sie aber auch. Eule, Rabe und Wolf sind Wazíyas Hilfsgeister. Sie können den Menschen Botschaften von den Seelen Verstorbener überbringen.

An Wazíyas Tipi müssen alle Seelen auf ihrem Weg ins Land der Ahnen vorbei. Dem Nordwind müssen sie Rede und Antwort stehen über ihr Leben. Hat der Mensch in seinem Leben Weisheit erlangt und nach den Regeln der Sioux gelebt, kann seine Seele in das Land der Ahnen eingehen. Hat er hingegen die Lebensregeln missachtet, schickt Wazíya seine Seele zurück zur Erde, wo sie unsichtbar umherirren muss und auf der Schattenseite des Daseins Schrecken unter den Menschen verbreitet. Eine Chance erhält die Seele allerdings, um sich zu läutern. Dann lässt sie Wazíya ungehindert in das friedliche Land der Ahnen passieren.

Die schwarzafrikanischen Ewe: Dreiteilige Unterwelt

Auch in den meisten afrikanischen Kulturen gilt der Tod als ein Übergang – in der Regel von der bekannten irdischen Welt der Lebenden in eine Welt der Ahnen, die der hiesigen recht ähnlich ist.

Von den Ewe, einem Stamm aus Togo, ist beispielsweise bekannt, dass sie glauben, eine Seele existiere bereits vor ihrer Geburt auf der Erde. In jedem Neugeborenen ist für sie ein verstorbener Verwandter wiedergeboren.

Die Ewe aus dem westafrikanischen Regenwald haben ein dreistufiges Weltbild: Neben der Erde gibt es den kaum ausdifferenzierten Himmel und als Bleibeort der Toten die Unterwelt. Alle Toten kommen in die Unterwelt, allerdings streng unterteilt in drei Regionen: eine voller Freude und Festlichkeit für die guten Geister, eine für die Nichtswürdigen und eine für die Mörder.

Wie in vielen Jenseitsmythen anderer Kulturen müssen auch verstorbene Ewe zum Eintritt in das Jenseitsreich einen breiten Fluss überwinden. Für die Überfahrt werden die Toten mit Wegzehrung und Zahlungsmitteln ausgestattet. Außerdem werden ihnen Geschenke für die Ahnen mitgegeben.

Aus der Unterwelt ist den Geistern der Verstorbenen der klare Blick auf die diesseitige Erde möglich. So können sie etwa ihre eigene Beisetzung beobachten und alles sehen, was auf der Erde geschieht.

Maya und Azteken: Totenreiche zwischen Sonne und Unterwelt

Die mittelamerikanische Hochkultur[27] der präkolumbischen Maya stellte sich den Kosmos auf (mindestens) drei Ebenen gegliedert vor: Unterwelt, Erde und Himmel.

Die weitaus meisten Toten sollten in der Unterwelt Mitnal versinken, die in der Vorstellung der Maya nicht weniger schrecklich und düster war als die Entsprechung der Azteken, die Unterwelt Mictlan. Der Todesgott der Maya, Hunahau, herrschte über Mitnal. Bei ihrem rituellen Ballspiel galt der Ball als der Kopf Hunahaus. Der Todesgott soll in menschlicher Gestalt auf die Erde herabgestiegen sein. Er starb, um die Menschen zu erlösen.

Möglicherweise sind in dieser überlieferten Jesus-ähnlichen Vorstellung der Maya allerdings bereits Bilder christlicher Missionare eingeflossen.

Die Maya ersparten beispielsweise vom Feind getöteten Kriegern, bei der Geburt ihres Kindes gestorbenen Frauen und Priestern das harte Los der Unterwelt Mitnal. Sie alle fanden ewige Freuden unter dem heiligen Baum Ceiba. Dieser Lebensbaum durchdrang die drei himmlischen Sphären.

Früher sprach man den Maya den Glauben an die Wiedergeburt ab. Neuere Forschungen (vor allem die Dechiffrierung alter Zeichen und Schriften) belegen hingegen, dass die Reinkarnation sogar im Gegenteil ein grundlegendes Thema in ihrer religiösen Vorstellung war. Zwar mussten die Toten ihrer Auffassung gemäß zunächst noch in irdischen Gefilden verbleiben, doch nicht ewig dort umherirren. Durch Beschwörungen und Rituale konnte an ihrer Weiterentwicklung gearbeitet und eine Wiedergeburt bewirkt werden. Der Chilan (Priester) war dabei das wichtige und mächtige Verbindungsglied zwischen der Welt der Toten und der Welt der Lebenden. Auf Abbildungen wurde eine Art feinstofflicher Kanal dargestellt, der das Gehirn des Chilans mit dem des Sterbenden verbindet. Der Priester konnte als Mittler zwischen Diesseits und Jenseits Verstorbenen helfen und ihre Wiedergeburt vorantreiben. Das irdische Leben wurde von den Maya durchaus als sehr positiv bewertet und daher eine rasche Reinkarnation angestrebt.

Dies steht im Widerspruch zur tibetisch-buddhistischen Auffassung: Im klassischen Totenbuch der Tibeter beschwört der Lama – der eine ähnlich bedeutsame Rolle beim Sterben spielt wie der Chilan der Maya – den Toten, sich nicht von seiner »Gier« nach einer irdischen Wiedergeburt versuchen zu lassen. Denn im Buddhismus ist es das oberste Ziel, den immerwährenden Kreislauf aus Geburt und Wiedergeburt zu durchbrechen.

Den recht kriegerischen Azteken war die Unterwelt Mictlan ein eher düsterer Ort voller Schrecken und Qualen – etwa vergleichbar mit einer ewigen Hölle. Hier sollten die »Bösen« leiden müssen. In günstigeren Fällen verwandelten sich diese Toten nach aztekischer Auffassung in Tiere und verblieben als Wiesel, Stinktiere oder Mistkäfer auf der Erde. Vier Jahre lang wurden die schlechten Menschen geprüft, um die neun Stufen der Unterwelt zu erklimmen. Erst wenn sie mit der letzten Prüfung die neunte Stufe erreicht hatten, gelangten sie an einen siebenarmigen Fluss. Dieser konnte nur mit Hilfe des Wächters der Unterwelt, Psychopomps Xolotl, überquert werden, um zum endgültigen Ziel im Inneren des Himmels, Omeyocan, zu gelangen.

Hochangesehene Tote wie gefallene Krieger, Könige oder bei der Geburt verstorbene Frauen begleiteten fortan die Sonne in ihren himmlischen Dimensionen. Sie gingen in das sogenannte Haus der Sonne ein, ein Totenreich, das allerlei Annehmlichkeiten bot. Dazwischen lag für die gewöhnlichen, aber nach einem »guten« Leben verstorbenen Menschen der untere und paradiesische Himmel Tlalocan.

Kriegerische Helden konnten etwa als Kolibri oder Schmetterling wieder auf der Erde erscheinen. Starben privilegierte Frauen, wandelten sie nach Vorstellung der mesoamerikanischen Ureinwohner auch als Geister im Diesseits.

Die Aborigines: Die Traumzeit

Wie in zahlreichen Schöpfungsmythen, etwa aus Ägypten, Mesopotamien, Indien, China oder Mittelamerika, entspringt auch bei den australischen Ureinwohnern, den Aborigines, die gesamte Schöpfung einer göttlichen Vermählung, der kosmischen Kopulation eines ursprünglichen, göttlichen Ahnenpaares: der göttlichen Mutter Waramururungundju und des göttlichen Vaters Baiame. Sie entsprechen in etwa den altägyptischen Nut und Geb oder den indischen Shiva und Parvati.

In der Vorstellung der Aborigines hat die Erde innerhalb der Schöpfung eine zentrale Rolle: Sie ist der Mittelpunkt der schöpferischen Intelligenz. Die Erde erhält alles Leben – sowohl das sichtbare als auch das unsichtbare. Mit seinem Tod verlässt der Mensch die wahrnehmbare Welt Yuti, in der Geist und Materie klar voneinander getrennt sind. Er geht in die Traumzeit ein, wo die feinstofflichen Körper in ihrer energetisch schwingenden Ausprägung miteinander verschmelzen. Für die Aborigines ist der Tod weniger eine Entrückung aus dem Diesseits als eine Verschiebung des Bewusstseinszentrums auf eine andere, die unsichtbare, aber elementare Welt oder Ebene.

Gleichzeitig gibt es eine Wechselbeziehung zwischen der Schöpfung und den Ahnen der Traumzeit. Nicht nur die Menschen, die ganze Welt träumt. Und durch die Träume übertragen die Ahnen immer wieder Kräfte auf die Menschen. Die Menschen – vielmehr die Aborigines – schaffen wiederum durch Rituale, Tänze und Gesänge einen Ausgleich, da das den Ahnen diese Kräfte zurückgibt. Das innere Leben, die Traumzeit der Götter, drückt sich in unserer äußeren Wirklichkeit, dem Materiellen, dem Anfassbaren aus, wohingegen unser menschliches Innenleben, unsere geistigen und emotionalen Vorgänge und Träume, die Verkörperung des göttlichen Daseins sind.

Daraus leitet sich für die Aborigines der Kern der Traumzeit ab: Der Mensch sollte sich stets offenhalten für die unsichtbaren, metaphysischen (oder energetisch-feinstofflichen) Urbilder, die in jeder Landschaft der Erde abgebildet sind und dort abgelesen, symbolisch übersetzt werden können. Er sollte und kann sich also zwischen den beiden Welten von Raum und Bewusstsein bewegen, etwa durch einen tatsächlichen Traum während des Schlafs, aber auch durch tranceähnliche Meditation oder Versenkung. Deshalb messen die Aborigines dem Leben im achtsamen Einklang mit der Erde traditionell eine derart große Bedeutung zu.

Die Aborigines lebten bereits zwischen 50 000 und 40 000, eventuell sogar schon vor 200 000 v. Chr. in Australien. Ihre Mythen erzählen, dass der Tod durch einen verhängnisvollen Fehler eines dieser Ahnen in die Schöpfung eingeführt wurde. Ausschweifungen der schöpferischen Wesen führten zum Einzug des Todes in die Traumzeit. Nach ihrer Vorstellung gehört der Tod also nicht zum Dasein schlechthin, zur ewigen geistigen Existenz. Er ist gewissermaßen erst durch menschliche Schwäche hervorgebracht worden.

Die drei Seelenteile der Aborigines sind den drei Seelenaspekten der altägyptischen Religion (Ka, Ba und Khaibit) sehr ähnlich. Sie werden mit dem Eintritt des Todes aus der geistigen Komponente des Verstorbenen freigesetzt:

— *Die Totemseele, die sich zu Lebzeiten in der körperlichen und geistigen Erscheinung des Menschen ausgedrückt hat:* Nach dem Tod wird dieser Seelenteil unter rituellen Zeremonien den Naturgeistern überlassen, etwa dem Sonnenlicht, dem Wasser, den Felsen, den Tieren, dem Feuer oder dem Wind. Auf diese Weise wird die geistige Energie an die einst lebensspendenden Kräfte auf der Erde zurückgegeben.

— *Die Ahnenseele, der Seelenteil, der von den Vorfahren (einem bestimmten Clan) stammt:* Die Ahnenseele schwingt stets mit den großen schöpferischen Ahnen der Traumzeit. Sie kehrt mit dem Tod in die Traumzeit zurück, und zwar in das jedem Clan eigene Sternbild beziehungsweise Energiemuster am Himmel. Dem Leichnam wird beim Bestattungsritual das typische geometrische Clanmuster auf den Unterleib gemalt, das er auch bei seiner ersten Initiation bekommen hat. Die energetischen Schwingungen des Musters sollen die Ahnenseele zu ihrem Platz in der Traumzeit führen.

— *Die Egoseele, die den geistigen Ursprung des individualisierten Ichs darstellt:* Dieser Seelenteil ist während des ganzen Lebens stets auf der Suche nach Möglichkeiten, um auf der Erde unsterblich zu werden. Jene Geisteskraft ist an Orte, Gegenstände und Personen gebunden – und haftet somit dem Materiellen an. Für ihre sehr hoch bewertete spirituelle Entwicklung ist den Aborigines dieser Seelenteil daher eine Art Störenfried. Wenn sich Hinterbliebene nicht vollständig von dem Verstorbenen lösen, kann sich die Egoseele etwa an die Ehefrau oder den Sohn binden und Einfluss auf deren Leben und Befindlichkeit nehmen – zum Beispiel eifersüchtig über ihr Sexualleben wachen, ihnen aber auch hilfreich zur Seite stehen.

Wie etwa in der altägyptischen Vorstellung, aber auch der Auffassung vieler anderer Kulturen gemäß gehen die Aborigines davon aus, dass die Seele mit einer Art »Geistkanu«, gerudert von einer mythischen Gestalt, die Reise zum anderen Ufer antritt: über das Meer zur Insel der Toten.

DAS TOTENGERICHT: ZWISCHEN VERANTWORTUNG UND GNADE

Den Abschluss allen Geschehens in der Welt besiegelt das göttliche Gericht, das sowohl in der christlichen, jüdischen als auch islamischen Religion eine bedeutende Rolle spielt. Nach diesem Ende soll ein neues Zeitalter beginnen.

Als Vorläufer monotheistischer Religionen ging bereits der Prophet Zarathustra von einem Totengericht aus, und zwar sehr umfassend von einem endgeschichtlichen Entscheidungskampf zwischen Gut und Böse durch ein Weltgericht.

Im alten Ägypten stellte man sich ein jenseitiges, individuelles Totengericht vor. Auch bei den Pygmäen aus Zentralafrika spricht die überlieferte Tradition in Form von gesungenen Totenliedern von einem Gericht, in dem der Zugang zum Jenseits geregelt wird: Ihr Gott Khmvum entscheidet, wer durch die Eingangspforte hineinkommen darf und wer wieder gehen muss. Bei den Juden vereinigt sich die kosmologische mit der zeitlichen Vorstellung im Gedanken eines endzeitlichen Weltgerichts und einer anschließenden Herrschaft des Messias. Das Neue Testament überhöht diese Vorstellung und mahnt alle Menschen wegen des nahen Gerichts über alle Lebenden und Toten. Dieses Gericht entscheidet über ewiges Leben und ewige Verdammnis. Mit den Entscheidungen wird endgültig und vollständig das Reich Gottes errichtet. In der Apokalypse des Johannes beschließen die sehr anschaulichen Endzeitbeschreibungen die Heilige Schrift.

Der Glaube an das Jüngste Gericht als Ende der Weltgeschichte und die damit verbundene Heimkehr zu Allah ist zentrales Thema des Korans. Wer das Gottesgericht in diesem irdischen

Leben leugnet, verfällt als Ungläubiger in ewiger Verdammnis der Strafe des »Herrschers am Tag des Gerichts«.

Das alte Ägypten: Die Prüfung jeder einzelnen Seele

Wie wir gesehen haben, ist bereits im Ägyptischen Totenbuch die Rede von einem Gericht im Jenseits. Demzufolge wird die Seele direkt nach Eintritt in das Totenreich von begleitenden Wesen durch ein Land der Finsternis vor Osiris geführt. Dort findet die erste Prüfung vor dem toten Gott statt, der zugleich die Güte selbst und die reinste Essenz des Todes verkörpert. Die Seele des Verstorbenen soll die entsprechenden geheiligten Worte hervorbringen. War alles richtig, geht er eine sehr mystische Verbindung mit Osiris ein. Sein Name verbindet sich aufs engste mit dem Gott, er verschmilzt zu einem Teil von ihm, er wird gewissermaßen selbst zu Osiris.

So erscheint der Tote vor einem Gerichtshof mit 42 Richtern, und die Seele zitiert nun das »negative Glaubensbekenntnis«. Das heißt, der Verstorbene muss sagen, welche Untaten er *nicht* begangen hat, um sich für das ewige Leben zu qualifizieren. Viele Aussagen kreisen um die Beachtung der religiösen Rituale, es geht jedoch auch um soziale Verpflichtungen. Zur Unterstützung der Seele dienen vor allem die den Leichnam begleitenden Auszüge aus dem Ägyptischen Totenbuch. Von dem Totengott Anubis wird anschließend das Herz des Toten gegen die Feder der Wahrheit aufgewogen.

Ein negatives Gerichtsurteil kann ihn in den finsteren Teil der Unterwelt (Duat) verdammen, einer Art Hölle mit Feuersee, Feuerfeldern und quälenden Dämonen. Fällt das Urteil allerdings zugunsten des Toten aus, gelangt er zu einem geradezu göttlichen Leben: Er wird ein geheiligter Geist (Iakhu). Der Seele steht dann ein absolut freies Dasein bevor. Sie ist ungehindert in ihren Handlungen, kann sich überallhin bewegen, sowohl den Himmel und die Erde als auch die Unterwelt durchstreifen, nach Belieben in der Sonnenbarke Platz nehmen, sich in alle Wesen wie Tiere oder Pflanzen verwandeln oder den Göttern auf gleicher Ebene begegnen – sie ist selbst wie ein Gott.

Diese altägyptische Jenseitsgerechtigkeit widerfährt jeder individuellen Seele.

Juden, Christen und Moslems: Das Jüngste Gericht

Judentum, Christentum und Islam stellten an das proklamierte Ende der Welt ein Totentribunal für alle Seelen: Das sogenannte Jüngste Gericht ist eng mit der Idee der Auferstehung verknüpft. Es wird auch als »Gottesgericht«, »Jüngster Tag«, »Nacht ohne Morgen«, »Weltgericht« oder »Armageddon«[28] bezeichnet.

Im Apostolischen Glaubensbekenntnis heißt es: Jesus Christus »sitzt zur Rechten Gottes, des allmächtigen Vaters; von dort wird er kommen, zu richten die Lebenden und die Toten«. Aber dennoch ist es Gottes Gerechtigkeit, die den Menschen widerfährt. In den Evangelien wird die Darstellung des Jüngsten Gerichts in Relation zu wenigen Andeutungen im Alten Testament ausführlicher beschrieben, so heißt es beispielsweise bei Johannes:

Wahrlich, wahrlich, ich sage euch: Wer mein Wort hört und glaubet dem, der mich gesandt hat, der hat das ewige Leben und kommt nicht in das Gericht, sondern er ist vom Tode zum Leben durchgedrungen ... es kommt die Stunde, in welcher alle, die in den Gräbern sind, werden seine Stimme hören, und werden hervorgehen, die da Gutes getan haben, zur Auferstehung des Lebens, die aber Übles getan haben, zur Auferstehung des Gerichts.[29]

Dieses Endgericht der Christen ist zu unterscheiden von einem individuellen Gericht – wie etwa bei den alten Ägyptern und den Moslems –, bei dem jeder einzelne Sterbende beziehungsweise Tote Rechenschaft über sein Leben abzulegen hat. Mit dem Jüngsten Tag ist das Weltgeschehen zu Ende, und es wird über die Lebenden und die wiederauferstandenen Toten gerichtet.

Im mittelalterlichen Europa spielte das Jüngste Gericht in den Machtstrukturen der christlich geprägten Gesellschaften eine große Rolle. Die Menschen lebten in jener Epoche in dem Glauben, dieses Endzeitszenario stehe als konkretes, historisches Ereignis kurz bevor.

Wie im Juden- und Christentum verkündet der Erzengel Gabriel den Moslems durch den Propheten Mohammed einen göttlichen Gerichtstag, der das Weltgeschehen abschließen soll. Dem Koran zufolge wiegt Allah die guten und die schlechten Taten eines jeden Verstorbenen gegeneinander auf. Denn jede Seele sei verantwortlich für ihre Handlungen. Die Bewertung am Jüngsten Tag durch die Himmelswaage erfolge nach »Büchern«, in denen die Taten jedes Einzelnen verzeichnet seien. Allahs Urteil gilt als stets gerecht und weise. Am Gerichtstag überblicke der Mensch auch selbst seine Taten, die seine Hände vorausgeschickt haben. Ihm werde ein Spiegel über sein Leben vorgehalten. Nur die »Gerechten« passierten die Brücke (Sirat) über den Abgrund der Hölle hinüber ins Paradies. Die Seelen werden dabei in drei Gruppen aufgeteilt:

– *Zur Rechten »die Glücklichen«:* Es sind diejenigen, die in ihrem irdischen Dasein anderen »im Guten vorangegangen« sind. Sie sollen Gott am nächsten sein. Sie sollen in eine Art Paradies eingehen mit dornlosen Lotosbäumen und zahlreichen Wonnen wie nie versiegendem, reinstem Quellwasser, unerschöpflichen Früchten, erqickendem, den Verstand nicht trübendem Wein und Speisen sowie gleichaltrigen Jungfrauen (Huris).

— *Zur Linken »die Unglücklichen«,* die nicht nur in ihrem Leben »frevelhafte Taten« vollbracht und sich Eitelkeiten und »Geschwätz« hingegeben haben, sondern die auch »ungläubig« waren und nicht das Gebet verrichtet haben, die die Auferstehung leugneten und nicht die Armen speisten. Sie sollen in »brennende Winde« kommen, siedend heißes Wasser und Schatten von schwarzem Rauch. Sie haben in ihrem irdischen Leben die Wonnen und Lüste genossen, die ihnen nun versagt würden. Stattdessen schmoren diese Elenden in der Glut des Höllenfeuers – eine harte Strafe für Heuchelei, die als besonders schweres Vergehen angesehen wird.

— *Die dritte Gruppe stellen die Vorausgegangenen,* die Vorfahren.

Nach islamischer Vorstellung ist ein kleines Kind »schuldunfähig« und geht nach seinem frühen Tod direkt ins Paradies ein.

Himmel und Hölle

Die Vorstellung einer jenseitigen Gerechtigkeit, einer Aufteilung des Jenseits in etwas Angenehmes für die »guten Menschen« (»Himmel, Paradies«) und in etwas Unangenehmes für die »schlechten« (»Hölle«) ist in nahezu allen Kulturen und Religionen verbreitet.

Bereits die alten Ägypter sahen für die Seelen ihrer Toten eine finstere Unterwelt (Duat) vor, wenn sie die jenseitigen Prüfungen nicht bestanden. Sie entsprach in etwa dem, was das spätere Christentum mit der Hölle verband: ein durch Feuer unwirtlicher Ort, an dem die Seelen von Dämonen gequält wurden. Das paradiesische Gegenstück entsprach einem göttergleichen Dasein mit allen nur erdenklichen Freiheiten.

Auch auf tibetischen Abbildungen gibt es eine Art Totengericht. Richter ist der dunkle Yama Raja, einer der zahlreichen tibetischen Götter. Er wird meist umgeben von Totenköpfen dargestellt. In seiner rechten Hand hält er als Symbol für seine spirituelle Macht ein Schwert, in seiner linken den Spiegel des Karmas. Der dunkle Gott steht mit seinen nackten Füßen auf einem unbekleideten menschlichen Leichnam. Auf eine Totenwaage werden entsprechend den karmischen Verdiensten des Toten weiße oder schwarze Steine gelegt. Tierköpfige Gottheiten sind als Wächter und Zeugen anwesend. Der Ausschlag der Waage entscheidet über den Verbleib auf einer quälenden, höllenähnlichen Ebene mit unzähligen Torturen oder den Aufstieg in die göttlichen Bereiche der Buddhas.

Doch trotz dieser Parallele zum Jüngsten Gericht sind in der buddhistischen Anschauung solche Vorstellungen nur Trugbilder, Spiegelungen der eigenen Ängste, die es abzulegen gilt.

Nach christlicher Auffassung wird die unsterbliche Seele nach dem Jüngsten Gericht entweder an den Himmel oder an die Hölle verwiesen. Die Hölle hat strafende Funktion für den menschlichen Sünder. Hier warten auf ihn unendliche Leiden wie schrecklichste Folter, Schwefel und Feuer, Hunger und Durst. Darf sie in den Himmel eingehen, gelangt die Seele auf ewig dorthin, wo Milch und Honig fließen, wo die Harfen klingen und wo alle Sinne sich ergötzen – in einen über jede Vorstellung hinausgehenden Zustand höchsten Glücks.

Zweifelsfälle werden beim Jüngsten Gericht zur Läuterung ins Fegefeuer[30] verwiesen. Dieser dritte Jenseitsort wurde 1274 mit dem 2. Konzil in Lyon verkündet. Während der Himmel den guten, die Hölle den schlechten Menschen vorbehalten ist, gelangen die weniger schwerwiegenden Sünder in das Fegefeuer. Durch die Qualen des Fegefeuers bekommen sie die Chance, sich von ihren Sünden zu befreien und vor der ewigen Verdammnis in der Hölle zu retten. Die Leidenszeit der Seelen im Fegefeuer konnte angeblich verkürzt werden, indem ihre Hinterbliebenen Ablässe erwarben, Seelenmessen lesen ließen, Gebete sprachen, Almosen gaben, Spitäler einrichteten und dergleichen mehr. In dieser Ausprägung blieb das Dogma vom Fegefeuer innerhalb der katholischen Kirche noch bis ins 18. Jahrhundert hinein wirksam.

Milde bei der Aufteilung in die drei Jenseitswelten waltet nur bei den ungetauften kleinen Kindern. Ihre Seelen kommen in den »Limbus«[31]. An diesem neutralen Ort genießen sie keine himmlischen Freuden, müssen aber auch keine Höllenqualen erleiden.

Für die reformierte Kirche bleiben die Verdienste des irdischen Lebens völlig bedeutungslos. Alle Menschen sind Sünder und können einzig durch die Gnade Gottes Eingang in den Himmel erhalten.

Doch die Vorstellung von Himmel und Hölle wandelte sich bei den Christen im Laufe der Jahrhunderte abhängig vom Zeitgeist, teilweise aber auch vom gesellschaftlichen Stand.

Im Mittelalter etwa stellten sich Mönche und Bauern den Himmel als das wiederhergestellte Paradies vor, als einen von Gott geschaffenen Garten frei von Mühsal und Schmerzen. Zur gleichen Zeit entstand in den Bettelorden und der urbanen Bevölkerung das Bild einer himmlischen Stadt mit einer himmlischen Kultur und Standesunterschieden: Wer ein gottgefälliges

und reines Leben geführt habe, sitze bei den Heiligen und Jungfrauen und werde von anderen bedient.

Für den christlichen Philosophen und Theologen Thomas
von Aquin (1225 bis 1274) stellte der Himmel die vollkommene
Erkenntnis Gottes dar: Je mehr man Gott im irdischen Leben geliebt habe, desto höher sei die Stufe der himmlischen Gotteserkenntnis und desto größer die Glückseligkeit. Kinder, die unge-
tauft sterben, stehen auf der untersten Stufe. Ähnlich wie die
Tiere sollen sie nur eine Art natürlicher Gotteserkenntnis haben
und ein dementsprechend einfaches Glück. Einen Aufstieg in
eine höhere Stufe gibt es seiner Auffassung nach im Himmel
nicht.

In der Zeit der Renaissance hingegen stehen geistige und sinnliche Genüsse – etwa die Liebe Gottes und die Liebe der Seligen –
einander gleichwertig gegenüber. Je reiner und voller Liebe und
guter Taten ein Mensch auf der Erde gelebt hat, desto süßer sollten seine Küsse im Himmel schmecken.

Wer nicht an die christliche Religion glaubt, kann nicht von Jesus
erlöst werden und wird nach seinem Tode ein sehr übles ewiges
Leben in der Hölle haben, die von einem bösen Geist, dem Teufel, beherrscht wird.

Das alttestamentliche Schattenreich »Scheol« taucht sowohl
im jüdischen als auch im christlichen Glauben auf. Hier müssen
die Verstorbenen auf ewig als Schatten fern von Gott bleiben. Im
Apostolischen Glaubensbekenntnis wird bekundet, dass Jesus
Christus hinabgestiegen ist »in das Reich der Toten«, damit ist
seine sogenannte Höllenfahrt in der Nacht nach seiner Kreuzigung gemeint, um dort die Seelen der Gerechten seit Adam aus
der Totenwelt zu befreien.

In der islamischen Vorstellung teilt sich das Jenseits für den Menschen ebenfalls in Himmel (Paradies oder Jannat) und Hölle (Gehenna).

In der Glut des Höllenfeuers schmoren die »Elenden«, diejenigen, die für schwere Vergehen bestraft werden, etwa für Heuchelei, wie gesagt nach dem Koran eines der schwersten Vergehen. Von einer Verdoppelung der Feuerstrafe für die »Bösen« in der Hölle ist in der 38. Sure die Rede, ebenso wie von »siedendem Wasser und eitriger Flüssigkeit«.

Die Hölle wird als Zustand beschrieben, in dem der Sündige weder leben noch sterben soll. Ähnlich wie in der christlichen Vorstellung besteht die wesentliche Bestrafung für den in der Hölle Verdammten in der Gottesferne.

Im islamischen Paradies Jannat, was wörtlich so viel wie »Garten« bedeutet, umhüllt die Barmherzigkeit Gottes seine Bewohner und hält alle Schwierigkeiten und Gefahren fern. In jenem Garten Eden werden die Seelen der »guten Menschen« zurückgelehnt ruhen und Früchte und Trank in Menge genießen. In diesem himmlischen Paradies begegnen ihm besagte gleichaltrige Jungfrauen (Huris), die stets wieder in den Zustand der Unschuld zurückkehren.

WIEDERGEBURT UND AUFERSTEHUNG

Am bekanntesten ist uns der Zyklus von Geburt, Tod und Wiedergeburt vor allem aus asiatischen Kulturen und Religionen, etwa dem tibetischen Buddhismus oder dem Hinduismus. Er ist aber vom alten China und Ägypten über die Maya bis zu den frühen Christen verbreitet. Und der griechischen Mythologie zufolge befinden sich die Seelen der Toten in einer Art gedächtnislosem Raum. Nur wenn ihnen von den Göttern Blut zur Verfügung gestellt wird, können sie ins irdische Leben zurückkehren. Hierbei handelt es sich um eine sehr alte europäische Version der Vorstellung von der Inkarnation.

Die alten Ägypter: Geistige Wiedergeburten

Die Ägypter glaubten, dass der Mensch bereits mit geistigen Fähigkeiten das Licht der Welt erblicke. Diese sollten sich jedoch während der Manifestation seiner irdischen Existenz vollkommen verdunkeln: Mit der Inkarnation stürben seine »geistigen Qualitäten« gewissermaßen für die jenseitige Welt. Und der Mensch seinerseits könne sich an nichts mehr »erinnern«. Mit seinem irdischen Tod hingegen werde er auf der geistigen Ebene wiedergeboren. Es sollte eine Art Verjüngung des tieferen Ichs durch den Übertritt ins Jenseits stattfinden.

Nach dieser Auffassung stehen dem Menschen erst dann alle Möglichkeiten zur Verfügung, nachdem er die irdische Hülle abgestreift hat: alle nur erdenklichen Veränderungen und Verwandlungen, vergleichbar mit der größtmöglichen Vielfalt körperlicher und geistiger Metamorphosen. So bringt jede neue Form – etwa auch die von Tieren – einen völlig neuen Kanon an

Optionen hervor. Diese Fähigkeit zu jeglicher Verwandlung und Wandlung stellt den Menschen aus Sicht der alten Ägypter auf der geistig-feinstofflichen Ebene in die Nähe der Götter, wenn sie ihn in seiner Freiheit nicht sogar göttergleich macht.

Während seines irdischen Daseins dagegen sind diese immensen Potenziale des Menschen wie komprimiert. Sie werden dadurch neutralisiert, so als ob sie nicht vorhanden wären.

Die einzige Voraussetzung für die Entwicklung dieses eigentlich für jeden Menschen verfügbaren, fast unerschöpflichen geistigen Potenzials, seiner wirklichen und absoluten Freiheit sei eine entsprechend gute Vorbereitung auf den Tod, auf das Sterben.

Wie für zahlreiche spätere Kulturen und Religionen war auch für die Ägypter der physische Körper des Menschen lediglich eine Art Gefäß für die unvergänglichen Wesensaspekte eines Menschen. Von diesen essenziellen Wesensaspekten gab es in der Vorstellung der Ägypter drei:

— *Das irdische Dasein* wird von einem lebendigen, aber nichtmateriellen Substrat getragen, dem Ka. Obwohl er nicht materiell ist, sieht er aus wie der irdische Körper.[32] Im Diesseits soll er ihn wie ein feinstofflicher Doppelgänger begleiten. Der Ka wird zwar mit dem Menschen geboren, lebt aber nach dessen Tod weiter. Dann kehrt er zu seinem göttlichen Ursprung zurück. Im Jenseits hingegen verleiht Ka dem geistigen Bewusstsein Stabilität und Gleichgewicht.

Da der Ka exakt dem irdischen Körper des Verstorbenen entspricht, wurde der Leichnam zu dessen größtmöglichem Erhalt aufwendig einbalsamiert und mumifiziert. Zusätzlich musste dem Leichnam ein möglichst exaktes Abbild des Verstorbenen auf seine Reise ins Jenseits mitgegeben werden: die für altägyptische Grabstätten so typische Totenskulptur. Der Ka sollte dieses Bildnis des Verstorbenen dann in die jenseitige Welt bringen. Dort benötigte der Ka allerdings Nahrung, die er durch symbolische Grabmalereien oder Opfer- und Grabbeigaben erhielt. So war die jenseitige Existenz eines Menschen unmittelbar vom Ka abhängig und von den symbolisch dargebrachten Opfern.

— *Der zweite Wesensaspekt des Menschen ist die geistige Kraft Ba*, die wohl am ehesten mit unserem Seelenbegriff vergleichbar ist. Die Ba-Seele kann mit Hilfe der magisch wirkenden Totensprüche aus dem Totenbuch im Jenseits alle Gestalten annehmen, die sie wünscht. Nach dem Tod bleibt die Seele Ba noch mit dem Herzen des Verstorbenen verbunden. Ihre weitere Existenz im Jenseits ist von realen Opfergaben wie Brot, Früchten, Fleisch und Bier abhängig. Ba ist zwar ein recht hoher Seelenanteil und einsichtsvoller Unterscheidungen mächtig, aber dennoch nicht unvergänglich. Der Ba ist im Jenseits auch vom sogenannten zweiten Tod bedroht – seiner Zersetzung. Dies bedeutet den endgültigen Verlust des menschlichen Bewusstseins.

— *Noch ein dritter Teil, der »Schatten« Khaibit*, gehörte für die alten Ägypter neben der sehr dynamischen »Seele« Ba und dem eher unbeweglichen Ka zum Menschenwesen. Darunter verstanden sie das Substrat für Begierden, Laster und Gefühle von Neid oder Hass, also die eher »schlechten, verdorbenen« Wesensanteile.

In der stets etwas rätselhaften und wiedersprüchlichen mystischen Vorstellungswelt der Ägypter standen diese drei Wesensanteile des Menschen allerdings noch neben einem geistigen Menschenwesen, das ewig war. Ba kann man sich vielleicht am ehesten als Bindeglied zwischen diesem tatsächlich unsterblichen menschlichen Geist und den niederen menschlichen Gliedern Ka und Khaibit vorstellen. Unsterblichkeit erlangte dieser Geist durch spezielle Einweihungen oder Erleuchtungen. Ihm mussten keinerlei Opfer mehr gebracht werden, denn er lebte fortan selig im Schoß des Osiris.

Die Maya: Rückkehr geläuterter Seelen

Der Zyklus aus Geburt, Tod und Wiedergeburt sollte den Maya zufolge in verschiedenen Stadien verlaufen:

— Nachdem der Verstorbene die Schwelle des Todes überschritten hat, gelangt er unter dem Einfluss von himmlischen wie auch von irdischen Mächten zu immer höheren Bewusstseinszuständen.
— Im zweiten Stadium ist der Tote vollkommen geläutert und schreitet in die nächste Energieebene, für unsere westliche Vorstellung etwa vergleichbar mit einer Art »Vorhimmel«. Hier geht die inzwischen nur noch feinstofflich vorhandene menschliche Gestalt endgültig verloren.
— Im dritten Stadium wird durch weitere himmlische und irdische Manipulationen der Seele zunächst jegliche Erinnerung des Toten genommen.
— Erst dann wird die gedächtnisleere Seele in den Schoß einer befruchteten Frau eingebracht. Damit ist die Rückkehr des Toten in einen Körper vollzogen. Das verstorbene Wesen ist wieder zu Leben – zu irdischem Sein – erwacht.

Somit gab es auch bei den Maya eine energetische Existenzebene zwischen Tod und Wiedergeburt, vergleichbar dem Bardo der Tibeter: Der Tote hat hier seine menschliche Gestalt verloren. Konnte sich die Seele zuvor oder in diesem Zwischenreich läutern, kann sie in einem menschlichen Mutterschoß wiedergeboren werden.

Der Verstorbene selbst konnte die Wiedergeburt nach dieser Auffassung nicht initiieren. Es spielten die Anrufungen, Beschwörungen und Rituale der lebenden Menschen, allen voran eines Priesters, ebenso eine Rolle wie himmlische Kräfte. Bei den Reinkarnationsritualen der Maya waren neben den Priestern stets Tiere als Mittler, selten als Opfergabe beteiligt. In den einschlägigen Darstellungen tauchen hierzu vor allem Puma, Jaguar, Hund, Truthahn und Geier auf.

Starke Räucherrituale sollten den Toten den Weg weisen und den Lebenden gleichzeitig Gesundheit, Wohlstand und das Überleben sichern. Am Verhalten des Rauchs lasen die Priester das Ergebnis des Rituals ab. Wurde der Rauch etwa zu Boden gedrückt, waren Zauberer am Werk, die die ganze Zeremonie störten und damit hinfällig machten. Auch Feuer sollte die Toten anziehen – daher wurden viele weitere Feuerrituale zelebriert.

Totgeborene oder frühverstorbene Kinder wurden bei den Maya durch spezielle Rituale begleitet, die ihre Wiedergeburt offenbar beschleunigen sollten.

Die Aborigines: Der Geist verschmilzt in die Einheit

Der Tod ist für die australischen Ureinwohner ähnlich wie die Initiation zum geschlechtsreifen Mann oder zur empfängnisbereiten Frau nur ein weiterer Übergang bei dem, was das eigentliche Dasein ausmacht. Er gilt nicht nur als ein das Leben ergänzender Vorgang, sondern bildet sogar den Höhepunkt dieses Werdegangs. Erst nach dem Ende der körperlichen Existenz beginnt das eigentliche Sterben, nämlich das des Geistes. Dieser geistige Tod kann lange Zeit in Anspruch nehmen, er kann Monate bis Jahre dauern.

Bei den Aborigines durchläuft der Geist eines jeden Individuums die drei Welten des Ungeborenen, des Lebenden und des Sterbenden sowie des Toten nur ein Mal. Nach ihrer Vorstellung überlebt keinerlei geistiges »Ich« unversehrt den Tod. Für sie gibt es die individuelle Wiedergeburt nicht, die Reinkarnation des bewussten Geistes eines einzelnen Menschen.

Das bedeutet nun keineswegs, dass sie nicht von einem immerwährenden Leben ausgingen. Ganz im Gegenteil: Ihre Vorstellung ist, ähnlich wie etwa die der nordamerikanischen Ureinwohner, Ausdruck ihrer starken Verbundenheit mit »allem, was ist«, ihrer unerschütterlichen Verbindung mit der Einheit des kosmischen Lebens und Seins. Individualität nach unserer Definition, die »absolute Freiheit«, wie wir sie in unserer modernen Welt gern idealisieren – aber dennoch so häufig darunter leiden –, ist für die Aborigines nichts als eine Illusion. Dementsprechend fremd ist ihnen die Vorstellung, das individuelle Ich könne den physischen Tod überleben und bliebe nach dem Tode unversehrt. Für die australischen Ureinwohner verschmilzt die Seele des Toten in der Traumzeit sogleich mit dem großen Ganzen.

Den Lebenden kommt die Aufgabe zu sicherzustellen, dass der Geist eines Toten von allem Irdischen getrennt wird und in die nächste Welt übergehen kann. In ihren tradierten Ritualen bestatteten die Aborigines ihre Verstorbenen noch so, dass sich deren geistige Energien vollständig von den irdischen Bereichen lösen und in die Traumzeit eingehen können.

Die Anschauung dieses Urvolks berücksichtigt auch das gesamte Weltgeschehen. Da wir in der sogenannten zivilisierten Welt die dementsprechend wirksamen Bräuche und Rituale nicht mehr verwenden, größtenteils sogar vergessen haben, konnten und können sich die geistigen Energien unzähliger Verstorbener aus unserem Kulturkreis bis in unsere Gegenwart hinein nicht vollständig von der Erde lösen. In der Vorstellung der Aborigines irren sie als Seelenbruchstücke weiterhin in der irdischen Atmosphäre herum – sozusagen als »spirituelle Verschmutzung« unserer Erdatmosphäre. Diese unerlösten geistigen Bruchstücke können auch auf Lebende Einfluss nehmen.

Noch heute gehen die traditionell lebenden Aborigines davon aus, dass die »Verschmutzung« der Erdatmosphäre mit bruchstückhaften Energien der Toten die energetische Vorlage für die materielle Verschmutzung und Zerstörung der Biosphäre der Erde liefert.

Christen und Moslems: Auferstehung am Jüngsten Tag und Zwischenzustände

Wie bereits gesagt wurde, gab es in der ursprünglichen christlichen Vorstellung noch die Wiedergeburt des Menschen, und sie wurde von der frühen christlichen Kirche akzeptiert. Die Gnostiker und einige Kirchenväter wie der heilige Hieronymus aus dem 5. Jahrhundert erläuterten dieses Konzept. Im 3. Jahrhundert etwa schrieb Origenes (185 bis 254), ein einflussreicher Kirchenvater, jede Seele käme gestärkt durch die Siege oder geschwächt durch die Niederlagen aus vergangenen Leben in diese Welt.

Doch im Jahr 325 verwarf das 1. ökumenische Konzil von Nicäa die Vorstellung von Wiedergeburt und Seelenwanderung, und auf dem 5. ökumenischen Konzil (dem 2. in Konstantinopel) wurde die Idee der menschlichen Reinkarnation im Jahr 553 endgültig zum Irrglauben erklärt und aus der christlichen Kirche verbannt (siehe auch Seite 192). Nur noch Spuren des Glaubens an das Konzept der Wiedergeburt lassen sich bis ins Mittelalter, einige wenige sogar bis in die Renaissance hinein verfolgen.

Ein Hintergrund dieser Abkehr war, dass die Kirche durch den Wiedergeburtszyklus den Menschen zu viel Zeit und Raum eingeräumt sah. Sie fürchtete, dass sie sich deshalb nicht hinreichend und mit dem gebotenen Nachdruck um eine baldige Erlösung bemühen würden. Doch die Unterdrückung dieser Wahrheit hatte ungeahnte, teils schreckliche Folgen: Unzählige Menschen haben in ihrem scheinbar einmaligen Dasein auf der Erde ihre kurze Lebensspanne nicht mit der intensiven Suche nach Gott verbracht, sondern den ebenso wie sie selbst vergänglichen Genuss des Weltlichen gesucht.

Noch um die Jahrtausendwende verkündete Papst Johannes Paul II., jede Seele werde neu und unmittelbar von Gott geschaffen, eigens für jeden Leib. Früher glaubte man, dass Knaben am vierzigsten und Mädchen erst am achtzigsten Tag des fötalen Lebens aus Gottes Hand eine Seele erhielten. Inzwischen gilt der Moment der Zeugung als Geburtsstunde der Seele.

Konsens besteht in allen christlichen Glaubensrichtungen über die Unsterblichkeit der Seele, doch was geschieht mit der ewigen Seele nach dem physischen Tod? Erst beim Jüngsten Gericht aufersteht der Leib, um sich wieder mit der dazugehörigen Seele zu vereinen. Laut päpstlicher Auskunft ruht oder schläft sie in dieser Zwischenzeit nicht, in der unter anderem der irdische Leib zu Staub zerfällt. Die Seele ist und bleibt als spirituelles Element ausgestattet mit Bewusstsein, eigenem Willen und Verstand. Sie soll sich unter nicht näher definierten besonderen Bedingungen in einer geistigen Übergangsphase befinden.

Demjenigen wird ewiges Leben verheißen, der sein Dasein ununterbrochen im göttlichen Sinne, in der Hinwendung zum

Licht, im Christusbewusstsein lebt: »Amen, amen, ich sage euch: Wenn jemand an meinem Wort festhält, wird er auf ewig den Tod nicht schauen.«[33] Damit ist keineswegs ein nicht endendes Leben in unserem physisch-menschlichen Körper in der uns derzeit so vertrauten Art und Weise auf der Erde gemeint – eine solche Gefangenschaft im irdischen Dasein wäre auch für einen Christen sicherlich eher eine Bestrafung als eine Verheißung…

Wenn sich die Seele vom Körper getrennt hat, gelangt sie nach Auffassung der Moslems in eine Art Übergangszustand zwischen Diesseits und Auferstehung, den Zustand des Unfassbaren (Barsakh). Darin verbleibt der Verstorbene bis zum Tag der Auferstehung. Die Vorstellung von der Auferstehung ist weitestgehend mit der des Christentums vergleichbar.

In der islamischen Mystik wird ein Zustand frei jeden Egos beschrieben (Fana). Das individuelle Ich ist in diesem spirituell hochentwickelten Zustand quasi gestorben. Wer sich darin befindet, hat jegliches Interesse an allem Weltlich-Materiellen verloren und lebt sozusagen mit seinem noch irdischen Körper bereits in der anderen Dimension des Jenseits. Möglich ist dies durch eine Art Wiedergeburt noch zu Lebzeiten in einem transzendierten Zustand.

Zwischen Verstorbenen und Lebenden ist auch dem Islam zufolge eine Verbindung möglich – etwa über Visionen oder Träume, Bilder oder Worte. Ein Toter kann sich vor einem Lebenden auch manifestieren. Er kann dann dem wachen Lebenden mit einem Körper erscheinen.

Hindus und Buddhisten: Das Rad der Wiedergeburten und die Befreiung von der karmischen Vereinzelung

Nach hinduistischer Glaubensvorstellung durchwandern Götter, Menschen und Tiere in einem durch ewige Wiederkehr gekennzeichneten Kreislauf von Wiedergeburten die Weltzeitalter. Während des Lebens wird je nach Verhalten gutes oder schlechtes Karma angehäuft. Dieses Gesetz von Ursache und Wirkung von Handlungen beeinflusst nach hinduistischer Vorstellung sowohl zukünftige Reinkarnationen als auch die Erlösung aus dem Rad der Wiedergeburten durch das Vereinigen des Atman (des in jedem Menschen innewohnenden göttlichen Brahman) mit Brahman, dem Licht selbst.

Atman ist allerdings nur bedingt mit unserer Vorstellung von der Seele zu vergleichen. Die Seele ist stets etwas Individuelles. Sie ist dementsprechend bei jedem Menschen verschieden. Das Atman hingegen ist immer das gleiche, weil es stets auch Aspekt des kosmischen Bewusstseins Brahman ist. Die persönliche Erleuchtung ist der Endpunkt der Entwicklung des Geistes. Alle Individualität fällt damit ab.

Und je nach Realisation des Suchenden kann diese Erleuchtung durch die klassischen drei Methoden erreicht werden: durch die liebende Verehrung und Hingabe an Gott (Bhakti-Yoga), durch den Weg der Tat, des selbstlosen Tuns – wir würden vielleicht sagen: durch Abbauen von Karma (Karma-Yoga) – sowie durch den Weg des Wissens (Jnana-Yoga). Manchmal zählt auch als vierter Weg das Raja-Yoga dazu: der »Königsweg« der Herrschaft über den Geist.

Die Wiedergeburt im Buddhismus bedeutet nicht, dass ein und dieselbe individuelle Seele immer wieder für die neue irdische

Existenz in einen neuen Körper schlüpft. Es ist eher so, dass geistiges Potenzial weitergegeben wird, wie eine Prägung oder wie ein Samen, in dem beispielsweise psychische Grundmuster gespeichert sind. Aspekte davon können in dem aktuellen irdischen Leben aufgehen oder auch nicht.

Folgendes Bild kann vielleicht das Rad der Wiedergeburten veranschaulichen: Eine Kerze wird an einer anderen angesteckt. Ist deshalb die eine Kerze die andere? Nein. Aber die Flamme ist die gleiche. Eine individuelle Seele existiert in der buddhistischen Vorstellung – egal, welcher Schule – nicht. Folglich gibt es auch keine persönliche Unsterblichkeit. Alle persönliche Existenz ist nichts weiter als das Fließen von Unbeständigkeit und fortwährendem Wechsel.

Das Karma treibt den Geist wie einen Spielball umher mit der irrtümlichen Auffassung, dass Wesen, Zustände, Erscheinungen und Phänomene real seien. Mit der Inkarnation in einem menschlichen Körper sondert sich der menschliche Geist vom großen Ganzen des Kosmos ab. Der Geist ist vereinzelt und isoliert. Das, was er für wirklich hält, als real betrachtet, ist allein das die Sinne täuschende Panorama der unterschiedlichsten Existenzen innerhalb des Samsara. Dieser Irrtum, diese Unkenntnis lässt den menschlichen Geist meist im »Sumpf der Erscheinungen« umherirren.

Durch diese Vorstellung verneint der Buddhismus allerdings das Sein, die Existenz nicht völlig. Das Tibetische Totenbuch etwa möchte den Menschen darin schulen und unterstützen, sich von seinen karmischen Verdunkelungen zu befreien und die Erscheinungen als nicht real zu erkennen. Die Wirklichkeit kann der Geist eines Menschen erkennen, wenn er sich von allen Irrtümern und falschen Glaubenssätzen gereinigt hat. Dann erkennt der Geist die Wirklichkeit als Nicht-Form, als Einheit von

Geist und Materie. Das Dasein als abgetrenntes Individuum löst sich auf, gleichzeitig damit alle Sorgen und alles Leid. Das irdische Bewusstsein wird mit dieser Erkenntnis überirdisch und vereinigt sich mit dem Dharmakaya, dem universellen Körper oder dem klaren Urlicht. Es ist der Geist, der die Basis all unserer Erfahrungen darstellt: Er ist der Schöpfer von Glück und Unglück ebenso wie von dem, was wir »Leben« und »Tod« nennen. Alles Dasein entsteht aus unvollkommenen Ideen und Vorstellungen in unserem Geist. Leben und Tod sind demnach ausschließlich im Geist, nirgendwo sonst.

Christen und Juden nennen diese essenzielle Natur des Geistes »Gott«, Hindus »das Selbst«, »Brahman«, »Vishnu« oder »Shiva«, Sufis »die verborgene Existenz« und die Buddhisten »Buddha-Natur«. Den Samen dieser Erleuchtung, der Verschmelzung mit dem klaren Licht, trägt jeder in sich.

BESTATTUNGSRITUALE

Die Bestattung bei alten Völkern

»Der Grieche verbrannte seine Toten, der Perser begrub sie, der Inder überzog sie mit Hyalos – einem Salzkristall –, der Skythe verspeiste sie, und der Ägypter balsamierte sie ein«[34]: Dieses Zitat aus den *Totengesprächen* des Satirikers Lukian von Samosata aus dem zweiten nachchristlichen Jahrhundert verdeutlicht mit seinem Querschnitt durch die unterschiedlichsten Kulturkreise und Religionen die Vielfalt der Methoden und Riten, mit denen die verschiedenen Völker ihre Toten beigesetzt und sie auf das Leben nach dem Tod vorbereitet haben.

Schon die ersten aufrecht gehenden Menschen, die vor etwa 1,85 Millionen bis zirka 40 000 Jahren lebten (die Art Homo erectus), trennten den Schädel ihrer Toten ab. Dieses Ritual lässt uns heute schlussfolgern, dass unsere Vorfahren bereits eine Verbindung zwischen Leben, Tod und dem Kopf herstellten.

Offensichtlich gingen sie von der Existenz einer geistigen Lebensessenz oder Seele aus, denn zu den rituellen Maßnahmen in vorgeschichtlicher Zeit gehörte auch die Öffnung des Schädelknochens. Jenes Loch wurde in die Kalotte eingebracht, damit etwas Nichtstoffliches dadurch entweichen konnte. Diese sogenannte Schädelpenetration – die teilweise schon zu Lebzeiten vorgenommen wurde – schaffte der den Körper verlassenden Seele einen künstlichen Ausgang.

Das Ritual ist durch zahlreiche archäologische Funde belegt für unseren unmittelbaren Vorfahren, den Homo sapiens. Es wird außerdem von vielen Naturvölkern bis in die Neuzeit praktiziert.

Bekanntermaßen mumifizierten die alten Ägypter den Leichnam eines Dahingeschiedenen sehr aufwendig. Zwar beherbergte auch nach ihrer Vorstellung der tote Körper die Seele des Menschen nicht mehr, aber er blieb auch vom Jenseits aus so etwas wie irdisches Eigentum, sozusagen ein Anker, ein Verbindungsglied zum Diesseits. Dem Geist, der Seele, sollte durch den erhaltenen Körper stets eine Behausung zur Verfügung stehen. In aller Regel wurde auch der Sarg mit einer Öffnung versehen, damit der Geist nach Belieben kommen und gehen konnte.

Viele nordamerikanische Indianerstämme wie etwa die Blackfoot betteten ihre Toten auf einer eigens errichteten erhöhten Plattform. Dies hielt zum einen die Aasfresser des Bodens fern, darüber hinaus war der Leichnam so dem Himmel näher. Andere Stämme bestatteten ihre Toten in künstlichen Erdhügeln (Mounds).

Traditionelle Bestattungsrituale der Aborigines

Wie alle magischen und übersinnlichen Bräuche der australischen Ureinwohner beruhen auch ihre traditionellen Bestattungszeremonien auf der Annahme, dass Geist und Materie eine Einheit sind. Da das irdische Leben durch eine Verschmelzung von energetisch-feinstofflichen Komponenten mit körperlichen Formen entsteht, müssen diese nach ihrer Auffassung beim Tod wieder sorgfältig voneinander getrennt werden.

Die Bestattungsriten sowie die Beseitigung des Leichnams sind zwar sehr kompliziert und langwierig, dennoch dienen sie weniger dem Umgang mit dem toten Körper als den feinstofflichen, geistigen Verbindungen. Hauptziel der Bestattungszeremonie ist es, das Wohlergehen der weiterhin Lebenden zu gewährleisten.

Bereits bei den jungen Menschen werden die entscheidenden Bestattungsrituale festgelegt. Die Ältesten beobachten bei den verschiedenen Initiationen, welche der drei Seelenteile den stärksten Anteil an den Übergangsritualen haben (siehe Seite 215). Weil sich die Art der Bestattung nach der geistigen Entwicklung des Verstorbenen, seiner geistigen Reife zum Zeitpunkt des Todes, richtet, gibt es keine einheitlichen Bestattungszeremonien, nicht einmal innerhalb eines Clans.

In der Tradition der Aborigines kann der Leichnam eines Toten je nach seiner Seelenentwicklung auf vielfältige Weise beseitigt oder bestattet werden: durch eine Beerdigung, durch Verbrennung oder durch Mumifizierung, durch Austrocknung des Leichnams im Freien in der Sonne oder in einer speziellen Bestattungshütte, durch eine Beisetzung auf einer Plattform in Bäumen, auf Felsen oder in hohlen Bäumen wie in einem Sarg. Wird der Leichnam beerdigt, wird ihm meist ein Arm auf den Rücken gebunden, weil man so symbolisch verhindern will, dass der Geist »jagen« gehen und Essbares sammeln kann. Es kann auch zur rituellen Entfernung spezieller Organe aus dem Leichnam kommen oder zu kannibalistischen Handlungen, wobei Letzteres heutzutage natürlich nur »inoffiziell« geschieht.

Alle persönlichen Sachen des Toten werden vernichtet oder vergraben. Noch Jahre nach dem Tod darf der Name des Verstorbenen auch innerhalb des Clans nicht ausgesprochen werden. Nur umschrieben etwa in Liedern, die ihn charakterisieren, darf er bedacht werden. Auch die Orte, wo der Verstorbene geboren wurde und wo er gestorben ist, werden jahrelang vom Clan gemieden. Mit den Namen, Gegenständen oder Orten sind nach Vorstellung der Aborigines über energetische Schwingungsmuster Anhaftungen an das irdische Dasein verbunden. Sie würden die Seele des Verstorbenen wie ein Haken auf der Erde verankern.

Zu den Trauerritualen der Hinterbliebenen gehört es, sich gegenseitig teils schwer zu verletzen. So fordern sich etwa die Frauen des zugehörigen Clans gegenseitig zum Kampf heraus und bringen sich mit Stöcken Kopfverletzungen bei. Kummer und Trauer müssen vollkommen freigesetzt werden, da auch sie sonst Verankerungen der Energie des Verstorbenen bilden würden. Frau oder Mann des Toten oder sehr enge Verwandte schneiden sich die Kopfhaare ab und fügen sich – wie in vielen Kulturen auf der ganzen Welt üblich – über Wochen blutende Schnittwunden als Zeichen ihrer Trauer zu. Über das ausfließende Blut geben sie die Trauerenergie nach außen ab.

Wenn der Clan der Meinung ist, dass die Seele des Toten die Erde lange genug bewohnt hat, trifft man sich zum Wiederbegräbnis. Das ist nach einigen Monaten oder aber auch erst nach Jahren der Fall. Mit lauten Gesängen wird dem Geist das Erscheinen angekündigt. Dieser antwortet meist mit einem Vogelruf. Ein Schamane nimmt eventuelle Reste des spirituellen Geistes in sich auf, damit sie keinen Schaden anrichten können. Dann werden die Knochen ausgegraben und gereinigt. Die engen Verwandten reiben sie an ihrem eigenen Körper, um dadurch den letzten gereinigten Kern der geistigen Kraft des Toten in sich aufzunehmen. So wie die Aborigines mit allem Materiellen sorgsam umgehen, vernachlässigen sie auch nichts Energetisch-Geistiges.

Die Himmelsbestattung

Vor allem aus Tibet ist die in Zentralasien weitverbreitete Himmelsbestattung bekannt. Traditionell geht sie so vonstatten: Vor Sonnenaufgang wird der zuvor mehrere Tage aufgebahrte Leichnam zum rituellen, meist geheim gehaltenen Bestattungsplatz gebracht. Nachdem man dem Toten gut drei Tage lang aus dem Tibetischen Totenbuch vorgelesen hat, wird der nun seelenlose Leichnam von darauf spezialisierten Bestattern (Ragyapas) zerstückelt. Die Ragyapas präparieren den toten Körper für den Verzehr durch die zuvor angelockten Geier. Unter anderem wird der Schädel gespalten, um sicherzugehen, dass die Seele des Toten auch tatsächlich entweichen kann. Obwohl diese Beseitigung des Leichnams eine sehr wichtige Aufgabe ist, stehen die Familien der Ragyapas am Rande der tibetischen Gesellschaft und dürfen etwa nicht in der Stadt wohnen.

Diese Form der Bestattung stammt noch aus der tibetischen Bön-Religion, einer Naturreligion, die vor der Einführung des Buddhismus auf dem »Dach der Welt« verbreitet war und sich in Relikten mit dem tibetischen Buddhismus vermischt hat. Nach der Bön-Religion war das Schaufeln eines Grabes eine Verletzung der Erde. Mit der Weitergabe der sterblichen Überreste eines Menschen an die heiligen Vögel, die Geier, wollte man zudem den Kreislauf der Natur schließen. Dieses Ritual ist zugleich eine Beseitigung der Leiche als auch Nahrungsweitergabe. Zudem erschwerte der überwiegend felsige oder gefrorene Boden in Tibet eine Erdbestattung, und für eine Feuerbestattung gab es in vielen Regionen kaum Brennholz.

Übrigens werden Kranke und Kriminelle in Tibet traditionell beerdigt. Das geht auf den Glauben zurück, dass die Erdgeister deren Seelen dort festhalten sollen, damit sie keinen weiteren Schaden anrichten können.

Die Himmelsbestattung war unter anderem auch in der Mongolei, in Persien und in Indien verbreitet und wird noch heute von den Parsen zelebriert: Sie bringen die Toten in die zum Himmel offenen »Türme des Schweigens« und überlassen sie den Vögeln. In der Mongolei wurde in vorkommunistischen Zeiten der Leichnam unzerstückelt in die Steppe gelegt. Die Geschwindigkeit, mit welcher der tote Körper von Vögeln und anderen Wildtieren beseitigt wurde, sollte Aufschluss über seinen Lebenswandel geben.

Islamische Bestattung

Im Islam wird die sarglose Erdbestattung vorgeschrieben. Eine Feuerbestattung ist nicht erlaubt.

Wie in den meisten Religionen und Glaubensrichtungen ist auch in der islamischen Vorstellung das Grab nicht der wirkliche Aufenthaltsort eines Toten. Darin befinden sich nur seine Gebeine, nicht aber seine Seele. Die Seele ist in eine andere Dimension hinübergegangen, in das Zwischenreich Barzakh.

Im Islam wird – entsprechend der Sunna – der Leichnam eines Verstorbenen nicht lange aufgebahrt. Die Erdbestattung findet schnellstmöglich statt. Wer am Vormittag stirbt, soll noch am Nachmittag desselben Tages beigesetzt werden. Wer am Nachmittag stirbt, soll am Morgen des folgenden Tages zu Grabe getragen werden. Diese Eile rührt daher, dass nach islamischer Auffassung die Seele des Menschen, wenn sie vom Leib getrennt ist, zunächst vom Todesengel Izra'il zu einem Zwischengericht in den Himmel gebracht wird. Dort erfährt sie, ob Paradies oder Hölle sie erwarten, und wird dann zunächst wieder in den Körper zurückgebracht.

Im Grab treten die zwei bereits erwähnten Engel Munkar und Nakir zur Seele des Toten und fragen sie nach ihrem Gott, ihrem Propheten, ihrer Religion und ihrer Gebetsrichtung. Kennt die Seele die richtigen Antworten – Allah, Mohammed, Islam und Mekka –, bestätigen die Engel ihr den künftigen Eingang ins Paradies. Kennt die Seele die richtigen Antworten nicht, soll noch im Grab eine Peinigung einsetzen. Eine Verzögerung der Bestattung führe daher auch zu einer Verzögerung der Befragung durch die Engel.

Hat mit dem physischen Tod die Seele den Körper verlassen, beginnt man sogleich mit den Vorbereitungen für das Begräbnis: Waschungen von Kopf bis Fuß, eine ehrenvolle Aufgabe für Familie und Freunde. Die Achsel- und Schamhaare werden geschoren und möglichst alle künstlichen Teile wie Ringe oder Gebiss entfernt. Der Leichnam wird dann in ein weißes Tuch gewickelt und schnellstmöglich zur Moschee oder zum Friedhof gebracht – und dann quer zur Richtung nach Mekka aufgebahrt.

Da nach altislamischer Auffassung Frauen zusammenbrechen oder womöglich in lautes, vom Propheten untersagtes Wehklagen ausbrechen würden, sprechen nur die Männer das Totengebet (Janaza). Je mehr »rechtschaffene« und fromme Männer auf diese Weise für den Toten beten und bitten, desto mehr wird dies die Gnade Allahs hervorrufen – möglicherweise die Befreiung des Toten von der Hölle. Nach den ritualisierten Gebeten wird der Leichnam unter die Erde gebracht. Am zugeschütteten Grab verrichtet man dann nur noch stille Gebete.

Das große Tor für die Toten ist die 36. Sure des Korans (Sura Ya Sîn). Nach dem Brauch wird diese Sure zum Zeitpunkt des Todes eines geliebten Menschen rezitiert. Ihre Kraft soll sowohl in die Seele des Toten als auch in die Trauernden eindringen. Zum einen tröstet sie die Zurückgebliebenen, indem sie das wahre Leben des Menschen darlegt, zum anderen ist sie für den Toten im Zwischenreich Barzakh eine Bestätigung dafür, dass er tatsächlich gestorben ist, dass er seinen Körper verlassen hat.

Während des Begräbnisses selbst wird die Shahada rezitiert, das islamische Glaubensbekenntnis, um die Seele des Toten an die richtigen Anworten für die Befragungsengel zu erinnern, die sie möglicherweise etwa durch die Art des Todes vergessen hat.

Jüdisches Begräbnis

Auch bei den Juden ist eine rasch nach dem Ableben erfolgende Beerdigung erwünscht, traditionell des unbekleideten Leichnams in einem Leintuch oder einem einfachen weißen Totenkleid (Tachrichim). Die Bestattungsform beruht auf einem Vers aus der Tora: »Denn Erde bist du, und zu Erde kehrst du wieder.«[35]

Die Vorbereitung des Leichnams (Tahara) umfasst seine ehrerbietende Waschung und Bekleidung. Männer führen die Tahara bei Männern aus, Frauen bei Frauen. Der Tote liegt dabei mit den Füßen in Richtung Tür. Diese Aufbewahrung steht symbolisch dafür, dass der Mensch im Tod die irdische Existenz und die Unreinheit (Beine) verlässt. Was bleibt, ist seine Seele (Kopf).

Während der Begräbniszeremonie spricht der Rabbiner Gebete und verrichtet seine Gesänge. Bei der Aufbahrung wird folgende Mischna zitiert:

Akabja, Sohn von Mahalalel, sagte: Betrachte drei Dinge, dann kommst du nicht zur Sünde, wisse, woher du gekommen und wohin du gehst, und vor wem du einst Recht und Rechenschaft abzulegen hast. Woher kommst du? Von einem übelriechenden Tropfen. Wohin gehst du? An den Ort des Staubes, der Motte und des Wurmes. Vor wem hast du einst Recht und Rechenschaft abzulegen? Vor dem König aller Könige, dem Heiligen, gelobt sei er.[36]

Dann geben Verwandte und Freunde ihre Nachrufe und Geschichten von dem Toten zum Besten. Der am nächsten stehende männliche Verwandte, meist der Sohn, spricht das Trauergebet (Kaddisch) in aramäischer Sprache.[37] Als Zeichen ihrer Trauer reißen die engsten Angehörigen am Grab ein Kleidungsstück ein

(K'riah). Es dient als Symbol für den Riss in ihrer Seele wegen des erlittenen Verlusts. Der biblische Ursprung dafür ist Jakob, der sein Gewand einriss aus Trauer um seinen Sohn Joseph, den er tot glaubte.[38] Die Zurückgebliebenen tragen das eingerissene Kleidungsstück während der gesamten Trauerwoche. Auf das frische Grab werden meist Steine als Symbol der Ewigkeit gelegt. Dann schließen sich sieben Trauertage an, die sogenannte Schiwa.

Nach der Beerdigungszeremonie wird ein Leichenschmaus abgehalten. Hierbei werden traditionell runde Lebensmittel wie Eier, Linsen oder Bagel gereicht, die den Kreislauf von Leben und Tod symbolisieren.

Der Grabstein wird in Anwesenheit des engsten Familienkreises einen Monat nach dem Begräbnis aufgestellt.

Traditionelle Bestattung im christlichen Europa

Sobald der letzte Atemzug getan war, wurden dem Toten Augen und Mund geschlossen. Das Schließen der Augen sollte vor dem bösen Blick schützen. Der Mund wurde geschlossen, um zu verhindern, dass die hieraus entwichene Seele wieder in den Körper zurückkehren konnte. Vor allem für die Lebenden war dies sehr wichtig, denn die wieder in den physischen Leib hineingefahrene Seele sollte den Toten sonst zu einem Wiedergänger machen können. Ein solcher Untoter ist eine unerlöste Seele, die den Zurückgebliebenen kaum wohlgesinnt sein wird und sogar Lebende mit sich nehmen kann.

Gleich nach Eintritt des Todes wurde die Sterbeglocke geläutet. Das Geläut verbreitete die Nachricht, um zu Gebeten und Fürbitten für den Verstorbenen aufzurufen. Außerdem sollte es Dämonen vertreiben.

Der Leichnam wurde gewaschen und hergerichtet und zwi-

schen brennenden Kerzen mit dem Blick zur Tür und dem Kru-
zifix an seinem Kopf aufgebahrt. Eigens bestellte und gutbezahl-
te Klageweiber übernahmen die Totenklage. Sie wälzten sich
unter Jammern und Stöhnen auf dem Boden, rauften sich die
Haare und zerkratzten sich ihr Gesicht. Bald war ihr Jammern
und Klagen und Heulen in der ganzen Gegend zu hören. Stille
Trauer war als pietätlos verpönt. Zum Schluss stimmten die Klageweiber den Totengesang an.

Totenwache hielt nicht nur die Familie. Je mehr Menschen
sich aus dem Dorf beteiligten, desto höher galt das Ansehen des
Verstorbenen. Litaneien wurden gemurmelt und Geschichten
erzählt. Es war aber keine ernste Trauerrunde. Eine sehr große
Gemeinschaft konnte schon mal in ein handfestes Trinkgelage
ausufern.

Mit den Füßen voran wurde der Leichnam in seinem Sarg aus
dem Sterbezimmer getragen. An der Türschwelle setzte man
diesen dreimal ab, damit sich der Tote von seinem Haus verabschieden konnte. Auf den in die Grube abgesenkten Sarg warfen
zunächst der Pfarrer, dann die übrigen Trauergäste drei Schaufeln Erde als Symbol für die körperliche Vergänglichkeit. »Asche
zu Asche, Staub zu Staub.«

Nach dem Begräbnis trafen sich alle zum »Leichenschmaus«.
Dieses Festmahl war als eine Art Ausgleich für die Gebete und
die guten Wünsche der Trauernden für den Verstorbenen gedacht. Darüber hinaus festigte die meist rasch in ein fröhliches
Beisammensein übergehende Zusammenkunft den Zusammen-
halt der Hinterbliebenen. Der »Abgang« des Toten war beendet.
Sein Erbe konnte angetreten werden, und das Leben ging nun
weiter.

Etwa bis ins frühe 20. Jahrhundert hinein war dieses Prozedere in vielen christlichen Regionen unseres Raums gang und gäbe. Heute sind hier davon nur mehr Relikte erhalten. Mit Toten haben wir kaum noch Berührungspunkte, die Rituale sind zweckmäßig versachlicht und in der Regel an verschiedene geistliche und weltliche Professionen delegiert.

Etwa seit Mitte des 20. Jahrhunderts benutzt man für das Einbringen eines Sargs in die Erde bei uns meist den Begriff »Beerdigung« und bei einer Urne das Wort »Beisetzung«.

Lange Zeit lehnten die christlichen Kirchen die Feuerbestattung ab, da sie ihrer Meinung nach der Wiederauferstehung des Leibes am Jüngsten Tag widersprach. Bis in die sechziger Jahre hinein verbot die katholische Kirche sogar die Einäscherung. Und auch heute noch wird sie von ihr nur »geduldet«.

Die Zeit nach der Bestattung: Der Ahnenkult

Beim sogenannten Ahnenkult wurden Verstorbene gewürdigt und verehrt, die schon länger oder auch sehr lange Zeit tot sind. Der Ahnenkult ist traditionellerweise eine besonders intensive, in aller Regel durch feste Rituale vollzogene Verehrung einer langen Reihe von Verstorbenen, meist aus der eigenen Familienlinie oder aus dem eigenen Clan. Die verschiedenen Zeremonien sollten das Gefühl verstärken, dass der Ahn mit und bei seinen Nachkommen lebte. So wurden üblicherweise Opfer dargebracht wie etwa Nahrungsmittel, Geld oder Kleidung.

Im alten China, das den Ahnenkult pflegte, wurden die Toten innerhalb der häuslichen Umfriedigung beerdigt. Oft wurden sie auch im dunkelsten, im südöstlichen Winkel des meist einzigen Zimmers beerdigt, dort, wo auch im Kühlen die Saat aufbewahrt wurde und wo die Familie schlief. Wenn der Körper dann zerfallen war, wurden die Überreste endgültig auf einem Familienfriedhof außerhalb des Dorfes beerdigt.

In sehr früher Zeit kochte man in China den Leichnam des Familienoberhauptes, und der älteste Sohn trank von der entstehenden Brühe, um die geistigen Kräfte des Vaters in sich aufzunehmen. Und noch bis in letzte Jahrhundert hinein wurden im traditionellen chinesischen Hausaltar Holztäfelchen mit der Inschrift »Sitz der Seele von …« aufbewahrt. Der Seelen der Ahnen wurde nicht nur gedacht, sondern man brachte ihnen auch Speisen dar.

Manche chinesische Familien haben noch heute einen kleinen Familienaltar in ihrem Haus oder ihrer Wohnung. Mit jeder Geburt eines Kindes sollte nach altchinesischer Vorstellung die Seele eines Vorfahren wieder auf die Erde zurückkommen. So war jedes Neugeborene ein wiedergeborener Ahne. Vor der Geburt hatte sich die Seele in einer gemeinsamen »Substanz« aller mütterlichen Ahnen aufgehalten, ehe sie ihr individuelles Leben in der irdischen Familie wiederaufnahm.

Rituelle Kulte um die Verehrung der Toten innerhalb der eigenen Familie oder des eigenen Clans sind nahezu über die ganze Welt verbreitet. So wird beispielsweise in manchen Kulturen Neuguineas bis heute ein sehr ursprünglicher Ahnenkult praktiziert. Dazu gehört es etwa, den Schädel der Vorfahren als Schlafkopfstütze zu benutzen. Der rituelle Verzehr der Asche des Toten soll ihn vor dem völligen Verschwinden, dem Vergessen durch seine Angehörigen bewahren und sein Aufgehen in der Gemeinschaft der Lebenden besiegeln.

Aus der evangelisch-reformierten Lebensweise hat sich der Ahnenkult bis auf sporadische Besuche auf dem Friedhof verabschiedet. Wenn überhaupt ein Kontakt mit dem Verstorbenen gewünscht ist, findet er ausschließlich auf der geistigen Ebene statt, also von außen nicht bemerkbar. Katholische Gläubige zünden noch heute als eine Art Brandopfer zu festgelegten Gedenktagen wie dem Totensonntag eine Kerze für ihre Toten an.

ZUM SCHLUSS

Der Tod geht uns alle an. Doch blenden wir unser weltliches Ende in unserer Welt, die wir so weltlich-materiell ausgerichtet haben, fast unser gesamtes Leben lang aus. Wir vertagen unseren Tod auf »später«, weil wir jetzt leben und genießen wollen. Oftmals schieben wir unsere Auseinandersetzung damit so lange vor uns her, bis er unmittelbar vor uns steht. Dann tun wir ganz überrascht, als hätten wir nicht das ganze Leben lang gewusst, dass es endlich ist – und dass wir unsere irdische Existenz nur geliehen haben, wir sie wieder abgeben müssen.

Dieses Buch sollte Sie dazu anregen, sich beizeiten mit dem Tod als einem wichtigen, abschließenden Bestandteil des Lebens zu beschäftigen. Wenn es uns gelingt, den Übergang ins Licht besser zu verstehen, werden wir nicht so abrupt vor unser Ende oder auch den Tod eines anderen Menschen gestellt sein und von dem Unausweichlichen überrascht oder gar überrumpelt werden.

Im Jahr 1906 versuchte der US-amerikanische Arzt Duncan Mac-Dougall, das Gewicht der Seele durch Wiegen von sterbenden Patienten zu bestimmen:[39] Durchschnittlich 21 Gramm wurden die Körper der Menschen im Moment ihres letzten Atemzugs leichter. Dies scheint bis heute die einzige naturwissenschaftliche Annährung an die Seele zu sein. Dass MacDougall bei Hun-

den im gleichen Versuchsaufbau keinen Gewichtsverlust fest-
stellte, passte in die Vorstellung der Zeit, Tiere hätten keine Seele. Heute geht man davon aus, dass der Körper im Augenblick
des Todes größere Flüssigkeitsmengen verliert – beim Menschen
können diese entweichen und verdunsten, beim befellten Hund
hingegen nicht.

Im Alten Testament wird der hebräische Seelenbegriff *näfäsch*
verwendet, abgeleitet vom verwandten Wort *nafasch* für »atmen«. Im Neuen Testament taucht für die Seele der griechische
Begriff *psyché* auf, der sowohl »Atemhauch« und »Lebenskraft«
als auch »Schmetterling« bedeutet – ein weiterer Hinweis auf die
Flüchtigkeit der Seele. Der Genesis[40] nach erfolgt die Beseelung
des Menschen durch das göttliche Einblasen des Lebensatems in
die Nase. Eine solche »Atemseele«, bei der dem Odem eine besondere Lebenskraft innewohnt, ist über das Christentum hinaus verbreitet: Aspekte von dieser Vorstellung finden sich etwa
im hinduistischen Prana wie im chinesisch-taoistischen Qi.

In unserem westlichen Kulturkreis hat entscheidend der österreichische Arzt und Tiefenpsychologe Sigmund Freud (1856 bis
1939) den Seelenbegriff geprägt. Die Seelenkunde wurde weitestgehend durch die wissenschaftliche Lehre von der Psyche
(Psychologie) und ihrer Erforschung (Psycholanalyse) verdrängt.
Sehr kritisch bis ablehnend den Religionen gegenüber, wehrte
sich Freud vehement gegen eine Unsterblichkeit der Seele. Er re-
duzierte sie auf rein materielle Vorgänge im Zuge der Gehirntätigkeit. Knapp hundert Jahre später grenzte der Mitentdecker
der molekularen Grundlage der Vererbung (DNA) Francis Crick
(1916 bis 2004) die Vorstellung einer Seele noch schärfer aus: All
unsere menschlichen Gefühle, Erinnerungen, Willensfreiheiten,
unsere Identität und unsere Ideale und Visionen waren seiner
Auffassung nach nichts weiter als das Ergebnis einer gewaltigen

Menge an Nervenzellen und Molekülen, die in unserem Gehirn ihre komplexen Aktivitäten entfalten.

Die Naturwissenschaften gehen bis heute von solchen seelenlosen menschlichen und tierischen Wesen aus – zumal sie bis dato nichts finden oder wissenschaftlich korrekt beschreiben können, was sich an die Seele annähert.

Und obwohl sie nicht zu existieren scheint, ist die Seele trotzdem in aller Munde. Sie ist – vor allem in der intimen Subjektivität jedes Einzelnen von uns – eine unfassbare Instanz, die eine Verbindung zu einem großen Ganzen, zur Ganzheit des kosmischen Seins herstellen kann. So hat der zeitgenössische österreichische Theologe und Psychotherapeut Hubert Findl die Seele einmal zugleich schön und treffend als die »Kontaktstelle mit Gott« beschrieben.

Das Sterben, den Tod, bezeichnen wir auch als »Dahinscheiden«. Nehmen wir dies wörtlich: Wir scheiden – trennen – wieder unsere geistige Existenz von der körperlichen. Auch wenn wir uns von den materiellen Erscheinungen unserer Welt gern blenden lassen, die irdisch-physische Existenz macht nur einen winzigen Bruchteil alles Seienden aus. Die von unseren fünf Sinnen erfahrbare, erfassbare Welt ist nur eine von unzähligen Dimensionen. Und wir stehen – gleich, ob wir es selbst wahrnehmen oder nicht – in steter Wechselwirkung mit anderen, feinstofflichen oder geistigen Sphären. Spätestens mit dem Loslassen unseres physischen Körpers beim Tod gehen wir in Kontakt mit der spirituellen Welt.

Wir können uns auf diesen letzten Lebensschritt vorbereiten. Nicht so, dass unser Leben allein die Vorbereitung auf unseren Tod ist. Der Sinn unseres Daseins im Diesseits ist nicht unser individuelles Sterben, sondern die Vermehrung und das Halten von Licht und Liebe in unserer irdischen Dimension. Der Tod beendet lediglich diese Phase – und räumt uns vielleicht mit einer entsprechenden Wiedergeburt eine weitere Chance zur Erfüllung unserer Aufgabe ein.

Es war in diesem Buch schon verschiedentlich die Rede von den noch ursprünglich lebenden Aborigines, von denen es heute leider nicht mehr viele gibt: Sie erfahren sich beispielsweise nicht als derart von der geistigen Dimension getrennt wie etwa wir Mitteleuropäer. Für sie ist der Schleier zwischen Diesseits und Jenseits gar nicht zugezogen. Gelingt es uns, auch etwas mehr die Bedeutung der geistig-spirituellen Dimensionen zu begreifen, ebenso wie unserer eigenen geistig-spirituellen Existenz, können wir unseren Lebensfokus wieder mehr auf das Wesentliche ausrichten: auf die Verbindung mit dem Licht, mit der Quelle von allem, mit Gott.

Die Weltreligionen suchen diese Verbindung aufgrund ihrer eigenen zeit- und kulturgeschichtlich unterschiedlichen Entstehungsgeschichte auf ihre Weise: durch Gebete, Hinwendungen, Meditationen und begleitende, verstärkende Rituale. Mit unterschiedlichen Schwerpunkten ist ihnen allen gemeinsam, sich mit dem Göttlichen zu verbinden und das Licht und die Liebe auf dieser Welt zu vermehren. Dem Licht ist es gleich, ob wir es durch Hinwendung gen Mekka, durch eine tiefe Meditation, durch Gebet in einem Gotteshaus, im Wohnzimmer oder in der freien Natur oder durch selbstlose Taten für unsere Mitmenschen oder Tiere und Mitlebewesen mehren – solange wir es mit dem ehrlichen Wunsch und in aufrichtiger Hinwendung tun.

Je mehr wir unser Leben auf dieses spirituelle Ziel ausrichten, es tatsächlich in unserer inneren Haltung leben und durch unser Tun und Wirken ausdrücken, desto selbstverständlicher wird für uns der Tod als ein weiterer Schritt am Ausgang des Lebens – nicht mehr und nicht weniger. Je mehr wir uns in unserem Leben mit den spirituellen Dimensionen auseinandersetzen, uns auf den selbstlosen lichtvollen Weg einlassen, umso mehr kann unser Vertrauen wachsen.

Je größer unser Vertrauen in unseren spirituellen Weg, in Gott ist, desto leichter können wir die Angst vor diesem letzten Lebensschritt mildern, besänftigen und vielleicht auch immer mal wieder auflösen. Und je mehr wir uns – wie es uns etwa der Buddhismus zeigt – bereits in unserer materiell-irdischen Existenz für die spirituelle Dimension öffnen, desto mehr können wir unser Sterben als den Übergang in diese geistige Ebene begreifen.

Dieses Buch soll dabei helfen, hinzuschauen, was der Tod und somit was das Leben für uns bedeuten kann. Es möchte Mut machen, sich mit dem Sterben zu beschäftigen, und zwar in jeder Phase des Lebens. Letztlich dient dies auch dazu, das irdische Leben in seiner wunderbaren Fülle zu verstehen – selbst wenn uns nur noch wenig Lebenszeit bleibt. Vertrauen wir uns dem lichtvollen Weg an …

Wir sagen nicht: Ein Mensch wird in den Himmel kommen.
Wir sagen: Dieser Mensch ist ein Kind der kommenden Welt.
Das bedeutet, dass die Heimat dieses Menschen nicht hier und
jetzt ist, sondern irgendwo jenseits davon. Das, was wir hier
und jetzt davon sehen, ist nicht mehr als ein Schimmer.
Der Himmel ist nichts, wohin wir kommen.
Er ist etwas, was wir in uns tragen.
Rabbi Menachem Mendel Schneerson
(1902 bis 1994)

ANHANG

GLOSSAR

Aborigines: australische Ureinwohner, die bereits seit 50 000 bis 40 000 v. Chr., eventuell sogar schon vor 200 000 v. Chr. in Australien leben.

Akasha-Chronik: Diese theosophische Bezeichnung für das Astralgedächtnis geht auf den Sanskritbegriff *akaśa* zurück. Er bedeutet »Äther, das Alldurchdringende, Raum; Ursubstanz«. In der Akasha-Chronik befinden sich energetischfeinstoffliche »Schriften« von allem, was war, ist oder je sein wird«. Sie ist eine nichtmaterielle »Bibliothek« als Gedächtnis über alle Zeiten.

Allah: arabisch, *Allah-ta'ala*, Gott, der Erhabene.

Anderswelt (Tir Nan Og oder Annwn): in keltischen Sagen und Mythen die für Menschen normalerweise unsichtbaren Reiche von Göttern, Geistern, Feen und Elfen, das keltische »Jenseits«, das durch einen Schleier vom irdischen Dasein abgetrennt ist, der wiederum unter bestimmten Bedingungen überwindbar ist.

Antike: das griechisch-römische Altertum, das im Wesentlichen die Grundlagen der abendländischen Kultur geprägt hat. Die Antike beginnt um 2000 v. Chr. mit der minoischen Frühzeit, deren Ursprung auf Kreta lag. Das Ende der Antike wird auf den Niedergang des römischen Kaiserreiches Ende des 5. Jahrhunderts n. Chr. datiert – Folge der ausladenden und teilweise stürmischen Wanderungen der germanischen Völker.

Anubis: ägyptischer, meist mit einem Schakalkopf dargestellter Totengott. Er leitet das Abwiegen der Herzen der Verstorbenen beim Totengericht.

Arwah: arabisch für »Seelen«, Plural von *ruh* (= »Seele, Geist«).

Asgard: Wohnsitz des germanischen Göttergeschlechts der Asen.

Ätherkörper: Der Name der ersten Auraschicht leitet sich vom griechischen Begriff *aithér* für »obere, feine Luft« ab. Mit dem Wort »Äther« soll ein bereits in der Antike bekannter Zustand zwischen Energie und Materie beschrieben werden.

Aura: Der Begriff geht zurück auf das griechische Wort *aúra*, das »Hauch« bedeutet. Unter der Aura versteht man das Strahlungsenergiefeld, das beseelte wie unbeseelte Körper umhüllt.

Man kann sich die Aura am anschaulichsten als eine Art lichtvoll strahlenden, feinstofflichen Körper vorstellen, der den physischen Körper umgibt. Sie unterteilt sich in verschiedene Schichten, die zwar aufeinanderliegen, sich aber gleichzeitig durchdringen. Von innen, also körpernah, nach außen werden die sieben Auraschichten oder -körper immer feinstofflicher. Ihre Energie schwingt zunehmend höher.

Jede Schicht sieht anders aus und hat eine andere Funktion. Sie stehen jeweils mit einem zugeordneten Chakra in Verbindung. Über diese Energiezentren des Körpers befindet sich die Energie der Aura in ständiger Wechselwirkung mit dem Körper. Die stabile und kraftvolle Aura eines Menschen kann mehrere Meter im Durchmesser ausmachen, während sich bei einem physisch, psychisch oder feinstofflich geschwächten Lebewesen die Aura möglicherweise bis auf wenige Zentimeter über dem Körper zusammenzieht. Manche Menschen und wohl die meisten Tiere können die Aura »sehen«.

Aura-Soma: Die Aura-Soma-Therapie ist ein feinstoffliches Konzept, das die heilenden Energien von Farben und Pflanzen kombiniert. Es ist ein System von Farben und Düften in mehr als hundert sogenannten Balance-Flaschen mit je zwei übereinandergeschichteten Farbflüssigkeiten. Die obere Hälfte besteht aus einer öligen Flüssigkeit, die auf einer zweiten, wässrigen Schicht schwimmt. Zur Anwendung werden die Flaschen kräftig geschüttelt. Dadurch entsteht aus den gleichen Wasser- und Ölanteilen kurzzeitig eine Emulsion.

Balance-Öle werden meist durch Einreiben oder Einmassieren angewendet. Dazu verreibt man einige Tropfen in den Handinnenflächen und trägt dieses Ölgemisch an bestimmten Körperstellen wie Chakren auf oder die Aura wird ohne Körperberührung »ausgestrichen«.

Aura-Soma versteht sich vor allem als energetische Hilfestellung bei der spirituellen Weiterentwicklung. Die Mittel sollen uns dabei unterstützen, uns die eigene Lebensaufgabe bewusst zu machen, und dadurch langfristig ein Unwohlsein sowohl auf seelischer, psychischer als auch körperlicher Ebene zu vermeiden oder auch zu lösen helfen. Über die Aura wirken sich die besonderen Farben und Düfte der Öle zudem auf den Körper (Soma) aus.

Die Therapie geht auf Vicky Wall (1918 bis 1991) zurück. Das siebte Kind eines siebten Kindes war von Kindheit an hellsichtig und heilkräftig. Ihr feinsinniger Vater sagte einmal zu ihr: »Du bist ein uraltes Echo eines Echos eines Echos.« Erst mit 66 Jahren wurden der inzwischen erblindeten Vicky Wall durch die geistigen Welten die ersten Rezepturen für die Aura-Soma-Öle übermittelt.

(Siehe auch in der Bibliographie die Bücher von Vicky Wall beziehungsweise Irene Dalichow und Mike Booth.)

Aura-Soma-Pomander: Den Aura-Soma-Pomandern kommt eine besondere Schutz- und Heilwirkung hinsichtlich der Aura von Lebewesen zu. Dazu gibt man in der Regel drei Tropfen des ausgewählten Pomanders in eine Hand, verreibt sie kurz zwischen den Händen und streicht damit die eigene Aura oder die eines anderen aus, indem man in geringem Abstand mit den benässten Handinnenflächen um den Körper fährt. Unter anderem enthalten die vierzehn verschiedenen Pomander Auszüge ausgewählter Kräuter.

Das Wort »Pomander« benutzt man im herkömmlichen Sinne für ein mit Löchern gefülltes kugeliges Gefäß, das mit duftenden Kräutern und Ähnlichem gefüllt ist und in Kleider- oder Wäscheschränke gehängt wird. Es leitet sich ab vom mittellateinischen *pomum de ambra*, was so viel wie »Apfel, Kugel aus Ambra« heißt. Früher benutzte man sogenannte Pomander ähnlich wie Weihrauch auch zum Reinigen und Schützen von Räumlichkeiten.

Avatar: Sanskrit *avatara*, wörtlich »Abstieg«. Im Hinduismus ein Gott oder ein göttlicher Aspekt, der die Gestalt eines Menschen oder Tiers annimmt, um auf der Erde zu erscheinen.

Ba: neben Ka und Khaibit in der altägyptischen Vorstellung einer der drei Bestandteile des Menschenwesens. Der Ba ist am ehesten mit unserem Seelenbegriff zu vergleichen, mit dem auch im Jenseits fortwährenden Bewusstsein, das allerdings nicht in jedem Fall unvergänglich ist.

Bardo: im Tibetischen allgemeiner Begriff für einen Zwischenzustand oder Übergang, bezeichnet eine Lücke zwischen dem Ende einer Situation und dem Beginn der nächsten. Meist im Zusammenhang mit dem Tod als Interim bis zur Wiedergeburt verwendet. Insgesamt gibt es vier Bardos oder energetische Zwischenebenen.

Biophotonen: von Zellen ausgesendete Energie in Form von Lichtquanten (Photonen). Biophotonen bilden ein geordnetes (kohärentes) Licht, das sich wie schwaches Laserlicht verhält. Es dient zur Informationsübertragung, ähnlich wie wir es von einem CD- oder DVD-Spieler kennen.

Bodhisattva: erleuchtetes Wesen, das bereits die Buddha-Würde erreicht hat, aber aus höheren Welten noch einmal zu irdischer Existenz hinabgestiegen ist, um den Menschen auf ihrem Weg zur Erleuchtung zu helfen. Wesentlicher Bestandteil des Mahayana-Buddhismus (»Großes Fahrzeug«).

Brahman: der höchste kosmische Geist im Hinduismus, die unbeschreibbare, unerschöpfliche, allwissende, allmächtige, nichtkörperliche, allgegenwärtige, ursprüngliche, ewige und absolute Kraft. Brahman ist ohne Anfang und ohne Ende, ist die Ursache, die Quelle und das Material aller bekannten Schöpfung.

In den Veden (Upanishaden) ist er das Eine, das unteilbare ewige Universalselbst, das in allem anwesend ist und in dem alle anwesend sind.

Chakra: Als (Haupt-)Chakren werden die sieben feinstofflichen Energiezentren bezeichnet, die hintereinander entlang der Wirbelsäule liegen. Das höchste Chakra befindet sich am Scheitelpunkt des Kopfes. Das Sanskritwort *cakrá* bedeutet »Rad, Kreis«: Medial begabte Menschen, die die Aura sehen können, beschreiben die Chakren als »Lotosblüten« in kreisender Bewegung, wodurch der Eindruck eines Rads entsteht.

Chilan (auch Chilam): Priester und Seher, in der Vorstellung der Maya als Mittler das Bindeglied zwischen der Welt der Toten und der Welt der Lebenden.

Dharma: Sanskrit, das, was den Kosmos im Großen wie im Kleinen zusammenhält, universelle Gesetzmäßigkeit. Einerseits die kosmische, andererseits die menschlich-gesellschaftliche Ordnung, die aber ineinander übergehen.

Dharmakaya: Sanskrit, der Dharma-Körper, der universelle Körper aus der buddhistischen Drei-Körper-Lehre (Trikaya), die die verschiedenen Verwirklichungsebenen eines erleuchteten Wesens beschreibt. Dharmakaya ist die ursprüngliche erleuchtete Natur des Geistes selbst. Im Dharmakaya sind die fünf Geistesgifte der fühlenden Wesen (Unwissenheit, Hass, Gier, Neid und Stolz) in die ihnen zugrundeliegenden fünf Weisheitsaspekte (Klarheit, Mitgefühl, Unterscheidung, Unvoreingenommenheit und alles vollendende Weisheit) transformiert.

Dimensionen: Existenzebenen, die unabhängig von Zeit und Raum sowie unserer Erde sind. Energetisch gesehen, gibt es oberhalb unserer irdischen – der dichtesten – Dimension gut dreißig allesamt höher schwingende und lichtvollere Existenzebenen. Die höchste ist das reine Licht, ist Gott, der nichtpersonifizierte Ursprung allen Lebens.

Druiden: keltische Priester, im Sinne von Mittlern zwischen den Göttern und den Menschen. Als zugleich Gelehrte, Philosophen, Richter, Verhandlungsführer, Musiker, aber auch Heilkundige, Zauberer und Seher beschäftigten sich die hochangesehenen Druiden mit den höchsten und verborgensten Geheimnissen der keltischen Welt. Sie lebten wie Schamanen eng mit der Natur verbunden und verehrten sowohl die Erde als auch ihre Ahnen und die Tiere. Druiden waren fähig zur Anrufung und zur Verbindung mit den Wesen und Geistern aus der Natur und kannten sich auch in der Pflanzenheilkunde aus.

Edda: der Titel von zwei alten isländischen Literaturwerken, zum einen eine Sammlung von Götter- und Heldenliedern, die zwischen dem 9. und 13. Jahrhundert entstandene Lieder-Edda, zum anderen die Snorra-Edda, ein Lehrbuch über die Dichtkunst aus dem Jahr 1225. Die Schriften sind wichtige Quellen für die Kenntnis der germanischen Mythologie und Dichtung.

Engel: Der Begriff »Engel«, abgeleitet vom griechischen *ággelos* (gesprochen *ángelos*), steht gleichbedeutend für den »Boten«. Diese meist geflügelten überirdischen Wesen gelten als Überbringer der Botschaften Gottes.

Wesenhafte Engel spielen vor allem in der jüdischen, christlichen und islamischen Mythologie eine Rolle. In der Bibel werden Engel als himmlische Geistwesen beschrieben, die mit Bewusstsein ausgestattet sind. Es sind Geschöpfe, die zwischen Gott und den Menschen stehen. Die Boten Gottes erscheinen uns Erdenbewohnern immer wieder auch in Menschengestalt. Ihre Geistwelt, die Dimensionen, in denen sie existieren, werden in den biblischen Texten kaum näher beschrieben. Engel existierten schon vor der Entstehung der Welt und dienten Gott. Auch verschiedene Hierarchien von Engeln – etwa Erzengel, Cherubim und Seraphim – werden in der Bibel erwähnt.

Bereits um 2250 v. Chr. gab es in Mesopotamien die ersten als solche erkennbaren Engeldarstellungen auf bis heute erhaltenen Rollsiegeln. Von hier kamen sie nach Ägypten. So ist etwa der Sarkophag des Pharaos Tutanchamun, der um 1333 bis 1323 v. Chr. regierte, mit geflügelten Engelwesen geschmückt. Und der Sarkophag des 1319 bis 1292 v. Chr. regierenden Pharaos Haremhab trägt auf allen vier Ecken annähernd menschenkörpergroße Engel, die ihre bodenlangen Flügel zum Schutz rückwärtig über den Toten halten. (Siehe auch Todesengel.)

Erzengel: im Spätjudentum und in der Bibel einzelne höchste Engel, nach späterer Systematisierung die zweitniedrigste Klasse der himmlischen Geister. Die jüdische Überlieferung nennt zwischen drei und sieben, die christliche vier: Michael, Gabriel, Raphael, Uriel.

In der islamischen Vorstellung hat Allah vier edle oder Erzengel geschaffen, in die er alle Angelegenheiten der Geschöpfe und die Verwaltung des gesamten Weltalls legte: 1. Israfil (Raphael), den Engel des Jüngsten Gerichts und der Auferstehung, 2. Mika'il (Michael), den Engel der Versorgung, der Nahrung und der Gerechtigkeit, 3. Jibril (Gabriel), den Engel der Offenbarung, und 4. Izra'il, den Engel des Todes, zuständig für die Hinwegnahme der *arwah* (Seelen). So wurde etwa der Koran dem Propheten Mohammed durch den Erzengel Jibril (Gabriel) übermittelt. Aus diesen Erzengeln sind durch die Erschaffung Allahs unzählige Millionen Engel hervorgegangen, die den Erzengeln bei ihrer Arbeit helfen.

Freyja, Freya, Freia: germanische Göttin der Fruchtbarkeit und der geistigen Liebe, aus dem Geschlecht der Wanen. Ihr »Markenzeichen« ist ein Federgewand. Sie konnte sich in einen Falken verwandeln und fliegen. Als ihr Mann Odur (Sonnenschein) sie verließ, soll sie Tränen aus Gold und Bernstein geweint haben. Von ihrem Namen leitet sich unser Freitag ab.

Friedwald: eine bei uns relativ neue Form der Naturbestattung, bei der die Asche Verstorbener in einer biologisch abbaubaren Urne an den Wurzeln eines Baumes in einem ausgewiesenen, aber naturbelassenen Wald beigesetzt wird. Grabschmuck, Blumen, Gestecke und Kränze gehören nicht in den Wald, der Natur wird die Grabpflege überlassen. Es kann aber eine kleine Namenstafel angebracht werden.

Geistführer: Begleiter auf Seelenebene, die über das Höhere Selbst mit dem Bewusstsein in Verbindung treten können. Ihre wohlmeinende Unterstützung in Form von Ratschlägen oder Informationen macht einen großen Teil dessen aus, was wir »Intuition« oder »innere Stimme« nennen.

Jeder Mensch hat wenigstens einen, häufiger zwei oder drei verschiedene solche Führer. Es sind Geistwesen, die oft Seelen Verstorbener sind und deren Erfahrungs- und Wissensschatz einbringen; manchmal aber auch solche, die aus anderen Welten beziehungsweise Dimensionen kommen. Zuweilen wechseln unsere Geistführer, was wir je nach unserer eigenen Stabilität als unerklärliche spirituelle Unklarheit oder Verunsicherung oder einfach als einen deutlichen inneren Wechsel, als eine Veränderung der Färbung unserer Entscheidungen wahrnehmen können.

Germanen: eigentlich eine Sammelbezeichnung für eine Anzahl von Volksstämmen wie Angeln, Sachsen, Cherusker, Belgen, Franken, Alamannen, Teutonen, Wandalen, Goten oder Burgunder, die vor und um die Zeit von Christi Geburt in Nord- und Mitteleuropa in Erscheinung traten.

Gnostiker: Das griechische Wort *gnõsis* bedeutet »Erkenntnis«. Gnostiker sind Anhänger einer Bewegung, die im Römischen Reich um Christi Geburt entstand und ihre Blütezeit im 2. und 3. Jahrhundert hatte. Gleich, ob jüdischer, griechischer oder christlicher Ausprägung, verknüpft der Gnostizismus das Heil des Menschen mit dessen Kenntnis der Geheimnisse der Welt und Gottes. Die Erlösung des Menschen liegt in der Erkenntnis seines kosmischen Geschicks und der Göttlichkeit seines eigenen Selbst, letztlich in Wissen und Verstehen.

Hadith: im Arabischen »Mitteilung, Bericht«. Überlieferungen aus dem Leben und von Lehren des Propheten Mohammed, beglaubigte Aussprüche und Anweisungen des Propheten, die so im Koran nicht enthalten sind. Der aus dem 7. Jahrhundert stammende Hadith ist nach dem Koran die zweite Quelle der islamischen Rechtsprechung. Er ist wesentliche Grundlage der Sunna, der Glaubensgrundlage der Sunniten.

Höheres Selbst: das über unserem Bewusstsein Stehende (Überbewusstsein), das zwischen dem irdischen Geist und Körper und der energetisch-feinstofflichen Seele vermittelt.

Horus: ägyptischer Himmelsgott. Sonne und Mond sind seine Augen. Rivale seines Bruders Seth. Im Kampf mit ihm verliert er ein Auge. Das Horusauge soll – dem Ägyptischen Totenbuch zufolge – ewiges Leben verleihen.

Hunahau: Todesgott der Maya, Herrscher über die Unterwelt, das Totenreich Mitnal. Hunahau stieg in menschlicher Gestalt auf die Erde herab und starb, um die Menschen zu erlösen. Beim rituellen Ballspiel galt der Ball als sein Kopf.

Imam: im Arabischen eigentlich »Vorsteher«. Tugendhaftes Vorbild, Vorbeter.

Indigokinder: Kinder, die sich durch besondere psychische und spirituelle Merkmale und Fähigkeiten auszeichnen. Ihr Denken und Fühlen wird hauptsächlich von ihrer Intuition bestimmt. Sie verfügen über eine sehr unvoreingenommene und klare Sicht auf die Welt und vor allem auch deren feinstofflich-geistige Komponenten. Ihre Fähigkeit, zu »sehen«, macht es den Kindern nicht immer leicht, sich in unserer materiell ausgerichteten Welt zurechtzufinden.

Indigokinder stellen eine große Herausforderung und zugleich Chance für ihre Eltern, Lehrer und ihre gesamte Umgebung dar, denn sie scheinen einen Evolutionssprung hinter sich zu haben. Sie sind auf der Welt, um uns allen mit ihren klaren und tiefen Wahrheiten – auch ungefragt natürlich – eine Chance zum Wachsen zu geben.

Der Begriff »Indigokinder« wurde Anfang der achtziger Jahre von der Autorin Nancy Ann Tappe in ihrem Buch *Understanding Your Life Through Color* eingeführt.[41] Sie schreibt darin, sie habe seit den späten siebziger Jahren eine Zunahme von Neugeborenen mit indigofarbener Aura festgestellt. Sie werden ebenso »Kristall-« oder »Regenbogenkinder« genannt.

Inkarnation: vom lateinischen Wort *incarnatio* für »Fleischwerdung«. Im engen Sinne nur die Mensch- oder Fleischwerdung einer Gottheit, im hier verwendeten Sinne die Verkörperung einer menschlichen Seele.

Ka: für die alten Ägypter das feinstoffliche Ebenbild des physischen Körpers, entspricht in etwa der innersten Auraschicht, dem Astralkörper.

Kafir: im Koran beziehungsweise Islam für den »Ungläubigen«, abwertend für jemanden, der nicht dem islamischen Glauben angehört. Plural: Kafirun, Kafirn.

Karma: Das Sanskritwort *kárman* bedeutet wörtlich »Tat, Werk, Schicksal«. Spirituelles Konzept, wonach jede gedachte oder ausgeführte Handlung eine unweigerliche Folge hat – nicht unbedingt schon in diesem Leben, sondern möglicherweise auch erst in einer der nächsten Inkarnationen.

Karma umfasst sowohl das sinnliche Begehren und das Anhaften an die Erscheinungen der Welt (Gier, Hass, Egoismus) selbst als auch die Taten, die dadurch entstehen, sowie die Wirkungen von Handlungen und Gedanken, insbesondere auch die Rückwirkungen. Die karmischen Gesetze folgen dem Prinzip von Ursache und Wirkung. Karma bezieht sich auf alles Tun und Handeln sowie die nichtmaterielle Ebene des Denkens und Fühlens. All das zeitigt entweder gutes, schlechtes oder neutrales Karma.

Karma, gleichgültig, ob gut oder schlecht, erzeugt die Aufeinanderfolge der Wiedergeburten (Samsara). Höchstes Ziel des Buddhismus ist es, diesem Kreislauf zu entkommen, indem kein Karma mehr erzeugt wird – Handlungen hinterlassen dann keine Spuren mehr in der Welt. Dies wird als der Eingang ins Nirwana bezeichnet.

Kelten: vom lateinischen Wort *celtae* beziehungsweise vom griechischen Begriff *keltoi* für »die Tapferen, Edlen«. Uneinheitliches und recht bewegliches Volk, das vor Beginn unserer Zeitrechnung von seinem Ursprungsgebiet am Oberrhein und der oberen Donau (La-Tène-Kultur) in mehreren Wanderungsbewegungen zeitweise bis zur Iberischen Halbinsel, Frankreich, zu den Britischen Inseln sowie der heutigen Türkei vordrang.

Khaibit: Der »Schatten« Khaibit gehörte für die alten Ägypter neben der sehr dynamischen »Seele« Ba und dem eher unbeweglichen Ka zum Menschenwesen. Darunter verstanden sie das Substrat für Begierden, Laster und Gefühlen von Neid oder Hass.

Koran: die heilige Schrift des Islam, die wörtliche Offenbarung Gottes (Allahs) an den Propheten Mohammed, vermittelt durch den Erzengel Gabriel (Jibril). Ab etwa 610 n. Chr. von Anhängern Mohammeds schriftlich niedergelegt.

Lichtarbeit: Hiermit ist die bewusste spirituelle Arbeit an mir selbst, an meiner unmittelbaren Umgebung und an der Erde gemeint. Sie wird unterstützt durch Meditation, das Schaffen eines klaren Bewusstseins und verschiedene Heilmethoden.

Lichtkörper: Der Lichtkörper bildet sich durch das Strömen unseres reinsten Pranas durch die über 360 Akupunkturpunkte und die 72 000 Nadis. Wenn ich gut im Fluss bin und schon viel Licht angesammelt habe und halten kann, macht dieser reine Lichtkörper gut einen halben Meter im Durchmesser um den Menschen aus und reicht bis etwa zur vierten Auraschicht.

Der Lichtkörper ist nicht zu verwechseln mit der Aura. Er ist das reinste – also am wenigsten verdichtete, höchstschwingende und lichtvollste Prana, das uns Menschen unmittelbar zur Verfügung steht. Negativität wie Neid, Wut, Hass in Gedanken, Worten oder Taten nehmen das Licht, und der Lichtkörper wird kleiner; tiefe, hingebungsvolle Meditation und das Hineinbegeben in die göttliche Führung erweitern den Lichtkörper. Er ist somit unmittelbarer Ausdruck meiner gelebten Hinwendung zum Licht, zu Gott.

Lichtkörperprozess: der Weg, mich auf allen Ebenen für das göttliche Licht zu öffnen. Das Licht ist vorhanden und verströmt sich in unendlicher Fülle – es ist mein menschlicher Weg, mich dafür zu öffnen und es in mir und damit auf der Erde zu halten.

Maya: Das Sanskritwort heißt wörtlich »Trugbild, Täuschung, Illusion, Schein«. Die indischen Veden erklären Maya als ein grundlegendes Gesetz, ein Dualitätsprinzip, dem alles Physisch-Materielle im Weltall unterworfen ist: Gott ist die absolute Einheit und somit das einzige Leben. Um aber als verschiedenartige, voneinander getrennte Formen der Schöpfung in Erscheinung treten zu können, muss er sich mit einem trügerischen Schleier umgeben, der Maya.

Die Maya ist eine Illusion, von der die ganze Welt beherrscht wird. Beispielsweise sind alle physikalischen Gesetze wie die Bewegungssätze von Isaac Newton ein Gesetz der Maya. Einzelne Kräfte gibt es nicht – sie erscheinen im Allgemeinen paarweise als zwar gleich große, aber entgegengesetzt ausgerichtete Kräfte. Stets gilt Polarität. Die Naturwissenschaften können diese Gesetzmäßigkeiten ergründen, stoßen darüber hinaus aber an ihre Grenzen. Die Propheten der verschiedensten Religionen haben die Menschen stets aufgefordert, diese Dualität der Schöpfung zu überwinden und die Einheit mit dem Göttlichen zu erkennen.

Mictlan (auch Mitnal): Unterwelt der Azteken, in der Mictlantecuhtli (Herr des Todes) herrschte.

Mischna: vom hebräischen Begriff *mišnā* für »Unterweisung, Wiederholung«. Wichtigste Sammlung religionsgesetzlicher Überlieferungen des Judentums. Die etwa 200 Lehrsätze zu religiösen und rechtlichen, aber auch den Alltag bestimmenden Fragen bilden die Basis des Talmuds.

Mohammed (um 570 bis 632): der Religionsstifter des Islams. Er wird von den Moslems in der Reihe der Propheten als der historisch letzte angesehen. Durch den Erzengel Gabriel wurde Mohammed mit dem Koran die letzte Offenbarung Allahs herabgesandt. In jungen Jahren Schafhirte, später Handelsreisender, heiratete Mohammed 595 die angesehene und wohlhabende Kaufmannswitwe Chadidscha. Als er etwa vierzig Jahre alt ist, beginnen die Offenbarungen durch den Erzengel Gabriel. »Mir wird nur eingegeben, dass ich (lediglich) ein deutlicher Warner sein solle, nicht mehr.«[42]

Morphogenetische Felder: ein hochschwingender Speicher für alle Informationen, die für das Dasein, das Leben, relevant waren, relevant sind und jemals relevant sein werden. Als Energiefelder umspannen sie netzartig die gesamte Erde. Dieses Energiegedächtnis dient gleichzeitig auch als Matrize für materielle Erscheinungsformen. Die Verbindung, etwa zu unserem physischen Körper, passiert über unsere Aura.

Die Energiefelder sind von dem britischen Biologen Rupert Sheldrake als »morphogenetische Felder« benannt und beschrieben worden (siehe Bibliographie).

Nadi: Sanskritwort für »Kanal, Röhre«. Feinste Energiekanälchen unseres fein-stofflichen Körpers ähnlich den Meridianen des traditionellen chinesischen Medizinsystems. Sie entspringen im Bereich des Beckenbodens, des Wurzelchakras.

72 000 Nadis bilden im Hatha Yoga das Netzwerk des feinenergetischen Nervensystems, das dafür sorgt, dass alles in unserem Körper funktioniert: von jeder Bewegung bis zu unseren Sinnen und unserem Verstand. Zahlreiche Nadis bündeln sich jeweils zu den Energiezentren unseres feinstofflichen Körpers, den Chakren. Sie führen hier rechtsdrehend ihrer jeweiligen Aura-schicht stärkende Energie aus dem Prana-Kanal zu. Mit einer bestimmten Atemtechnik (Nadi Shodhana Pranayama), bei der wechselseitig durch das linke und rechte Nasenloch geatmet wird, reinigen Yogis schon seit Jahrhunderten die Nadis.

Nafs: arabisch für »das Ich der Begierden, das Ego, die ungeläuterte Seele«.

Nirwana: im Buddhismus die Befreiung von der Wiedergeburt (Reinkarnation) durch Erlangung der Erleuchtung, der Austritt aus dem Samsara, dem Kreislauf des Lebens und Leidens. Das Nirwana ist keine Jenseitsvorstellung, sondern ein Abschluss, ein Zustand der Zustandslosigkeit, in dem alle Vorstellungen und Wunschgebilde überwunden und gestillt sind.

Nirwana ist die absolute Sicht auf die Wirklichkeit, die Erfahrung der alles beendenden, vollkommenen Leerheit. Vielleicht für uns am ehesten vorstellbar als die friedliche Auflösung alles Individuellen, als das Eingehen in das große Ganze, das Verschmelzen mit dem Licht Gottes.

Odin, Wotan: oberster Gott der germanischen Mythologie, aus dem Geschlecht der Asen. Gemahl der Frigga. Gott des Krieges, der Ekstase, aber auch der Dichtung und der Weisheit. Er hatte die Macht, Krieger derart in wütende Ekstase zu versetzen, dass sie sowohl Schmerz als auch Wut vergaßen und sich nackt in den Kampf stürzen konnten. Odin wird häufig als Einäugiger dargestellt, weil er das andere in Mimirs Brunnen geworfen hatte, als Preis, um von dessen unendlicher Weisheit trinken zu können. Sein Wahrzeichen ist ein magischer Speer.

Osiris: ägyptisch für »Sitz des Auges«. Als guter und vollendeter Herrscher führte Osiris unter anderem den Acker- und Weinbau in Ägypten ein, wurde aber aus Neid von seinem Bruder Seth getötet: Dieser warf Osiris in den Nil, wo er ertrank. Die daraus folgenden Überschwemmungen gelten jedoch bis heute als Sinnbild für Fruchtbarkeit und Leben, denn durch diese Bewässerung wird neues Leben möglich. Er ist der Herrscher der Unterwelt und steht vor allem für die Auferstehung. Verstorbene Könige und später auch alle verklärten Toten wurden im Jenseits zu Orisis.

Palliativmedizin: das medizinische Fachgebiet, das sich mit der Behandlung von un-
heilbar kranken Menschen und mit einem würdevollen und möglichst wenig
von Schmerzen beeinträchtigten Sterben beschäftigt. Ein Palliativum ist ein
Arzneimittel, welches Krankheitsbeschwerden und Schmerzen lindert, ohne
die Ursachen zu beseitigen.

Der Begriff leitet sich ab vom lateinischen Verb *palliare*, es bedeutet »mit einem
Mantel bedecken, verbergen«.

Photon: Bezeichnung für ein Lichtpaket, die den Teilchencharakter des Lichts be-
tont.

Pomander: siehe Aura-Soma-Pomander.

Prana: Das Sanskritwort heißt »Atem, Lebenshauch«. Unter dem Prana verstehen
wir die Lebenskraft oder kosmische Energie, die alles durchdringt. Die universelle Lebensenergie entspricht in etwa dem chinesischen Qi und dem japanischen Ki, sie ist der göttliche »Lebenssaft«, der auf feinstofflicher Ebene alles
nährt und mit Energie versorgt.

Das Prana stellt für und durch uns die Verbindung her zwischen dem Irdisch-
Materiellen – wozu auch unser physischer Körper gehört – und dem Energetischen, dem Feinstofflichen. Gleichzeitig ist Prana beides, ist zugleich ebenso
das, was es verbindet. Prana ist nicht nur Licht und Energie und das Unanfass-
bare, es ist ebenso auch die Materie, die Substanz, das Anfassbare. Es handelt
sich lediglich um verschiedene Dichtegrade und Energieniveaus.

Prana-Kanal: feinstoffliches Pendant im Bereich unserer Wirbelsäule. Durch unser
Kronenchakra an der höchsten Stelle unseres Kopfes tritt das Prana in unseren
feinstofflichen Körper ein, nährt über die einzelnen Energiezentren unseres
Körpers (Chakren) unsere Aura und verbindet uns letztlich mit der Erde –
denn das Prana fließt aus dem Wurzelchakra in die Erde und strömt gleichzeitig auch von der Erde durch unseren Prana-Kanal wieder zurück.

Qi: chinesischer Begriff für die universelle Lebensenergie, die alles durchströmt.
Es fließt durch unser Kronenchakra in unseren Körper hinein, wodurch wir
nach taoistischer Vorstellung mit dem gesamten Universum in energetischer
Verbindung stehen. Im Körper – natürlich sowohl bei Menschen als auch bei
allen Tieren – strömt das Qi durch die Meridiane und kann beispielsweise
durch Akupunktur beeinflusst werden. Entspricht weitestgehend dem indischen Prana.

Rabbi(ner): religiöser Titel im Judentum, hebräisch für »Meister, Lehrer«. Ein Ge-
lehrter der heiligen jüdischen Schriften. Die wichtigsten Aufgaben dieser
Schriftgelehrten sind traditionell die Auslegung der Tora und der konkrete Pra-
xisbezug jüdischer Lehre im Alltag sowie die Seelsorge für die Mitglieder der
jüdischen Gemeinde.

Ragnarök, Ragnarok: die keltische Schilderung des Endes der Welt. Nach drei ent-
setzlichen Wintern und weiteren drei Jahren sollen die Menschen immer selbst-
zerstörerischer werden, bis sie sich schließlich selbst vernichten. Ungeheuer
wie der Schlangensohn des Loki und Fenris, der riesige Wolf, sollen durch das
Böse erstarken und ihre Fesseln sprengen. Sie treiben die Riesen an, Asgard an-
zugreifen und zu zerstören, und alles wird in Feuer und Tod untergehen.

Ramadan: islamischer Fastenmonat, der heiligste Monat. Der Ramadan ist der
neunte Monat des islamischen Mondkalenders: Den Anfang zeigt die Sichtung
der jüngsten sichtbaren Mondsichel in der letzten Nacht des Vormonats
Scha'ban an, das Ende ihre erneute Sichtung. Daher verschiebt sich der Ramadan jedes Jahr etwa zwei Wochen vor.

Reinkarnation: Wiederverkörperung, Wiedergeburt, Eintritt eines neuen Lebens
nach dem irdischen Tod.

Rhiannon: keltische (walisische) Göttin, Tochter des Herrn der Unterwelt. Die Vögel der Rhiannon galten als Vorboten der Freuden des Jenseits.

Ruh: siehe *arwah.*

Samsara: die auf den Hinduismus zurückgehende und ebenfalls im Buddhismus
verbreitete Vorstellung der endlosen Folge von Wiedergeburten, die nur durch
Erlösung und den darauffolgenden Eingang ins Nirwana beendet werden
kann.

Schamane: nach dem gleichbedeutenden tungusischen Begriff *saman* ursprünglich
bei bestimmten Naturvölkern mit magischen Fähigkeiten ausgestattete Person.
Ein Schamane hat Zugang zu den spirituellen Energien, die von den Elementen ausgehen, die tierischer, pflanzlicher oder menschlicher Herkunft sein
können oder sich auf die Reiche der Götter, Dämonen und Geistwesen beziehen. Beispielsweise kann ein Schamane Visionen haben, in denen die Grenze
zwischen der äußeren physischen Umwelt und dem inneren menschlichen Wesen verschwimmen.
In der schamanischen Vorstellungswelt gibt es eigentlich keine radikale Unterscheidung zwischen äußeren Phänomenen und inneren Bewusstseinsformen.
Der Schamane kann vollkommen in das Wesen des Geistes eintauchen und gelangt dadurch zu Visionen, in denen das Äußere und Innere miteinander verbunden, eine Tier-, Pflanzen- oder Menschengestalt sowie Landschaften und
ihr innewohnendes Leben Teil einer ganzheitlichen Perspektive werden. Er
kann das Iridische mit dem Spirituellen verbinden, meist durch Versenkung,
Rituale, Trance oder andere Zeremonien.

Seth: ägyptischer Kraft- und Kampfgott; als einer der ältesten Gottheiten Ägyptens
symbolisierte er in der Frühzeit als der »rote Seth« die Wüste, die in der Glut-
hitze rötlich flimmert; später wurden ihm die ewigen Widrigkeiten und Wider-

stände des Universums zugeschrieben, etwa Dürreperioden, Unfruchtbarkeit und der Tod. In der menschlichen Psyche sollte er deren Schattenkräfte mobilisieren – ein möglicher Ursprung für Aspekte, die später dem Teufel zugeschrieben wurden –, was ein steter Ansporn zur Weiterentwicklung sein sollte. Vergleichbar mit unseren »gefallenen Engeln« wendet er sich vom Guten ab. Als das dunkle Element wird Seth aber zum unentbehrlichen Element in der Dynamik des kosmischen Gleichgewichts. Seth ist rivalisierender Bruder des Horus.

Shaitan: arabisch für »Satan, Teufel«.

Shiva: Sanskrit für »der Gnädige«. Nach Vishnu der zweite hinduistische Großgott. Zusammen mit Brahma und Vishnu bildet Shiva die Götterdreiheit (Trimurti), die das Göttliche in seinen drei Aspekten symbolisiert: Schöpfung (Brahma), Erhaltung (Vishnu) und Zerstörung (Shiva).

Sunna: arabisch, etwa »Verhaltensrichtlinien«. Die Sunna steht im Islam für das, was Mohammed gesagt, getan, geduldet oder bewusst nicht getan haben soll. Die Grundlage für die Sunna liefert der Hadith, Überlieferungen der Aussagen und Taten von Mohammed und seiner stillschweigenden Billigungen oder Ablehnungen von Handlungen, wenn sie in seiner Gegenwart geschahen. Diese Überlieferungen bilden in ihrer Gesamtheit die Sunna des Propheten. Die Anhänger bezeichnen sich als »Sunniten«.

Talmud: hebräisch für »Lehre«. Die um 500 n. Chr. abgeschlossene Niederschrift des zuvor über tausend Jahre mündlich überlieferten Wissens der Juden. Die knapp vierzig Bücher und Abhandlungen sind das Ergebnis jahrhundertelanger Diskussion unter jüdischen Schriftgelehrten. Sie enthalten somit sowohl Erklärungen als auch Kommentare. Kernstück des Talmud ist die *Mischna* (»Unterweisung, Wiederholung«) mit etwa 200 Lehrsätzen religiöser und rechtlicher, aber auch den Alltag bestimmender Fragen und die Gemara (»Vervollständigung«), die zusammenfassende Diskussion, Erläuterung der Mischna.

Thoth: altägyptischer Gott, Herr des Mondes und daher auch Herr über die Zeit; meist mit dem Kopf eines Ibis dargestellt. Thoth ist auch Schützer des Osiris und somit ein helfender Gott für die Toten (etwa entsprechend dem griechischen Hermes). Er spricht durch den Mund des Toten und verkündet den Willen der Götter.

Todesengel: in verschiedenen Religionen und Kulturen geistige Wesenheiten, die die Seele nach dem körperlichen Tod in die nachfolgende Daseinsform hinüberführen. Der Todesengel entspricht in seiner Aufgabe etwa dem Hermes aus der griechischen Mythologie, der die Seelen der Gestorbenen zum Hades begleitet, den Ort der Toten, die Unterwelt.

Im islamischen Weltbild kommt dem Todesengel Izra'il eine besondere Bedeutung zu: Als Gott den Tod erschuf, gab er Izra'il die Macht über den Tod. Gleichzeitig verhüllte er ihn vor den Geschöpfen mit einer Million Schleier.

Der Todesengel hat nach islamischer Auffassung eine so gewaltige Größe, dass er sämtliche irdischen Dimensionen sprengt. Würde man alle Wasser der Flüsse, Seen und Ozeane über seinen Kopf ergießen, fiele nicht ein Tropfen auf die Erde. Izra'il hat vier Flügel, und auf diesen befinden sich unzählige weitere Flügel, die über und über mit Augen übersät sind. Jedes beseelte Geschöpf hat je ein Gesicht, Ohr, Auge und eine Hand auf dem riesigen Körper von Izra'il. Die Anzahl der Augen und Gesichter entspricht somit der Anzahl der Menschen. Wenn es so weit ist, wird die Seele *(ruh)* durch den Todesengel von gerade der Hand fortgenommen, die dem Sterbenden entspricht. Dabei schaut er in genau das Gesicht auf dem Körper Izra'ils, das dem seinigen entspricht. »Elenden« und »Heuchlern« erscheint der islamische Todesengel mit schwarzgesichtigen und grünäugigen Strafengeln an seiner Seite. Damit kommt im Moment des Todes – ähnlich wie etwa bei den Tibetern – die Spiegelung des eigenen Lebens zum Ausdruck.

Vier Gesichter soll der Todesengel haben: Mit dem auf seinem Kopf nimmt er die Seelen *(arwah)* der Propheten und Gesandten hinfort, mit dem Gesicht auf seinem Rücken die Seelen der Ungläubigen (Kafirun), mit dem Gesicht unter seinen Füßen die Seelen der Geister (Jinni) und mit seinem vorderen Gesicht die Seelen der Gläubigen (Muslimun).

Verlangt die Seele *(ruh)* des Sterbenden einen Beweis dafür, dass der Todesengel von Gott gesandt ist, so überreicht dieser ihm einen Apfel mit der Inschrift »Im Namen Gottes, des Gnädigen, des Barmherzigen«. Auf dieses Zeichen der Reinheit hin wird die Seele freudig mit dem Todesengel gehen.

Den Todeszeitpunkt erfährt Izra'il von einem herabfallenden Blatt, das den Namen des Todgeweihten trägt. Unter dem göttlichen Thron steht ein Baum, der so viele Blätter trägt, wie es Geschöpfe auf der Erde gibt. Wenn einem Menschen noch vierzig Tage seines Lebens verbleiben, fällt ein Blatt mit seinem Namen darauf in die Wohnstatt des Todesengels. Ab diesem Zeitpunkt wird er im Himmel bereits als Toter bezeichnet, obwohl er noch auf der Erde weilt.

Mika'il soll mit einer Schriftrolle von Allah zu Izra'il hinabsteigen, auf der weitere Einzelheiten vermerkt sind: Zeitpunkt, Ort des Todes und der Grund für seine Hinwegnahme.

Tora: der erste und wichtigste Hauptteil der hebräischen Bibel, der die fünf Bücher Mose umfasst. Es sind insgesamt 613 Gebote in der Tora enthalten mit den auch im Christentum bedeutsamen Zehn Geboten und dem Gebot der Nächstenliebe. Von Hand niedergeschrieben ist der Text mit hebräischen Buchstaben auf einer großen Pergamentrolle. Torarollen werden gewöhnlich in der Synagoge aufbewahrt. Vor allem bei Gottesdiensten, am Schabbat, aber auch an Feiertagen wird aus dieser Torarolle in der Synagoge »gelesen« – meist nicht gesprochen, sondern gesungen.

Upanischaden: siehe Veden.

Veden: Sanskrit für »Wissen« (Veda). Die ältesten indischen Niederschriften (um 1500 bis 500 v. Chr. entstanden) philosophischen, religiösen, geschichtlichen und naturkundlichen Inhalts. Die Veden enthalten unter anderem Zauberhymnen, Opferverse, Darlegungen zu Ahnenkulten und Erläuterungen zu Naturerscheinungen. Ein kleiner Teil der Veden sind die Upanischaden mit ihren Texten zu höherer Mystik. Daraus ging die ältere Form des Brahmanismus hervor.

Vishnu: hinduistischer Hauptgott, der als »Erhalter der Welt« immer dann wieder auf Erden inkarniert (Avatara), wenn die Welt in Unordnung geraten ist, um die göttliche Ordnung (Dharma) wiederherzustellen. Vishnu ist der Gott der Gnade und der Güte und schützt zudem das Recht und die Wahrheit.

Walhall: vom germanischen Gottvater Odin erbaute Stätte in Asgard für die ruhmreich auf dem Schlachtfeld gefallenen Krieger. Wer nach Prüfungen dort ankam, dessen Wunden wurden geheilt. Die Auserwählten nahmen an endlosen Kämpfen auf Seiten der Götter und ebensolchen lustvollen Gelagen teil.

Walküren: im ursprünglichen Sinne die schwarzen Todesengel des germanischen Gottes Odin, die den Kämpfern auf den Schlachtfeldern ihr Schicksal mitteilten. Sie brachten die auserwählten Helden nach Walhall. In späteren nordischen Mythen als Schwanentöchter und berittene Amazonen romantisiert.

Yggdrasil: Weltenbaum oder Baum der Erkenntnis der germanischen Mythologie. In ihm leben Adler, Eichhörnchen, Hirsch, Schlange und Drache. Die Zweige der »Weltesche« sollten die neun Welten überragen und über den Himmel wachsen. Die mächtigen Wurzeln reichten von Jotunheimen (Gebirge in Norwegen), dem Sitz der Riesen, bis nach Asgard.

Zarathustra: altiranischer Priester und Prophet (Religionsstifter) des Zoroastrismus (griechisch Zoroaster, persisch Zartoscht; wörtlich »Besitzer des goldfarbenen Kamels«). Seine Lebenszeit datiert je nach Quelle und Autor von 1800 bis 500 v. Chr. Bis heute hat er zahlreiche Anhänger unter anderem in Indien (Parsen).

KONTAKTADRESSEN

Unterstützung bei der Sterbebegleitung und Trauerarbeit
In Deutschland
Deutscher Hospiz- und Palliativ-Verband e. V.
Geschäftsstelle
Aachener Straße 5
10713 Berlin
Tel.: 030 83223893
Fax: 030 83223950
dhpv@hospiz.net
www.hospiz.net

AGUS – Angehörige um Suizid e. V.
Markgrafenallee 3 a
95448 Bayreuth
Tel.: 0921 1500380
Fax: 0921 1500879
kontakt@agus-selbsthilfe.de
www.agus-selbsthilfe.de

In der Schweiz
Arbeitsgemeinschaft Elisabeth Kübler-Ross
Zusammenstellungen diverser Kontaktadressen von Palliativ-,
Hospiz- sowie verschiedener Selbsthilfeeinrichtungen:
www.hospiz.org

In Österreich
Dachverband der Palliativ- und Hospizeinrichtungen
Müllnergasse 16 / Ecke Pramergasse
1090 Wien
Tel.: 01 8039868
Fax: 01 8032580
office@hospiz.at
www.hospiz.at

Wenn Kinder sterben
In Deutschland
Kinderhospiz Sternenbrücke
Sandmoorweg 62
22559 Hamburg
Tel.: 040 8199120
Fax: 040 81991250
info@sternenbruecke.de
www.sternenbruecke.de

Kinderhospiz Löwenherz
Hauptstraße 45
28857 Syke
Tel.: 04242 59250
Fax: 04242 592525
info@kinderhospiz-loewenherz.de
www.kinderhospiz-loewenherz.de

Adressen von weiteren
Kinderhospizen unter:
www.kinderhospiz.de

Verwaiste Eltern in Deutschland e. V.
Bundesverband
Dieskaustraße 43
04229 Leipzig
Tel.: 0341 9468884
kontakt@veid.de
www.veid.de

Internationale Adressen
von Hospizen und Kinderhospizen unter:
www.hospiz.net/adressen/adressen_inter.html

Zur Naturbestattung im Friedwald

In Deutschland
FriedWald GmbH
Im Leuschnerpark 3
64347 Griesheim
Tel.: 06155 848100
Fax: 06155 848111
info@friedwald.de
www.friedwald.de

In der Schweiz
Friedwald GmbH
Seestraße 1
8265 Mammern
Tel.: 052 7414212
Fax: 052 7413191
ueli@sauter.ch
www.friedwald.ch

In Österreich:
Hier ist diese Form der Naturbestattung aufgrund des
Friedhofsgesetzes bislang nicht erlaubt.

BIBLIOGRAPHIE

Abd Rahim ibn Ahmad al Qadi: *Das Totenbuch des Islam. Die Lehren des Propheten Mohammed über das Leben nach dem Tod*, O. W. Barth, Fischer Verlag, Frankfurt 2006

Anam-Aire, Phyllida: *Keltisches Totenbuch. Wachen mit den Sterbenden, die Toten auf ihrem Weg begleiten*, Ennsthaler Verlag, Steyr 2006

Arnold, Paul: *Das Totenbuch der Maya. Das geheime Wissen der indianischen Hochkultur*, Herder Verlag, Freiburg 1993

Dalichow, Irene, und Mike Booth: *Aura Soma. Heilung durch Farbe, Pflanzen- und Edelsteinenergie*, Droemer Knaur Verlag, München 2000

Evans-Wentz, W. Y.: *Das Tibetanische Totenbuch oder Die Nachtod-Erfahrungen auf der Bardo-Stufe. Ein Weisheitsbuch der Menschheit*, Walter Verlag, Freiburg 1989

Henning, Max (Übers.): *Der Koran*, Diederichs Gelbe Reihe, Hugendubel Verlag, Kreuzlingen 1999

Hofmann, Murad W.: *Koran*, Diederichs kompakt, Hugendubel Verlag, Kreuzlingen 2002

Hübsch, Hadayatullah: *Paradies und Hölle. Jenseitsvorstellungen im Islam*, Patmos Verlag, Düsseldorf 2003

Jakoby, Bernard: *Auch du lebst ewig. Die Ergebnisse der modernen Sterbeforschung*, Langen Müller Verlag, München 2007

–, *Das Leben danach. Was mit uns geschieht, wenn wir sterben*, Rowohlt Taschenbuch Verlag, Reinbek 2007

Jenner, Otmar: *Das Buch des Übergangs. Was wirklich geschieht, wenn wir sterben*, Allegria, Ullstein Buchverlage, Berlin 2007

Jung, Ernst F.: *Der Weg ins Jenseits. Mythen vom Leben nach dem Tode*, Fourier Verlag, Wiesbaden 1989

Kalweit, Holger: *Das Totenbuch der Kelten. Das Bündnis zwischen Anderswelt und Erde*, Albatros, AT Verlag, München 2006

Kenyon, Tom, und Virginia Essene: *Die Hathor-Zivilisation. Was wir aus unserer Zukunft lernen können*, Koha Verlag, Burgrain 2000

Kolpaktchy, Gregoire: *Das Ägyptische Totenbuch*, O. W. Barth, Fischer Verlag, Frankfurt 1954/2006

Kübler-Ross, Elisabeth: *Verstehen, was Sterbende sagen wollen. Einführung in ihre symbolische Sprache*, Droemer Knaur Verlag, München 2008

–, *Interviews mit Sterbenden*, Droemer Knaur Verlag, München 1977/2001

–, *Kinder und Tod*, Droemer Knaur Verlag, München 2003

Lawlor, Robert: *Am Anfang war der Traum. Die Kulturgeschichte der Aborigines*, Droemer Knaur Verlag, München 1993

Lurker, Manfred: *Lexikon der Götter und Symbole der alten Ägypter*, Fischer Taschenbuch Verlag, Frankfurt 2006

Rinpoche, Sogyal: *Das tibetische Buch vom Leben und vom Sterben. Ein Schlüssel zum tieferen Verständnis von Leben und Tod*, O. W. Barth bei Scherz, München 2003

Sheldrake, Rupert: *Das schöpferische Universum. Die Theorie des morphogenetischen Feldes*, Ullstein Verlag, Berlin 1993

Steinwede, Dietrich, und Dietmar Först: *Die Jenseitsmythen der Menschheit*, Patmos Verlag, Düsseldorf 2005

Wall, Vicky: *Aura Soma. Das Wunder der Farbheilung und die Geschichte eines Lebens*, Edition Sternenprinz, Hans-Nietsch-Verlag, Freiburg 1998

Yogananda, Paramahansa: *Autobiographie eines Yogi*, Self-Realization Fellowship, Los Angeles 1950/2005

ANMERKUNGEN

1 Vgl. Rupert Sheldrake: *Das schöpferische Universum. Die Theorie des morphogenetischen Feldes*, Ullstein Verlag, Berlin 1993. Siehe auch Glossar.

2 Siehe auch mein Buch *Prana-Nahrung. Rundum wohlfühlen mit lichtvoller Ernährung*, Goldmann Verlag, München 2009.

3 Diese Dimension hinter dem Schleier entspricht etwa der »Traumzeit« der australischen Ureinwohner, der Aborigines. Und von hier erhalten wir auch viele unserer Traumbotschaften, gewissermaßen Informationen von unseren Seelenanteilen dort, denen, die nicht mit auf der Erde inkarniert sind. Hier befinden sich auch die Seelen, die noch nicht inkarniert sind. Und Tiere haben stets Zugang zu dieser Ebene – sie sind nicht wie wir davon abgetrennt.

4 Unlängst haben amerikanische Astronomen 5000 Lichtjahre von uns entfernt ein Zwillingssystem zu unserem Sonnensystem entdeckt: ein Stern wie unsere Sonne, der von zwei Planeten umkreist wird, die unseren Gasriesen Jupiter und Saturn gleichen. Und zwei der renommiertesten Kosmologen der Welt – Andrei Linde, Professor an der Stanford University, Kalifornien, und Alexander Vilenkin von der Tufts University in Massachusetts – gehen in ihrer Theorie von unzähligen Paralleluniversen aus: Demnach hat es nicht nur einen Urknall, sondern unzählige gegeben. Und es gibt sie noch immer. Jeder Urknall bringt ein Universum hervor, das sich ausdehnt. Endet eine solche Ausdehnung, bringt sie über die Verdichtung von Teilchen und Strahlung in einem Feuerball einen neuen Urknall hervor. Die Forscher stellen sich ein »Multiversum« vor, bestehend aus unzähligen Blasen – Universen –, die im Raum entstehen und sich mit Lichtgeschwindigkeit ausdehnen. Neue Blasen sind noch winzig, während alte Universen riesig sind. Eine insgesamt sehr »schaumige« Angelegenheit. Manche neue Universen entstehen sogar innerhalb bereits existierender Universen. In einigen davon herrschen höchstwahrscheinlich sogar Naturgesetze, die mit unseren vergleichbar sind. Darunter vermuten die Forscher auch exakte Kopien unserer Welt ...

5 Im tibetischen Buddhismus sind diese sechs Silben Ausdruck einer grundlegenden Haltung des Mitgefühls. Eine wörtliche Übersetzung (wie etwa »O du Juwel in der Lotosblüte«) wird ihrem alten, über Generationen überlieferten Inhalt nicht gerecht. In ihrem Rezitieren formuliert sich der Wunsch nach Befreiung aller Lebewesen aus dem Kreislauf der Wiedergeburten.

6 Darüber habe ich berichtet in meinem Buch *Unsere Haustiere. Spirituelle Begleiter des Menschen*, Goldmann Verlag, München 2007, Abschied vom geliebten Haustier, Seite 399 ff.

7 Siehe zum Beispiel www.sunriseschule.de.

8 Nach deutschem Recht ist es gestattet, den Leichnam bis zu 36 Stunden nach Ausstellung des Totenscheins (durch einen Arzt) im Sterbehaus wie auch in privaten Räumlichkeiten aufzubahren. Darüber hinaus besteht für die Angehörigen des Verstorbenen die Möglichkeit, bei den zuständigen Behörden eine Verlängerung dieser Frist zu beantragen. Die gesetzlichen Regelungen und Spielräume sind in den Bundesländern verschieden.

9 Unter dem Bardo versteht man im tibetischen Buddhismus den, so wörtlich, »Zwischenzustand«, der die Seele nach ihrem Tod mit der nächsten Reinkarnation verbindet. Wir kommen darauf noch zu sprechen (siehe auch Glossar).

10 Die Überlieferung angeblicher Sprüche Mohammeds. Neben dem Koran ist der Hadith die Hauptquelle der islamischen Religion. Der Begriff *hadit* bedeutet im Arabischen »Mitteilung, Bericht«.

11 Psalm 90, 12.

12 Johannes 14, 2.

13 1. Thessalonicher 4, 13–18.

14 Römer 14, 7 f.

15 Johannes 11, 25.

16 1. Korinther 15, 53–57.

17 Ein medizinischer Erklärungsversuch für die Nahtodphänomene ist die Unterversorgung vor allem des Gehirns mit Sauerstoff (Hypoxie) bei meist gleichzeitiger Anreicherung von Kohlendioxid im Blut. Dieser physiologische Zustand ist bekannt dafür, dass er Halluzinationen auslösen kann. Typisch sind Tunnelerlebnisse, die in solchen deliranten Zuständen auftreten. Die extremen Lichterfahrungen sowie die ungewöhnliche geistige und wahrnehmende Klarheit tauchen bei derartigen Delirien allerdings nicht auf.

Eine andere Erklärungsmöglichkeit bietet die Ausschüttung spezieller Botenstoffe im Gehirn (Neurotransmitter) wie Agmatin oder möglicherweise auch ein endogen hergestelltes Halluzinogen, das Dimethyltryptamin (DMT). Darüber hinaus vermutet die Medizin, dass im todesnahen Grenzbereich vom Körper selbst Hormone ausgeschüttet werden, die den Schmerz neutralisieren sollen.

18 *Lancet* 2001, 358: 2039–2045.

19 Die altägyptische Hochkultur entstand 3000 v. Chr. und reicht in ihren Ausläufern bis etwa 300 n. Chr.

20 Den Himmel stellten sich die Ägypter als ein riesiges Gewässer vor, auf dem die Gestirne in Schiffen (Barken) dahinfuhren. Die bedeutsame Sonne fuhr als »von Gold erstrahlende« Sonnenbarke dahin, dem Gefährt des Sonnengottes Ra/Re. Als Grabbeigaben sollten solche Barken den Toten eine Fahrt mit dem Sonnengott oder anderen verehrten Göttern ermöglichen.

21 Vgl. 2. Korinther 5, 1.

22 Vgl. Matthäus 19, 28.

23 Johannes 10, 17–18.

24 Beschrieben von seinem Schüler Paramahansa Yogananda in dem Buch *Autobiographie eines Yogi*, Self-Realization Fellowship, Los Angeles 1950 / 2005.

25 W. Y. Evans-Wentz: *Das Tibetanische Totenbuch oder Die Nachtod-Erfahrungen auf der Bardo-Stufe. Ein Weisheitsbuch der Menschheit*, Walter Verlag, Freiburg 1989, Seite 171.

26 Die Sioux lebten in vorgeschichtlicher Zeit vermutlich in den Wäldern Kanadas, also im Norden ihres späteren Verbreitungsgebiets. Alle drei Geschichten nach Dietrich Steinwede und Dietmar Först: *Die Jenseitsmythen der Menschheit*, Patmos Verlag, Düsseldorf 2005, Seite 137–140.

27 Als Zeit der Hochkultur gelten bei den Maya die Jahrhunderte zwischen etwa 900 v. Chr. und 900 n. Chr. (erste Siedlungen: um 3000 v. Chr., Blütezeit: 600 bis 900 n. Chr.). Später wurden Sie von den Tolteken und Azteken unterjocht (Blütezeit Tolteken: 1000 bis 1200, Azteken: 1320 bis 1520, Inka: 1300 bis 1600).

28 Auch »Harmagedon« genannt. Abgeleitet aus dem hebräischen *harmagedōn*, was »Berg von Megiddo« heißt. Dieser südliche Ausläufer des Karmelgebirges ist nach der Offenbarung des Johannes (16, 16) der mythische Ort, an dem die bösen Geister alle Könige der Erde für einen großen Krieg zusammenführen.

29 Johannes 5, 24–29.

30 Auch »Purgatorium« genannt, nach dem spätlateinischen *purgatorius* für »reinigend«. Nach dem katholischen Glaubensverständnis werden die Seelen Verstorbener hier geläutert.

31 Nach dem lateinischen Wort *limbus* für »Rand, Saum«. Der traditionellen, heute weitgehend aufgegebenen katholischen Lehre zufolge ist der Limbus die »Vorhölle« als Aufenthaltsort der ungetauften Kinder und der »vorchristlichen Gerechten«.

32 Der Ka wird manchmal mit dem verglichen, was wir heute unter dem Ätherkörper verstehen, also unserer innersten Auraschicht.

33 Johannes 8, 51.

34 Zitiert nach Ernst F. Jung: *Der Weg ins Jenseits. Mythen vom Leben nach dem Tode*, Fourier Verlag, Wiesbaden 1989, Seite 11. Die Skythen waren ein Reiternomadenvolk, das im 1. Jahrtausend v. Chr. zwischen dem Jenissei (Sibirien) und der Pannonischen Tiefebene (Ungarn) lebte.

35 1. Mose 3, 19.

36 Pirkei Avot (Sprüche der Väter), Kapitel III, Mischna I.

37 Aramäisch ist neben Hebräisch ein Zweig der alten semitischen Sprachen. Aramäisch war die Sprache Jesu Christi.

38 Vgl. 1. Mose 37, 34.

39 *New York Times* vom 11. März 1907.

40 1. Mose 2, 7.

41 Deutsch: *Verstehe dein Leben durch Farben*, L. Hirtz, Zürich 2003. Vgl. auch Lee Carroll und Jan Tober: *Die Indigo Kinder. Eltern aufgepasst ... Die Kinder von morgen sind da!*, Koha Verlag, Burgrain 1999.

42 Sure 38, 70.

REGISTER

A

Ablass 223
Aborigines 22, 28, 213, 230, 239, 254, 257
Absarokee 209
Abtrennung 75, 172, 196
Adam 168, 187, 224
Admon Kadmon 187
Affirmation 55
Ägypter 167, 185, 217, 218, 220, 221, 226, 238
Ägyptisches Totenbuch **160**, 167, 186, 188, 218, 228
Ahnenkult 248
áite 190
Akasha-Chronik **47**, 62, 64, 80, 87, 92, 144, 165, 257
Akupunktur 103
Allah 172, 193, 217, 220, 243, 257
Altes Testament 169, 219, 252
Amenti 185, 187
Amitabha 202
Anderswelt **190**, 257
Angst **74**, 95, 115, 119, 122, 125, 133, 139, 182, 189, 209
Anhaftungen 83, 101, **116**, 122, 129, 143, 150, 152, 153, 164, 178, 240
Annwn 190
Anubis 185, 218, 257
Apokalypse 217
Apoptose 73
Appetit 21
Aquin, Thomas von 224
Aramäisch 245, 279
Armageddon 219

Astralkörper 197, 199
Astralwesen **197**, 198, 199
Atem 175, 193, 208, 252
Ätherkörper 18, 20, 23, 36, 257
Atman 195, **235**
Aufbahrung 149, 150, 176
Auferstehung 169, 170, 171, 192, 219, 221, **226**, 248
Auge 21
Aura **18**, 23, 25, 26, 37, 96, 99, 100, 109, 117, 132, 258
Aura-Soma
    -Therapie 132, 258
Auraschichten **20**
außerkörperlich 181, 182
Avidya 195
Azteken 211, 213

B

Ba 167, 189, 215, **228**, 259
Baiame 214
Bardo 163, 176, 183, 190, **201**, 229, 259
Bardo Thödol 163, 178
Barzakh 194, 234, 243, 244
Basischakra 18, 20, 110
Beerdigung 152, 240, 243, 248
Beisetzung 152, **238**, 248
Beseelung 24, 96, 192, 193, 233, 252
Besetzungen 118, 143
Bestattung **152**, **237**
Bewusstsein 17, 62, 64, 68, 80, 106, 126, 129, 163, 174, 176, 177, 197, 202, 204, 214, 227, 229, 233
Bhagavadgita 174

Bibel 169, 171
Biophotonen 25, 259
Blackfeet 209, 239
Blut 21
Bodhisattva 200, 259
Bön 206, 242
Brahman 174, 195, 235, 237, 259
Bronchien 21
Buddha 200, 202
Buddha-Natur 175
Buddhismus 165, 174, 177, 205, 211, 235, 254
Buddhismus, tibetischer 163, 174, **200**, 242

C

Ceiba 211
Cheyenne 207, 209
Chilan 211, 260
China 248
Christentum 168, 191, 194, 217, 219, 232, 237, 246
Christus 169, 170, 171, 192, 193, 196, 219, 224
Christusbewusstsein 234
chronische Krankheiten 23
Comanchen 207, 209
Crick, Francis 25, 252

D

Dakota 209
Dämonen 49, 102, 161, 162, 177, 186, 218, 222, 246
Darm 21
Delaware 208
Delog 184
Dharmakaya 202, 203, 204, 237, 260
DNA 22, 25, 73, 252

Drittes Auge **20**, 29, 59, 67, 133
Druide 190, 260
Duat 185, 218, 221
Dunkel 34, 35, 38, 75, 97, 116, 117, 129, 157, 186, 203

E

Edda 190, 260
Eden 168, 225
Ego 33, 81, 101, 128, 140, 177, 199, 215, 234
Einäscherung 152, 248
Einweihung 161, 189, 229, 240
Eizelle 24, 25, 96
Embryo 24, 193
Embryonalentwicklung 73
Emotionalkörper **20**, 23
Energieanhebung 31, 114, 115, 136, 151
Energiearbeit 103, 118
Engel 27, 46, 47, 54, 61, 62, **66**, 68, 74, 114, 135, 147, 157, 164, 167, 169, 172, 193, 198, 199, 243, 244, 261
Engramm 48
Erbsünde 169
Erdbestattung 243
Erleuchtung 163, 174, 200, 202, 203, 204, 205, 206, 229, 237
Erlösung 193, 201, 211
Erzengel 54, 62, 68, 70, 85, 220, 261
Eva 168
Ewe 210
ewiges Leben 169, **191**, 217, 230
Ewigkeit 162, 187, 188, 189, 192, 193, 222, 246

F

Fana 234
Fegefeuer **222**

Feuerbestattung 248

Findl, Hubert 253

Freud, Sigmund 252

Freyja 190, 261

Friedensflasche (Aura-Soma) 132

Friedwald 152, 262, 274

Gabriel 68, 85, 138, 220

Galle 21

Gautama, Siddartha 200

Geb 214

Gebet: »Der gute Hirte« (Psalm 23) 111

Gebet: »Fatiha – Die Eröffnende«
(Koran) 112

Gebet: Anbindung ans Licht 138

Gebet: Hilfe beim Loslassen 137

Gebete 120, 121, 126, 244, 254

Geburt 24, 39, 96, 193, 196, 203, 226,
229, 249

Gegenwart 41, 43, 44, 48, 80, 141,
187

Gehenna 225

Gehirn 21

Geister 89, 157, 161, 163, 198, 213

Geistführer 47, 62, 69, 79, 80, 94, 108,
113, 115, 128, 262

Geistwesen 32, 46, 47, 61, 89, 114, 120,
157, 190

Gene 22, 25, 73, 165

Genesis 252

Germanen 190, 262

Geschenke 81, 83, 115, 121, 123

Glaubensbekenntnis 192, 218, 219,
224, 244

Gnostiker 232, 262

Griechen 162, 190, 238

Guru 195

H

Hadith 164, 262

Halschakra 133

Haut 21

Heammawihio 207

Heiler 37

Heilige 172

Heilung 23, 36

Hel 190

Helfer, geistige 61

Hellhörigkeit 14

Hellsichtigkeit 14

Herz 21

Herzchakra 20, 92, 93, 112, 135

Hieroglyphen 162

Hieronymus 232

Himmel 188, 190, 192, 194, 211, 213,
219, **221**

Himmelsbestattung **241**

Hinayana-Buddhismus 200

Hinduismus 174, 178, **194**, 199, 205,
235

Hirnanhangsdrüse 21

Höherer Ätherischer Körper **20**

Höherer Emotionalkörper **20**

Höherer Mentalkörper **20**

Höheres Selbst 21, 29, 30, 62, 63, 79,
152, 262

Hölle 190, 193, 203, 213, 218, 220, **221**,
243, 244

Homöopathie 36, 103

Horus 186, 263

Hospiz 145, 272

Hospizbewegung 106, 272

Hunahau 211, 263

Huri 221, 225

I

Iakhu 218
Indianer 207, 239
Indien 162, 195, 242
Indigokinder 148, 263
Inkarnation 22, 23, 27, 28, 30, 37, 48,
    96, 97, 98, 113, 122, 124, 165, 200, 204,
    226, 263
Intuition 29, 197, 199
Irokesen 207
Ishvara 195
Islam 168, 172, 193, 201, 217, 219, 225,
    232, 243
Islamisches Totenbuch **164**
Izra'il 70, 173, 174, 243, 270

J

Jakob 246
Janaza 244
Jannat 225
Jesus 169, 170, 171, 192, 211, 219, 224
Johannes 217
Johannes Paul II. 233
Judentum 168, 217, 219, 237, 245
Jüngster Tag 164, 219, 220, **232**
Jüngstes Gericht **191**, 169, 217, **219**,
    222

K

K'riah 246
Ka 215, **227**, 263
Kaddisch 245
Kampfer 90, 131, 152
Karma 30, **37**, 39, 78, 96, 97, 122, 164,
    177, 195, 196, 203, 206, 207, 222, 235,
    263
Karmagruppe 39
Kausalkörper 197, 198, 199

Kausalschicht **20**
Kelten **190**, 264
Khabit 215
Khaibit **228**, 264
Khmvum 217
Kinderhospiz 145, 273
Kiowa 209
Klageweiber 247
kollektives Unbewusstes 14, 31, 46,
    53
Kolpaktchy, Gregoire 161
Koran 164, 165, 172, 193, 194, 217, 220,
    225, 244, 264
Körper, feinstofflicher 23
Körper, physischer 18, 22, 35, 43, 64,
    67, 72, 96, 99, 100, 116, 123, 124, 140,
    149, 167, 177, 192, 196, 198, 206, 227,
    234, 236, 246, 253
Krafttiere 47, 61, 79
Krankheit 19, 21, 36
Krankheiten, chronische 23
Krebs 95
Kreuzigung 224
Krishna 195
Kronenchakra **20**, 93, 107, 108, 109, 110,
    134, 202
Kwan Yin 63

L

Lakota 168, 208, 209
Lakshmi 195
Lama 164, 178, 201, 211
Lazarus 169
Lebensaufgabe 17, 31, 33, 38, 40, 49, 62,
    154, 183
Lebensdauer 41
Lebensenergie 18, 22
Lebenserwartung 72

Lebenszeit 41, 43, 84, 102
Leber 21
Lenape 208
Lepsius, Richard 161
Licht, universelles/kosmisches 32, 122, 124, 167, 179, 202, 237
Lichtarbeit 46, 119, 264
Lichtbrücke 134, 142, 144, 151
Lichtexistenz 155
Lichtgestalten 182
Lichtkanal 107, 108, 109
Lichtkörper 198, 264
Lichtkörperprozess 32, 98, 264
Lichtsäule 58, 78
Lichtwesen 114, 120
Limbus 223, 279
Lingpa, Jigme 204
Lommel, Pim van 180
Lunge 21

M

Magen 21
Mahayana-Buddhismus 200
Manifestation 37, 99, 196, 226, 234
Mantra 58, 112, 176
Materialisierung 53, 55, 198
Matrix 36
Matrize 18, 20, 22, 25, 36, 99
Maya (sanskrit) 178, 196, 199, 265
Maya (Volk) 168, 211, 212, 229
Meditation 120, 121, 152, 174, 176, 178, 205, 215, 254
Meditation: Die Lichtbrücke 134
Meditation: Öffnung des Kronen-chakras 109
Meditation: Prana-Atmung 110
Meister 196, 206
Mekka 243, 244

Mentalkörper 20
Messias 192, 217
Michael 85
Mictlan 211, 213, 265
Mischna 245, 265
Mitnal 211, 212
Mohammed 164, 220, 243, 265
Mönch 33, 130, 201, 223
Mongolei 242
Morphin 105
morphogenetische Felder 22, 23, 31, 46, 53, 96, 99, 119, 265
Moslem 164, 193, 220, 232, 234
Mound 239
Mumifizierung 186, 227, 239, 240
Munkar 173, 194, 243

N

Nachí 208
Nahtoderfahrungen 115, 122, 124, 168, 179
Nakir 173, 194, 243
Nakota 209
Nase 21
Nebenieren 21
Nekrose 73
Neues Testament 170, 217, 219, 252
Neuguinea 249
Niflheim 191
Nirwana 204, 266
Niya 208
Nut 214

O

Odin 190, 266
Ohren 21
Omeyocan 213
Ontogenese 23

Origenes 232
Osiris 162, 167, 185, 187, 218, 229, 266

P

Padmasambhava 163
Palliativmedizin **103**, 266
Palliativstationen 145, 272
Papst 233
Paradies 193, 194, 208, 220, **221**, 243
Paralleluniversum 24, **28**, 58
Parallelwelt 57
Parsen 242
Parvati 214
Paulus 170, 192
Persien 242
Phantomschmerzen 19
Pomander 132, 267
Prana 18, 22, 25, 30, 32, 93, 102, 107, 109,
    133, 197, 252, 267
Prana-Atmung 30, 128
Prana-Kanal 29, 54, 78, 202, 267
Priester 189, 190, 211, 230
Propheten 164, 172, 217, 220, 243,
Psyche 252
Purgatorium 222, 279
Pygmäen 217

R

Rabbiner 245, 267
Ragyapa 242
Raphael (Aura-Soma) 133
Räuchern **131**, 151, 152
Raum-Zeit-Kontinuum 53
Reanimation 179
Reinigung, energetische **129**
Reinkarnation **34**, 46, 48, 81, 163, 175,
    192, 195, 211, **226**, 230, 232, 268
Rinpoche, Sogyal 178, 205

Rishi 194
Ritual 90, 126, 143, 168, 209, 230, 231,
    238, 254
Ruh 164, 173, 268

S

Sakralchakra **20**
Salbei 131
Samhain 190
Samosata, Lukian von 238
Samsara 176, 195, 201, 204, 205, 236,
    268
Sarkophag 160
Schädelpenetration 238
Schamane 23, 209, 241, 268
Schatten 34, 66, 120, 191, 199, 208, 224,
    228
Scheol 224
Schilddrüse 21
Schiwa 246
Schlaf 53, 60, 172, 194, 215
Schleier 24, 54, **56-60**, 89, 94, 114, 115,
    143, 150, 151, 157, 190, 199, 254
Schmerzen 23, **94**, 145
Schmerzmedikamente 105, 106
Schmerzmittel 105, 106, 145
Schmerztherapie **103**
Schock 88
Schutzengel 54, 61, **68**, 79, 85, 94, 108,
    114, 128
Schutzgeister 61
Seelenanhaftungen **116**
Seelenanteil **28**, 29, 30, 53, 63, 99, 118,
    157, 215
Seelenbesetzung 143
Seelenwanderung 190, 232
Sekht-Hotep 185
Sekht-Janru 185

Seth 185, 186, 187, 268
Sexualität 21
Shahada 244
Sheldrake, Rupert 22
Shiva 195, 214, 237, 269
Sinnesorgane 21
Sioux 208, 209
Sirat 220
Skelettsystem 21
Solarplexus **20**, 140
Sterbebegleitung **126**, 150, 159
Sterbehilfe 104
Stirnchakra **20**, 29
Strafengel 173
Sufi 164, 201
Sünde 168
Sünder 193, 222, 223, 225
Sunna 243, 269
Sure 225, 244
Sure, erste 112
Symptomkontrolle 104

T

Tachrichim 245
Tahara 245
telepathisch 157
Thoth 160, 269
Thymusdrüse 21
Tibeter 121, 130, 222, 241
Tibetisches Totenbuch 121, 136, **162**, 175, 176, 201, 204, 211, 236, 242
Tiere 22, 32, 33, 40, 53, 56, 57, 70, 81, 83, 84, 94, 110, 187, 202, 206, 213, 219, 224, 226, 230, 235, 252
Tir Nan Og 190
Tlalocan 213
Todesengel 64, **69**, 74, 113, 114, 115, 124, 151, 164, 173, 174, 243, 269

Todesgott 211
Todeskampf 122, 172
Todsünde 193
Töne 58
Totenbuch 121, **159**,
Totengericht 160, 162, **217**
Totengott 196, 218
Totenreich 161, 189, 190, 213, 218
Totenritual (Tiere) **56**
Totenruhe 151
Totensonntag 250
Totenwache 247
Totenwelt 224
Traditionelle chinesische Medizin 36
Trance 14, 60, 215
Transformation 39, 129, 136, 162, 176, 206
Transformationsschlacken 132
Trauerritual 241
Traum 53, 60, 80, 93, 214
Traumzeit 23, 28, **213**, 230
Tunnel 115

U

Überbewusstsein 29
Unbewusstes, kollektives 14, 31, 46, 53
Unsterblichkeit 192, 229, 233, 236, 252
Unterwelt 160, 161, 185, 186, 188, 211, 212, 213, 218, 221
Upuaut 185
Urne 152

V

Veden 194, 195, 271
vegetatives Nervensystem 21
Vergangenheit **41**, 43, 45, 48, 86, 141, 187

Vishnu 195, 237, 271
Visionen 80, 93
Vorhimmel 229

W

Wakan Tanka 208
Walhall 190, 271
Walküren 190, 271
Waramururungundju 213
Watson, James D. 25
Wazíya 210
Wees, Ruud van 180
Weihrauch 90, 131, 151, 152
Weißer Pomander 132
Weltgedächtnis 49, 50, 99, 165
Weltgericht 192, 217, 219
Wesenheiten 27, 54, 61, 113, 117, 129, 157
White Eagle 63
Wiederauferstehung 194
Wiederbelebte 180
Wiedergänger 246
Wiedergeburt 192, 195, 211, **226**
Wille 75, 87, 102, 165, 191, 198, 199, 252
Wirbelsäule 21
Wohpe 209, 210
Wurzelchakra 18, 20

X

Xolotl 213

Y

Yama 196
Yama Raja 222
Yoga 178, 179, 205, 235
Yogananda, Paramahansa 196
Yukteswar, Sri 196
Yuti 214

Z

Zarathustra 217, 271
Zazen 205
Zeit 24, 34, **41**, 57, **51**, 53, 141, 160, 163, 187, 190
Zeitachse 43, 45, 122
Zeitfenster 39, 63, 79, 98, 123, 178
Zeitraffer 180, 182
Zelltod **73**
Zen-Buddhismus 205
Zeugung 24, 193, 233
Zirbeldrüse 21
Zukunft **41**, 43, 47, 48, 141, 188
Zwischenreich 89, 142, 157, 230, 243, 244
Zwischenzustand 163, 176, 194, 201